異文化間能力研究

異なる文化システムとの事例分析

中尾元 編著・渡辺文夫 監修

新曜社

はじめに

中尾元

　世界がますます混迷を極める今日、ともすると人々が分断してしまう事態のなかで、人々が互いを否定することなく、ともに生きるために重要な態度が何か検討したいと考えた。このような構想が、様々な背景を持ち多様な分野で生きる12人の事例をまとめる形で、本書に結実した。

　本書の特色は、「自らとは異なる基準や文化背景を持つ人と関係を築くことができる能力」の総称である異文化間能力について、様々な理論と事例とを有機的に結び付けるところにある。目次にあるように、様々な分野で働く人々の経験や省察について、これほど多様でかつ考察を深めたものは、渡辺（1995）以降類書がみられない。近年、Arasaratnam-Smith & Deardorff（2022）は語り合いと聞き取りの事例研究の方法で異文化間能力を考察しているが、調査参加者は留学生の人々に限定されている。高等教育や留学の文脈だけでなく、利害が絡むビジネスや産業界の事例も含めて行った本書の考察は、現在の社会状況での異文化間能力研究として意義がある。

　本書では事例の当事者たちが直面してきた文化的な課題や、当人たちが重視してきた方略に関して具体例が集約されているため、読者は異文化間心理学や異文化教育学の様々なテーマについて効果的に学ぶことができる。隣接する領域である哲学、文化人類学、教育学、社会学、経営学、カウンセリング心理学、外国語教育、日本語教育、コミュニケーション論などの分野に関心のある読者にとっても、自学する形で読み進めることができる。

　事例のベースになっている、人々の「語り」（ナラティブ）を重視して自身や他者の思考や行動を把握しようとする体系的な手法の歴史は長い。一説には、心理学のルーツといわれる紀元前2700年ごろの古代エジプト（ケメト）の神官・哲学者であったイムホテップまで遡ることができるとされる（Asante, 2000; Ponterotto, Utsey & Pedersen, 2006）。本書の事例編では、事例の筆者への聞き取り調査をもとに再構成され文書化されたものを含む。各氏の経験や意味づけを重視するため、必要に応じて Ponterotto, Casas, Suzuki & Alexander（2010）を参照し、ライフストーリーの観点も

i

一部含めて事例を再構成した。

　最後に、本書は目次通りに読み進めなくともよい編成になっている。例えば事例に最初に関心のある読者は、第Ⅱ部事例編（第3章〜12章）の各事例を読んだあとに、第13章の各事例に関する考察を読むことで、事例をもとにした異文化間能力の分析を読むことができる。その後、第Ⅰ部理論編と第Ⅲ部総合考察に進めば、特に研究の文脈を含めて理解を深めることができる。

　世界が大きく変化をしているこの時代に、本書が一人でも多くの人にとって有益な視点を提供することを願ってやまない。

目　次

第Ⅲ部　総合考察

第14章　理論との統合的な考察　　　　　　　中尾元　225

装幀＝新曜社デザイン室

第Ⅰ部　理論編

問題意識

　地球規模で社会・経済等の諸関係がますます近接になり、文化的に多様な背景を持つ人々が接触する機会が増加してきている（Kawachi & Wamala, 2007）。このような環境下で、自らとは異なる基準や文化背景を持った人と関係を築くことが出来る能力の実証的な研究が急務となっている。例えば、留学の文脈だけに留まらず、民間企業や行政、様々な機関等の人々が世界の色々な局面で信頼関係を結ぶための能力など、様々な資質が求められている。

　このような能力や資質は、英語では intercultural competence（Dinges, 1983; Ruben, 1989）と呼ばれ、日本語では「異文化間能力」（山岸ら，1992; 山岸，1995）や「異文化接触で問われる資質」（渡辺，2002）と呼ばれてきた。異文化間能力の定義は、「文化背景の異なる人々と効果的な対人関係を築く能力」（cf. Deardorff, 2009; Leung et al., 2014）である[1]。後述するように、異文化間能力は異文化適応（cross-cultural adjustment）とはあくまで異なった概念として検討されてきた（Arasaratnam, 2016）。異文化間能力は、異文化接触における対人間のやり取りの資質に注目する一方、異文化適応は、適応先としての一定の集団に個人が社会化のための諸要因を獲得しながら順応していく過程に注目をしているといえる。その意味で、異文化間能力は、単純な適応プロセスとは別に、方略論[2]の観点から検討できるものである。ならびに、第14章でみるように適応感・不適応感と異文化間での関係性とは独立に存立するという議論がある。

---

[1]　異文化間能力の背景や各論の体系的な概説として、中尾（2019a）のレビュー論文や事典項目（中尾，2022b）を参照されたい。

[2]　Simpson & Weiner（1989）やそれを基にした Oxford Language のデータベース（https://languages.oup.com/google-dictionary-en/）によれば、ここで「方略」と訳した strategy という英語の言葉の語源は19世紀初頭のフランス語 stratégie と、generalship（指揮統率能力）を意味するギリシャ語の stratēgia、そして general（将官）を意味する stratēgos まで遡る。類語として挙がる stratagem は "a plan or scheme, especially one used to outwit an opponent or achieve an end" を意味する。「戦う」意味のニュアンスを避けるために心理学分野では戦略よりも方略と訳されてきたと考えられるが、近年では戦略の使用もみられる。

2

同様にして、先行研究のレビューで後述するように、異文化間能力は文化に関連のない一般的なコミュニケーション能力とも弁別性があると言われており、文化に関連する資質の固有性が論じられている（Ang, Van Dyne, Koh, Ng, Templer, Tay, & Chandrasekar, 2007）。

　また異文化トレーニングの分野では、このような資質の育成を一般的な意味での異文化全般（culture-general）の立場から行うべきか、それとも特定の文化（culture-specific）に個別に応じて行うべきかをめぐっての論争もある（Gudykunst & Hammer, 1983）。

　先述のように物事が地球規模で影響をしあい、様々な分野で多元化と画一化が同時進行する今日、日本の現状においても、異文化間能力の研究は急務である。その社会的背景には多義的な国際化が関連している。内的な側面での国際化とは、近年の日本社会における多文化状況の可能性[3][4]である。一方、外的な国際化の側面では、近年の日本国外の在留邦人の数の増加[5]である。

　国際ビジネスなどの分野においても、日本と諸外国との間での法律・規制の相違や歴史問題、そして政治・文化的な軋轢など、異文化接触にまつわる困難は多い。企業が外国と付き合う際の鍵は人材・人事にあると言われるように（遊川, 2007）、異文化に対応するための方略についての基礎研究は、社会にとって広く知的財産となろう。

---

[3] 日本経済新聞 2018年6月5日「外国人就労拡大、首相が表明 建設・農業・介護など」
[4] 西日本新聞社（編）（2017）．『新移民時代 —— 外国人労働者と共に生きる社会へ』明石書店
[5] 海外在留邦人数調査統計 平成30年要約版 外務省領事局政策課 https://www.mofa.go.jp/mofaj/toko/page22_000043.html（2018年8月24日アクセス）

第1章　文化とは何か・異文化接触とは何か

中尾元

文化の定義

　文化とは字義的には人々の「生活様式」を意味するとされる。一般的には、Linton（1945）が述べているように、「学習された行動の構成物であり、その要素や成分が特定の社会の成員に共有され、伝達されているもの」（原文：the configuration of learned behavior whose components and elements are shared and transmitted by the members of a particular society. p. 32）と説明される。これまで下記のような様々な研究分野で定義や概念化がなされてきている。

文化人類学の立場からの文化の代表的な定義

　第一に、古くは例えば文化人類学の分野において、Kroeber & Kluckhohn（1952）は、文化とは「社会や集団の歴史を通じて築かれた慣習や意味構造、そして素朴理論やシンボルの総体」であり、文化とは、そのようなシンボル（象徴）を通して「獲得され伝達される、明示的・黙示的な行動のパターン」であると定義している。この定義によれば、私たちが普段意識をしているか否かにかかわらず、私たちの行為やものの考え方を一定程度方向付ける習慣や社会的ルールの総体として文化を考えることができる。

　同様に、文化人類学からの定義として、Thornton（1988）は文化を「教示もしくは模倣によって獲得した共有された諸概念、条件づけられた情緒的反応、習慣的行動の形などの総和」と考察している。ここで重要なのは、

文化とは一個人のみで成立するものではなく、世代間によって伝達・共有され、同世代同士で共有される何らかの規範や行動パターンである点である。関連して Geertz（1973）は記号論（semiotics）の立場も踏まえ、そもそもの人間観として、ひとを単に物理的環境において受動的に生きる存在としてではなく、自分たちが張り巡らした「意味の網の目（webs of significance: Geertz, 1973, p. 5）」に取り囲まれて主体的に価値を形成し、他者と共有しながら生きていく存在として考えている。

　このように、文化は直接・間接的に人々のものの見方や行動を方向づける「型」であり、それが集団に共有され、世代的にも伝達・継承される特徴を示している。とりわけ、文化が世代を超えて共有される（および文化は変化している可能性がある）縦軸と、同世代で共有される横軸の存在が概念的に考えられよう。

心理学の立場からの文化の代表的な定義

　次に紹介する心理学的なアプローチでは、ミクロな立場から文化と個人の心理傾向との関連を検討し、文化が人々に与える影響の内実を論じている。

カウンセリング心理学の立場

　第一に、カウンセリング心理学の立場から、社会的な地位や民族性などのデモグラフィック変数（demographic variables）が、いかに人々の心理傾向に影響を与えるかという観点からの文化の定義がある。すなわち、Fuertes & Ponterotto（2003）は、文化とは「個人にとって意味のある、性別や社会経済的な背景、宗教、人種、民族性、地域や国という出身にまつわる場所、そして性的志向を含むもので、個人のアイデンティティや行動、世界観や価値、態度や信念を特徴づけ形成する、集団に準拠する顕著な要因」であるとして包括的な定義を与えている。先の文化人類学のアプローチでも、人々の行為やものの考え方を一定程度方向付ける慣習や規範の総体が文化として論じられたが、ここでも同様の発想で文化が論じられている。そのうえで、アイデンティティや態度など、具体的な心理傾向に

文化が影響を与えることが論じられている[1]。

文化心理学の立場

また文化心理学の立場から、北山（1998）は、文化を「社会・集団の歴史を通じて築かれた習慣及び公の意味構造・日常的現実の総体」であると論じている。この定義は、個人の行動パターンに影響を与えるものでありながら、あくまで公の意味構造や日常的・社会的現実の総体としてあらためて文化を検討しているものである。この視点は、先の文化人類学の視点の定義（Kroeber & Kluckhohn, 1952）に通ずるものである。

行動主義の立場

さらに心理学からのアプローチに特徴的な定義として、行動主義の立場からの文化の定義がある。Skinner（1969）は、文化とは「行動を引き起こし、維持する社会的強化の随伴性（contingencies of social reinforcement）である」と述べている。佐藤（1976）も、「それぞれの社会における随伴関係の集まりが文化であると考えられる。文化の相違とは随伴関係の相違である」と述べている。この定義に関する一例として、「知り合いに道ですれ違った」ときに、「言葉を発せずさりげなく会釈をすること」が挨拶とされる文化圏と、「言葉を発して握手をすること」が挨拶とされる文化圏があるとする。行動主義的な文化論に基づけば、「知り合いにすれ違う」ことに対応する社会的行為として慣例的とみなされるものが、一方では「さりげない会釈」でありながら、他方では「握手」であるため、文化が異なれば、それぞれの行為どうしの結びつきである随伴性が異なるということになる。

ここで慣例的というのは、例えば人々によって持たれる社会的な期待や、相互行為のなかでぎこちなさが発生しないため、その後もその行為が強化されるという意味を含んでいる。このような行動主義の文化論は、観察可能な会釈や握手という行為そのものを文化と考えるのではなく、何らかの

---

[1]　本稿では詳述しないが、価値や態度、役割など、ひとの主観的な反応を中心に文化を論じた Triandis（1972）の認知主義的文化論がある。

行為と行為との随伴性を形成しているものが文化であると考える点が特徴的である。このため、新しい文化について学ぶことは、新たな社会的強化の随伴性について学ぶことといえる。異文化トレーニングや文化的アフォーダンス（Ramstead, Veissière, & Kirmayer, 2016）の観点に対しても示唆を持つ定義である。

発達論の立場

さらに、こころの可塑性（plasticity）の観点を含めた発達論からの文化の定義がある。渡辺（2002）は、箕浦（1984）の文化の臨界期仮説を参考にしつつ、文化を次のように包括的に定義している。すなわち文化とは、「精神発達過程の特定の時期で、環境との相互作用により、可塑的に形成され、その後の行動・知覚・認知・動機・情動・態度などを、基本的に方向付ける中核的な反応の型で、ある特定の集団の成員に有意性をもって共通に見られるもの」（渡辺，2002）である。

文化をシステムとして考える立場

前述した北山（1998）の立場とも関連して、文化心理学においては人々の「こころ」と「文化」とが相互構成（mutual construction）しているという観点で両者を捉えようとする。この考え方の象徴的な表現として、Markus & Hamedani（2007）の "People are culturally shaped shapers" がある。ひとは文化的に形作られたうえで他者を形作ることに影響力を持った存在であるという円環的な側面を意味している。

このようなひとのこころと文化とが循環的に互いを形作っている考え方は、文化を社会的なシステム（とりわけ意味を生み出すシステム）として考える立場である。前述の行動主義的な文化論とも通底する考え方であり、文化はあくまで実体（具象物）ではなく、慣例や意味の安定的なパターンを生み出す、社会的な力学に近いものと考えられる。このような発想は、次にみる実践から文化を考える立場での「草むらの小道」の比喩が象徴的である。

実践から考える立場

最後の文化の定義として、実践からのアプローチがある。この立場は、石黒（2010）が述べているように、人間の精神過程と文化的、歴史的、そして制度的な状況要因との関係性の考察を中心に据える「社会歴史的アプローチ」（cf. Wertsch, 1991; Cole, 1996）である。この立場では、文化とは「複数の人々が何らかの人工物を介して協働しあう過程とその所産」とされ、「通常それは世代間で改変されながら継承されるもの」とされる（石黒, 2010）。

相互構成や協働の所産の一例としての草むらの小道（desire path）

上記でみた循環的なシステムの発想から文化を捉えることに関連して、ここでの実践から文化を考える立場の「草むらの小道（desire path）」の例え（石黒, 2013）は示唆的である。写真の通り、この例は複数の人々の協働的なあり方を示しており、ある意味でマクロとミクロの視点を繋ぐ意味で、「複数の人々が何らかの人工物を介して協働しあう過程とその所産」の端的な例でもある。もちろん、草むらの小道が元々どのように出来たかは不明であるが、人々が繰り返し通っているうちに、踏みしめられた場所に草が無くなりそこが「小道」として認識され、人々が一層そこを通るようになり、小道が「所産」として形成されるといった過程であろう。これも人々により集合的に作られた、相互構成的で循環的なシステムといえる。

前述の行動主義の文化論とも関連付ければ、この見方で特徴的なのは、草むらの小道において容易に観察できる「道そのもの」や、道を歩く「行為そのもの」が文化なのではなく、あくまで特定のパターンとして人々に特定の場所（小道）を歩くことを方向付ける、目に見えない力学が文化という点が考察可能であろう。そして、そのパターン自体がパターン形成の力学を生み続けることに寄与する循環的な構造（自己複製的な構造）を持つ点が特徴的でもある。このように、草むらの小道（あるいは脇道・迂回路）の例において、環境と人々の行為とが相互構成的にパターンを形成し

ているあり方を、文化の特徴の一つとして検討できる。

異文化接触とは何か

　これまで文化の定義を様々にみてきたが、あわせて異文化接触の概略についても触れておく必要がある。理由としては事例編で考察するように、異文化接触ゆえにそれまで気が付かなかった文化の相違や自他の（当たり前と考えていた）前提や基準に気が付くという過程が可能なためである。

　第一の異文化接触の論点として、斎藤（1993）は、異文化間接触（cross-cultural contact）とは文化的な背景を異にする人々の間でなされる対面的な相互作用であると定義している。同様に、渡辺（1995）は、異文化接触とはある程度の文化化を経た人が、他の文化集団やその成員と持つ相互作用といえると述べている。これらの定義に共通している論点は、人々がそれぞれの生きる文化において「文化化」を経ているといった点である。そのため、文化化について次に述べる。

　文化化（enculturation）とはもとは文化人類学者の Herskovits（1948）が社会化（socialization）と対比的に提起した概念である。今日に至るまで様々な定義や研究（cf. Murdock, 2018）があるが、概ね「文化化」とは、人々が自らの生きる文化にとって適切あるいは必要となる行動様式や価値観、世界観や規範を幼いころより学び、次第に身につけていく過程を意味している（cf. Grusec & Hastings, 2007）。この意味では、特定の文化のあり方などをある程度身につけた人々どうしの接触や相互作用が異文化接触であるといえる。

　第二の異文化接触の論点として、Berry ら（2002）は、観察可能な行為を含む心理的・行動的な要因だけでなく、経済的な文脈や生態学的な観点も含めた環境的な要因や、文化の伝達などの過程を含めた異文化接触の枠組みを検討している。これにより、異文化接触における人々の類似性や差異性を説明するための視点を提供している。

　ベリーらの議論の、人々の類似性や差異性を説明するための異文化接触といった観点は、本書のなかで事例を検討するために重要な切り口となる。

すなわち、社会構築主義（social constructionism: Brinkmann, 2017; Burr, 2015; Lock, 2010）の立場からは、異文化間での接触を経験することで、ひとはそれまで自覚をしていなかった文化的な前提や他の文化との違いに反照的に気付くことがあるためである（文化的気付き culture awareness とも呼ばれる）。この反照的な意識化の過程は reflexivity（Breakwell, Smith & Wright, 2012）と呼ばれ、個人が背景としてもともと持っていた考えや価値観、知識の前提が、自分が現在有している考えを持つようになった過程にどのように影響をしているかを考えることを意味している。この意味では、異文化接触によって自己意識を高めていく視点は、他者理解の視点から自己理解に視点を切り変えることが異文化間能力と結びつく可能性を示唆している。

　これまでの論点を受けて、後述する各事例の提供者にとっても、異文化接触という観点を持つことにより、もともとの文化的な前提をもとに異文化間能力について考えるきっかけになっているということができる。

第2章　異文化間能力とは何か

異文化間能力に関する先行研究

　本章では、「第Ⅰ部　理論編」の主たる議論を担う部分として、異文化間能力に関する先行研究のレビューや整理を行い、本分野で検討されてきた理論やフレームワークについて検討を行う。後述のように、本テーマは依拠している分野や方法論、能力観の前提などが多岐にわたっているため、検討されてきた内容も様々である。下記の通り、本章では「能力の前提」、「能力の類型」、そして「今後の課題」の3部構成で考察を行う。

　第一に、これまで多くの研究が依拠してきた異文化間能力の能力観の前提に関して、① 個人内の能力観、② 文化一般（culture-general）な能力への志向性、③「異文化」性に対する emic なアプローチ、④ 文化的調整やアカルチュレーションの観点、⑤ 文化の定義に関して、に関する5つほどの前提があることを概観する。

　続いて、異文化間能力の類型として、① 特性論（trait）、② 態度や世界観（attitude and worldview）、③ 実際に取りうる行動としての能力（capability）、④ 発達論、⑤ 統合的立場の5つの類型について検討する。

　最後に、異文化間能力の主に①〜③の類型に対応する形で、今後この領域が実証的に取り組むべき課題として、① 主にパーソナリティ傾向の見地から認知的完結欲求と異文化間能力との関連の検討、② 認知的傾向の見地から包括的認知傾向と異文化間能力との関連の検討、③ 実際に取りうる行動としての能力観から判断の保留の検討、があることに触れる。同時に、異文化間能力の効果の観点から、異文化間能力の帰結としてのリーダーシップや精神健康に関して検討する[1]。

下記でレビューを行う異文化間能力（intercultural competence: Deardorff, 2009; Leung, Ang, & Tan, 2014）とは、文化を超えて効果的に機能するための個人の能力（Whaley & Davis, 2007）と包括的に定義されるものである[2]。この実証的検討は、1960年代のアメリカでの平和部隊派遣の開始や、企業の海外活動の活発化、そして留学生の受け入れの急増などによって、人々が異文化不適応の問題に直面したことが発端である（山岸, 1997）。そして、海外派遣の対象者を選定するスクリーニングや教育プログラムを開発する目的で研究知見が積み上げられてきた（Spitzberg & Changnon, 2009）。

　下記では、(1) 異文化間能力のいくつかの前提、(2) 様々な能力の類型化、そして (3) 今後実証研究がなされるべき諸概念について包括的な検討を行う。これまでの各々の実証研究では必ずしも明示されていない能力観の前提についてまず検討を行い、その後異文化間能力に関する内容について5つの類型化を行う。

異文化間能力の前提

個人内の能力観（能力を個人の内的で安定したものと見る立場）

　前述のように、異文化間能力の一連の研究の発端は、例えば海外派遣の

---

[1]　発達論の観点を含めて考察した異文化間能力については中尾（2022a）を、多文化間カウンセリングの観点からの異文化間能力の考察はNakao（2022）を、そして本稿に関連した異文化間能力の前提や類型についての考察は中尾（2019a）を参照されたい。

[2]　本稿では詳述しないが、competence（competency）という概念自体がWhite（1959）などにより1950、60年代に「環境と効果的に関わるための生体の能力」として論じられていた（Arasaratnam-Smith, 2017）。この系譜については、奈須（2017）を参照されたい。すなわち、WhiteやMcClellandの研究であり、環境のなかでのひとや物事への能動的かつ効果的な「関わり」が能力として論じられてきた。発達上の同化と調節（assimilation and accommodation）に関連した生得的な動機付けの要因だけでなく、関係的かつ認知的な能力として、人生のなかでの様々な問題状況に対処するための問題解決を可能にする要因が検討されてきた。

対象者の選定を目的とした心理特性に関する個人差研究（Sandberg, 2000）の枠組みである。そのため、いわゆる特定の文化集団からの標本を用いて文化間での比較検討を行う研究とは異なる前提を持つ。すなわち、能力とは（後述の発達論などを除き）あくまで個々人が内的かつ時間的にも安定した特徴として保有するものとされる。この立場と対極的な能力観としては、近年注目されている状況論からの能力観（Lave & Wenger, 1991）がある。

文化一般（culture-general）な能力への志向性

第二の前提は、例えば共感性や傾聴をする姿勢などの特徴が、特定の文化に限定されずに異文化接触の場面全般に有効な資質であると考える立場（Arasaratnam & Doerfel, 2005）である。異文化教育などの分野では、トレーニング内容が異文化全般、すなわち文化全般（culture-general）に対して行われるべきか、それとも特定の文化（culture-specific）に対して行われるべきかを巡り古くから議論があるが（Gudykunst & Hammer, 1983）、次に挙げるような近年開発された異文化間能力の測定尺度を見ても、文化一般を志向していることがわかる。すなわち、Matsumoto & Hwang（2013）のメタ分析により信頼性・妥当性が高いとされる文化的知性（cultural intelligence: CQ; Ang & Van Dyne, 2008）[3]や、多文化的パーソナリティ（multicultural personality: van der Zee & van Oudenhoven, 2000; 2001）の尺度である。具体的な項目として、「文化の異なる人々と交流するときに、私は自分の文化の知識の正確さをチェックする」（筆者訳：I check the accuracy of my cultural knowledge as I interact with people from different culture; Ang & Van Dyne, 2008）や、「異文化にいると落ち着かない」（筆者訳：Feels uncomfortable in a different culture; van der Zee & van Oudenhoven, 2000; 2001）などがあり、これらの尺度および研究の背景には文化一般の立場が想定されているといえる。

---

[3]　文化的知性（CQ）尺度については、日本語版での尺度開発が完了しているわけではないが、中尾（2019b）や Nakao & Uchida（2021）などの調査で使用されてきているため、参考のために本章の最後に付録として項目を付す。

このような文化一般の前提とも並び、異文化間能力は文化に関連のない一般的なコミュニケーション能力（たとえばEQなどで測られる要因）との弁別性が指摘されている。すなわち、文化的知性尺度の「私は、異なる文化背景を持つ人と関わる際に自分が使う文化的知識についてよく意識している」という項目にみられるように、異文化接触における文化的要因に関する判断力等を検討しているため、異文化間能力の文化に関連する資質の固有性が論じられている（Ang et al., 2007）。

「異文化」性に対する emic なアプローチ

　第三に、上記の文化一般（culture-general）の内容と並び、例えば異文化間能力の尺度の回答者が先の「文化の異なる人々と交流するときに、私は自分の文化の知識の正確さをチェックする」（Ang & Van Dyne, 2008）の項目に対して、何をもって「文化の異なる人々」と考えているかについて、回答者の考えや体験に依存するという前提がある。この前提は、人々の考える「異文化性」は、あくまで emic（Pike, 1967; Berry, 1969）の立場から人々に委ねられているといえる。すなわち、人々が各自なりに考える異文化の経験などに基づき、人々の「文化システムの内側」の視点から異文化性が想定されていると考えられる。

異文化適応よりも文化的調整やアカルチュレーションの観点

　第四に、異文化間能力は異文化適応（cross-cultural adjustment）とは異なった概念であると指摘されている（Arasaratnam, 2016）。前述のように、異文化間能力は、異文化接触における対人間のやり取りなどの資質に注目する一方、異文化適応は、あくまで適応先としての一定の集団に個人が同様の文化背景を獲得しながら順応していく過程に注目をしているといえる。日常的には、異なる文化での生活や文化的背景を異にする人々と関わることは、その個人がいかに新しい環境や馴染みのない習慣に適応するかという見方で考えられやすい。しかし、そのような異文化適応の概念には問題も指摘されている（Furnham & Bochner, 1986）。まず適応という概念では、

個人と社会・環境との相互作用を見えにくくし、何らかの心理的な問題に関して個人の心の中を治せば良いという発想に陥りがちとなる。また適応という発想では、受け入れ側が文化間移動をする越境者に対して同化を促す（「あなたは我々の文化を受け入れれば良い」等の）文化的ショーヴィニズム（cultural chauvinism：排外主義的態度）に陥る恐れが指摘されている。このような問題の回避のため、異文化間能力の研究でも文化的調節（cultural accommodation; Furnham & Bochner, 1986）や、Berry（1997）に代表されるような相互作用に着目するアカルチュレーション（acculturation）という理論的な枠組みでこれまでの研究がなされてきている（渡辺, 1995）。

　さらなる違いとして、異文化間能力に代表されるような、異文化間で有効な関係を構築しているかどうかの資質は関係者双方からの視点で検討されるものである一方、適応感はあくまで片方からの充足感等であるため、異文化間能力と異文化適応とは別個な観点を持つことも考察されている（渡辺, 1983）。

「異文化性」を検討するための「文化の定義」に関して

　上記の「『異文化』性に対する emic なアプローチ」の項では異文化性の前提をみたが、第五は、文化の定義に関してである。

　これまで、それぞれの異文化間能力の研究者が、文化をどのような視点から捉え、どのような概念として検討しようとしているかについて、明示的に示されたものはあまりない（例外的に、発達論・行動主義・認知主義の文化論の類型を行い異文化間能力の検討をした渡辺［2002］がある）。第1章の文化の定義でみたように、概ね「社会や集団の歴史を通じて築かれた慣習や意味構造、そして素朴理論やシンボルの総体」（Kroeber & Kluckhohn, 1952）という定義や、「個人にとって意味のある、性別や社会経済的な背景、宗教、人種、民族性、地域や国という出身にまつわる場所、そして性的志向を含むもので、個人のアイデンティティや行動、世界観や価値、態度や信念を特徴づけ形成する、集団に準拠する顕著な要因」（Fuertes & Ponterotto, 2003）といった包括的な文化の定義が多くの研究に

共有されている。

異文化間能力の前提に関して

　以上、5つの異文化間能力の前提について概観してきたが、これらは実際の研究上ではどのように活用することができるであろうか。まず能力観に関しては、前述の状況論を取り入れることにより、例えば異文化間能力が問われる現場を検討する際に、個人だけではなく「環境と人間の相互行為」を見ることができ、これらにより文化的アフォーダンス（Ramstead, Veissière, & Kirmayer, 2016）や身体化された認知（Durt, Fuchs, & Tewes, 2017）の立場も包括できるため、今後の研究に理論的な広がりが出るであろう。文化一般、異文化性、そして文化の定義については、それぞれが相互に関連する内容である。異文化間能力に関しては、個人内の能力だけでなく異文化接触の際の個別の文脈の要因を考慮に入れることが推奨される（Deardorff, 2009）。教育やビジネス分野、リーダーシップ論、外国語学習やエンジニアリング、そして医療分野など、学問的に依拠する領域だけでなく様々な文脈（人々の背景要因や職業等を含む）によって求められる資質も異なると考えられる。文脈も踏まえてどのような文化概念に依拠するかを明示することで、文化一般よりも詳細に何が異文化接触の中での課題として顕著になるかの想定を明らかにできる。文化の概念化に関しては、村本・村上・内田・田中・結城・長谷川・山口・余語（2006）やKashima（2000）の議論があり、文化概念に基づいた異文化間能力の検討が求められるだろう。

異文化間能力の類型

　下記では、30以上のモデルや300以上の特徴が言われ、内容が広範に及ぶ異文化間能力の研究（Spitzberg & Changnon, 2009）の概念的な整理のため、それぞれの立場で代表的な研究をいくつか挙げ、主に5つの立場で類型化を行う。

特性論（trait）の立場

　第一に、特性論の立場は、異文化接触の場面において典型的にみられる行動を方向付ける、個人の持続的な特徴を強調する立場（Leung et al., 2014）である。代表的な研究として、古くは Kealey & Ruben（1983）の研究があり、彼らは米国人の海外での何らかの業務・任務に成功した者の研究を分類し、「海外タイプ（overseas type）」と表現される特性リストを作成した。特に、業務の成功を5種類の職業別（平和部隊員、海外ビジネスパーソン、技術支援者、軍人、その他の関連する研究分野）で分け、それらに共通に見られる特性を挙げた。すなわち、共感性、柔軟性、敬意、耐性、現地の人と文化に対する興味、仕事上の技術、社会性、親切さ、我慢強さ、知的好奇心、開かれた態度などである。また海外での成功は、心理的適応や職業上の能力、また異文化間のやりとりの3つの側面で分けて論じるべきとも述べられている。

　また Kealey（1996）は、海外に派遣される人材の人選という観点から、異文化に対応できる資質を異文化間のスキルとして3つに分けて論じている。すなわち、「適応スキル」、「異文化間スキル」、「パートナーシップ・スキル」であり、それぞれの中に多くの特性をあげている。適応スキルに挙げられている特性は、肯定的態度や柔軟性、ストレスへの耐性や情緒的な成熟さ、などである。異文化間スキルでは、耐性や異文化への参加、政治的な賢明さ、文化的な感受性、などの特性をあげている。パートナーシップ・スキルとは、異なる文化的背景を持つ人と特に職業上で関係を構築できることを指している。特性としては、他者に開かれていること、粘り強さ、リーダーシップを取れること、自信、問題解決能力、などがある。

　以上の二点の研究でみたように、「海外タイプ」に注目する研究は、異文化への適応や異文化での職務遂行を成功させる要因を、それに成功している人材の特性として着目し、その多くの特性リストを列挙していることが特徴的である。ただ、Spitzberg（1989）が指摘しているように、これらの研究では理論的な関心が弱く、数限りない特性を列挙してきた点があるため、特性の測定法の吟味や理論的な統合を行うことが課題になっている

といえる。

　これらの特性に加え、近年の研究では、曖昧さへの耐性や認知的完結欲求（need for closure: Deardorff, 2006; 2009; 2017）や認知的複雑さ（Lloyd & Härtel, 2010）も特性論で検討されている。さらに前述の多文化的パーソナリティ（van der Zee & van Oudenhoven, 2000; 2001）の研究も、5つの特性（感情的安定さ、社会的イニシアティブ、開かれた態度、文化的共感性、柔軟性）を挙げている点で、特性論に含まれる。これらの資質は、異文化間能力の要因を特性として細分化する試みであり、後述する Dinges（1983）のような包括的・統合的に能力をみる立場とは対照的といえよう。

態度や世界観（attitude and worldview）の立場

　第二の立場は、他の文化や自分たちの文化以外の世界からの情報を個人がどのように受け取るかに着目し、異文化接触に関してどれほど肯定的な態度を持っているかを見る立場である（Leung et al., 2014）。典型的には Bennett（1986）などが、発達的な観点を交えつつ、異文化接触を経ることにより、いかに「自文化・自民族中心主義」の世界観から「文化的・民族的相対主義」の世界観を抱くようになるか、あるいは文化の相違に関してより複雑で洗練された、包括的な考え方を持つようになるかの資質を考察している。

　具体的に Bennett（1986）は、異文化接触に必要な能力として、他者への共感性や配慮、感情移入などの感受性が鍵となると位置づけ、それを異文化感受性（intercultural sensitivity）と呼び、以下のような6つの認知様式の発達プロセスを考えている。すなわち、(1) 文化的な違いの「否定」、(2) 文化的な違いからの「防衛」、(3) 文化的な違いの「最小化」、(4) 文化的な違いの「受容」、(5) 文化的な違いへの「適応」、(6) 文化的な違いの「統合」、の6つであり、最初の3つは「自文化・自民族中心主義」の段階で、後半の3つは「文化的・民族的相対主義」へと移行した段階であると述べている。

　同様に、世界観の変容こそが異文化に対応するうえでの学習であり、異文化間能力として検討するべきと考える立場がある。Storti（1990）は、異

文化に対しての「慣れや順応（adapt）」や「機能調節（adjust）」に注目し、新たな行動様式の習得過程を重視した。また Taylor（1994a）は異文化間能力と変容学習（transformative learning）の理論とを結びつける試みとして、個人の世界観の変容に着目した。すなわち、異文化間能力の獲得の過程とは、個人が自分自身の世界観を、それまで自文化で形成してきた認知的枠組み（スキーマ）とは異なった視点（それは時に自分自身の価値観や信念と葛藤する可能性もある）から見られるようになり、より「包括的で統合的な枠組み」を持つようになることであるとされる。これらの立場は、より包括的な世界観への変容を中心に、発達の過程を含んだ見方であるといえよう。

実際に取りうる行動としての能力（capability）を強調する立場

第三の立場は、異文化接触のなかで個人がいかに効果的なやり取りができるかに着目する立場である（Earley & Ang, 2003）。言語能力やコミュニケーションを行う能力だけでなく、社会的関わりのなかで柔軟であることや、対人間での行動の調整などを行えることが含まれる。とりわけ前述の文化的知性（CQ: Ang & Van Dyne, 2008）の研究も、メタ認知的、認知的、動機的、そして行動的な異文化間能力の観点からこの立場で検討がなされてきた。また、文化的知性（CQ）のうちの「行動的CQ（behavioral CQ）」は、「異文化間のやりとりにおいて、必要であれば自分の言語行動（例：アクセント・口調）を変える」、「様々な異文化間の場面に合うように、私は間や沈黙を使い分ける」、「異文化間の場面に応じて、私は話す速さを変える」など、具体的な異文化接触の場面での行動の調整について論じており、実際に取りうる行動としての能力（capability）が端的に表れた概念と考えられる。またこの立場では様々な議論があるが、生育上の経緯などで複数の文化に密接な関わりをしてきた人々（例：bicultural なあり方など）の研究をもとに、文化的な状況に応じて自己のあり方や価値観、見方を切り替える（frame-switching）ことも論じられる。

発達論の立場

　第四の立場は、資質を発達の観点から検討する立場である。これは異文化接触が個人の変容をもたらす過程であるとする立場から、認知的な変容を軸に、異文化接触の前後を含む「時間幅」での能力の形成などに注目しているものである。

　山岸（1995）が述べているように、異文化接触では、それまで身に付けていた行動の基準や手がかりが機能しなくなり、自己を再構成する作業が必要となるために、認知構造の変化や自己変容が生じるとされる。このような変容理論に関しては、Taylor（1994a, b）のそれぞれの研究に詳しい。

　とりわけTaylor（1994a）は、この研究領域を概観した上で、異文化に対応できる能力の研究が「個人はそのような能力をどのようなプロセスで獲得するのだろうか」といった能力の習得モデルの視座からはほとんど研究されてこなかったことを指摘し、異文化において効果的に生活し、仕事が出来てきたとされる25歳以上の成人、12人に対して面接調査を行っている。そして、異文化に対応できる能力を「個人が発達させる適応能力としての変容プロセス」と定義し、このプロセスは異文化で求められることを理解し自分自身を調整するために自身の認知枠組みを効果的に変化させることであると述べている。また、異文化間能力と近い概念として「異文化対処のできるアイデンティティ（intercultural identity）」をあげ、異文化対処のできるアイデンティティを獲得するプロセスに関するモデルを提示している。この異文化対処のできるアイデンティティを発達できている人は「特定の社会に対して限定的な見方をせず、包括的な視座を持っている」とされている。

　具体的には、Taylor（1994a）のモデルでは下記の５つの段階が論じられている。

　第一の段階では、異文化接触の前段階として、発達段階の背景として能力習得のレディネス（readiness）を想定し、異文化レディネス（intercultural readiness）を想定している点が挙げられる。レディネスとは、竹内（1999）によれば、「学習成立のための準備性」とされ、学習が

効果を持つために学習者の心身が一定の発達を遂げていることを意味している。ここでは、異文化に接触する以前の重大な経験や、個人的な目標、以前の異文化体験などが、次に生じる「文化的な不均衡」の背景要因として機能するとされ、異文化に対応できる能力の獲得に対しても下地として影響してくることがいわれている。この異文化レディネス（intercultural readiness）に関しては、まだ多くの実証研究があるわけではないが、Van der Zee & Brinkmann（2004）の研究などがある。

　第二の段階では、異文化接触による当初の個人の変化を考察している。この段階では、「文化的な不均衡」という、異文化における心配や孤独感、挫折感などの体験が想定され、一般的な意味で用いられる「カルチャーショック」とほぼ同義であるとされている。ここで特徴的なのは、「文化的な不均衡」を異文化に対する能力の獲得を触発するものとして捉えている点である。すなわち、「文化的な不均衡」は個人への挑戦であり、個人の異文化への調整を促し、バランスを取り戻させるきっかけになるとされている。

　第三の段階では、上記のような「文化的な不均衡」に対処しようとする認知的な態度がいわれる。この段階では「批判的態度を持たない」ことが異文化間能力に結びつく要因の一つとされ、「異文化ではじめて遭遇する価値観や前提に対して批判的な考えを持たないこと」が意味されている。

　第四の段階では、上記の認知的に批判的な態度や疑いの態度を持たずに、異文化との生活や職務に不断念で関わり続けることが、何らかの異文化での対処方略である行動のストラテジーの獲得をスムーズにさせることが論じられている。

　第五に、上記の態度により、世界観の変容（個人の認知や意味の枠組みの拡大）などが生じる段階の、異文化対処のできるアイデンティティの発展につながるとされている。ここでの異文化対処のできるアイデンティティの発展とは、異文化接触の体験自体が何らかの形で個人の変容に影響することを検討しているものである。

　以上でみたように Taylor（1994a）のモデルは、異文化間能力を動態的なプロセスとして捉えた前述の Storti（1990）や Bennett（1986）の発達モデルと共通の観点を持つ。そして特に異文化接触以前のレディネスからの

時間軸で個人が異文化間能力を獲得する過程を構築した点が特徴的である
といえよう。

　最後に、前述した異文化レディネスに関して簡単に触れる。

　異文化レディネスの研究に関しては、レディネスと多文化的パーソナリ
ティ（multicultural personality）との相関を実証的に考察した Van der
Zee & Brinkmann（2004）の研究があげられる。ここでの多文化的パーソ
ナリティは、特性論の立場での異文化間能力とほぼ同義に考えることがで
きる。この研究は、異文化レディネスの質問紙尺度と多文化的パーソナリ
ティの質問紙尺度との相関をみたもので、結果的に両者の相関の強さが言
われている。しかし当然のことながら、研究デザインとして人々の個人内
の時系列的な時間幅という観点からレディネスとその後の異文化間能力と
の関連性を検証したものではない。

　以上からわかるように、異文化間能力の研究に関して、そのような能力
を個人の異文化接触のプロセスや時系列的な能力獲得のプロセスの観点も
取り入れて明らかにしようとする研究は、異文化レディネスと異文化間能
力との関連をみることも含め、この分野の一つの課題になっているといえ
よう。

各能力を包括的・統合的にみる立場

　最後に発達の観点と並んで、これまで概観してきた様々な能力を包括的
にみる立場を挙げる。すなわち特性や態度・世界観、そして実際に取りう
る行動などの要素を統合的に捉えようとする立場である。この立場は、古
くは Dinges（1983）に見られるように、異文化接触での対人的な相互作用
についての様々な能力を包括的にみる立場である。具体的には、Ruben
（1989）に見られるように、資質を忍耐力などの個人の特性ではなく関係
を構築し調整する能力とする立場である。次のように３つに分類し、論じ
ている：

　(1) 関係構築・関係維持能力：肯定的な関係を築き維持することに関す
る能力

　(2) 情報伝達能力：損失やゆがみを最小限にして情報を伝達することに

関する能力

　⑶　承諾獲得能力：説得と適切なレベルでの承諾や協力を確保すること
に関する能力

　このRuben（1989）の分類の優れた点として、渡辺（1991a）は「それま
で多くの研究者が考えてきたように、能力を『忍耐力』とか『柔軟性』と
いうような、その人の特性としてみるのではなく、自分と相手との『関
係』を調整する力と考えたこと」をあげ、渡辺（1991a; 1991b）自身の提起
した「統合的関係調整能力」との類似点を指摘している。

　渡辺（1991a; 1991b）の「統合的関係調整能力」とは、アジアや中東、ア
フリカ、南米に派遣された日本人技術者の調査をもとに、「比較的うまく
技術指導をしていた人ほどもろもろの関係のあり方に関心を示し、関係を
コントロールすることを大切にしている傾向がみられた」と考察したもの
である。すなわち、そうした人々は⑴任地国での技術指導上の問題を対
処するためにとる認知的な準拠枠として、行動の手がかりと評価の明示を
行い、「手がかり」→「行動」→「結果」といった流れで考える「行動主
義的な思考のストラテジー」を持っており、⑵さらに自らの行った問題
解決への対処が効果的であったかどうかを判断するための手がかりとして、
自分と相手との関係の変化に注目する「相互関係の改善」を重視していた
ことが明らかになった。そして⑴を「行動主義」的な認識法、⑵を「相互
関係志向」的な認識法とそれぞれ呼んでいる。その上で、技術者たちが、
「行動」と「環境すなわち刺激」のように関係を重視する認識法である⑴
と、「相互関係志向」的な認識法である⑵の両者をセットで重視していた
ことを指摘し、そのように任地国で技術指導をうまく行った技術者たちは、
自らを取りまく様々な「関係」をよく観察し、その「関係」を調整しコン
トロールする能力を持っていたと述べている。これらのことから、異文化
接触においては、このような関係性を冷静に見つめ調整する能力である
「統合的関係調整能力」が重要な役割を果たすとされ、関係志向的な認識
法（関係志向性）が異文化間能力で重要であると結論付けている。

　上記のような知見と並んで、近年のモデルとしてDeardorff（2006; 2009;
2017）は、これまでみてきたような⑴特性としての態度の要因（異なる
文化的価値への開放性や尊重、好奇心や曖昧さへの耐性）、⑵（自己意識

や文化的知識などの）知識・理解の要因、そして (3) 行動としてのスキル（傾聴などのコミュニケーション能力や関係性を作るスキル）を挙げた上で、これらの３つの要因によって (4) 望ましい内的な結果（柔軟性や共感性を中心とした認知的な準拠枠のシフト）が可能となり、そのような状態でさらなる異文化間の相互作用を行うことにより、(5) 望ましい外的な結果（異文化間の相互行為のなかで適切な行為が行えること）に繋がるとするプロセス・モデルを提示している。先の発達論にも関連するが、(1)〜(3) の各能力が有機的に統合されることによってその後に生じるステップである(4)〜(5)が可能になると考える点が統合的であり、特徴的なモデルとなっている。

　また、文化的な調整（cultural tuning: Leung & Cheng, 2014）に関するモデルについても、とりわけ関係志向性をキーワードに、いくつかの能力を統合的にみる点があわせて特徴的である（図１を参照。以下他のモデルを含め、モデル内の用語の訳語が定着していないことを考慮し、あくまで原語で表記をした）。

　すなわち、(1) 特性論的な要素（多文化的パーソナリティや性格特性、認知的完結欲求［Webster & Kruglanski, 1994］など）と、(2) デモグラフィックや状況要因（教育歴や異文化接触の経験）を個人の能力の背景としながら、これらの(1)〜(2)の要因が、(3) 中核的資質としての文化的知性（前述の文化的知性［CQ: Ang & Van Dyne, 2008］）を促進すると考えられている。そのうえで、この文化的知性は、(4) 包括的（holistic）な心理傾向、ひいては協働的な行動と結びついていると考えられている。すなわち、(4)の包括的（holistic）な心理傾向は、情報を包括的に把握し、状況や実際の行動を調整（tuning）する観点から、文化的知性に対して重要な役割を果たすと理論的に考察をしている。これらの一連の(1)〜(4)のプロセスの通り、個別の能力だけに着目をせず、それぞれの能力が有機的に統合された状態が異文化間能力として有効であるとする包括的なモデルであり、とりわけ関係志向的な認識法（関係志向性）が中心的であると検討されている。

　統合的立場の見地としては同様に、先の実際に取りうる行動としての能力（capability）を強調する立場の一つである Ang & Van Dyne（2008）も、

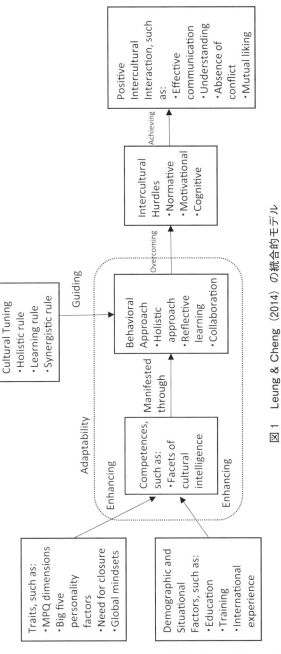

図1 Leung & Cheng (2014) の統合的モデル

諸概念をマッピングしたモデル（構成概念同士の関係性を示した法則定立的ネットワーク：nomological network と呼ばれる）を提唱し、異文化間能力をほかの概念との関連から統合的に考察している（図2を参照）。

このモデルでは、パーソナリティ要因や認知的完結欲求などの要因が文化的知性である CQ に影響を与え、影響を受けた CQ が何らかの文化的要因の含まれた活動・行動への参加に影響を与え、それがひいてはリーダーシップやポジティブなメンタルヘルスに影響を与えるというモデルが概念的に検討されている。

統合的モデルとして最後に、affect（感情要因）、behavior（行動要因）、cognition（認知要因）の要素からアカルチュレーションを検討した ABC モデル（Ward, 2004; Warnick & Landis, 2015）がある（図3を参照）。

このモデルで言われている認知とは、とりわけ異なる文化圏にいるようになってからの「自分自身のあり方」（アイデンティティ）に対する態度が中心的である。そのうえで、もともとの自文化と同様の自己認知を維持するか、それとも新しい自己像に変化させるかなどの変化の過程が、実際の新しい文化圏で取られる行動（具体的な新しい行動を獲得する要因）や、環境が変化したことによる感情的な反応（ストレスを含む）の制御のそれぞれに影響をすると考えるモデルである。

上記で挙げた3種類の統合的モデルは、それぞれ強調される内容は異なるが、どれも異文化間能力をほかの諸要因との関連で統合的にみていく点が共通している。実証的な検討がまだ多くなされていないため、下記でみる今後実証的に検討されるべき課題と並び、今後検討されるべきフレームワークであるといえる。

今後異文化間能力との関連が 実証的に検討されるべき課題

これまで、数多く言われてきた異文化間能力をその立場の違いから類型化を行った。以下では、上記で行ったレビュー（能力の類型化）に則しつつ、今後本分野が実証的に検討をすべき諸概念について述べる。

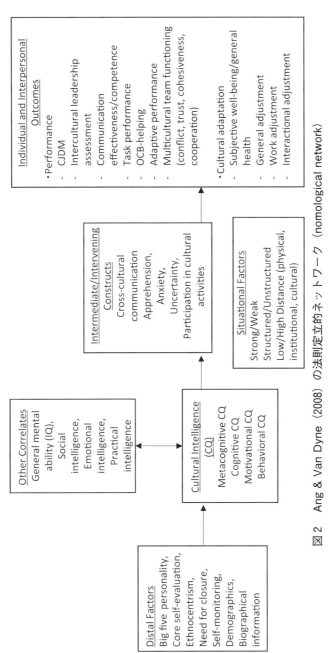

図 2 Ang & Van Dyne（2008）の法則定立的ネットワーク（nomological network）

Individual and Interpersonal Outcomes

・Performance
- CJDM
- Intercultural leadership assessment
- Communication effectiveness/competence
- Task performance
- OCB-helping
- Adaptive performance
- Multicultural team functioning (conflict, trust, cohesiveness, cooperation)

・Cultural adaptation
- Subjective well-being/general health
- General adjustment
- Work adjustment
- Interactional adjustment

Intermediate/Intervening Constructs
Cross-cultural communication
Apprehension,
Anxiety,
Uncertainty,
Participation in cultural activities

Situational Factors
Strong/Weak
Structured/Unstructured
Low/High Distance (physical, institutional, cultural)

Other Correlates
General mental ability (IQ),
Social intelligence,
Emotional intelligence,
Practical intelligence

Cultural Intelligence (CQ)
Metacognitive CQ
Cognitive CQ
Motivational CQ
Behavioral CQ

Distal Factors
Big five personality,
Core self-evaluation,
Ethnocentrism,
Need for closure,
Self-monitoring,
Demographics,
Biographical information

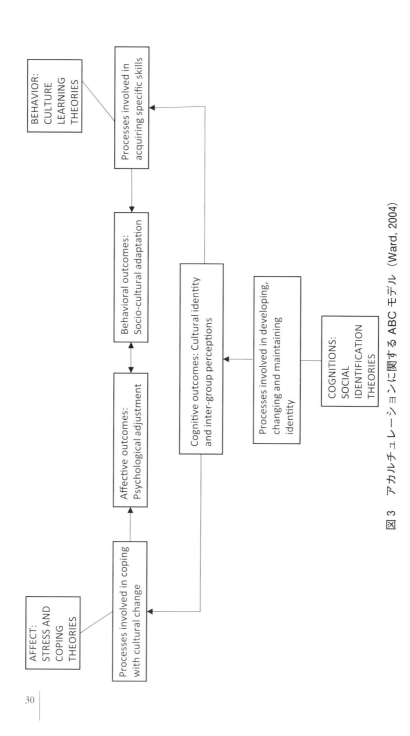

図 3 アカルチュレーションに関する ABC モデル (Ward, 2004)

BEHAVIOR:
CULTURE
LEARNING
THEORIES

Processes involved in acquiring specific skills

Behavioral outcomes:
Socio-cultural adaptation

Affective outcomes:
Psychological adjustment

Cognitive outcomes: Cultural identity and inter-group perceptions

Processes involved in developing, changing and maintaining identity

COGNITIONS:
SOCIAL
IDENTIFICATION
THEORIES

AFFECT:
STRESS AND
COPING
THEORIES

Processes involved in coping with cultural change

特性論（trait）の立場からの課題 —— 認知的完結欲求

　まず特性論の立場からは、異文化間能力の下地（antecedent/ prerequisite）として位置付けられる認知的完結欲求（Webster & Kruglanski, 1994）のさらなる検討が求められる。多様な文化背景や基準を持つ人々どうしの接触が増加する今日、従来のように一つの文化的基準からは判断できない、不確実な状況も社会では増加してきていることが予想される。そのため、「何らかの問題に対して確固たる答えを求め、曖昧さを嫌う欲求」（Kruglanski & Webster, 1996）である認知的完結欲求の観点から異文化間能力を検討することは重要であろう。しかしながら、Ang & Van Dyne（2008）や上述の Deardorff（2006; 2009; 2017）の統合的な立場のモデル、そして Leung & Cheng（2014）の文化的な調整のモデルにおいて認知的完結欲求の概念が含まれつつも、異文化間能力との関連をみる実証的検討は未だ数が限られている。数少ない先行研究として、認知的完結欲求の高い移民の人々は新たな文化圏に順応していく中で回避的な対処行動をとり、ホスト文化の人々との接触も低下することが言われている（Kosic, 2004）。また認知的完結欲求の高い留学生は低い留学生と比べて、海外で学ぶ中でより多くの心理的な苦痛を経験すると報告されている（Kashima & Loh, 2006）。

　しかしながら、そもそも認知的完結欲求を構成する下位項目に関して2因子、3因子、あるいは5因子をいう様々な主張があり（鈴木・桜井, 2003）、これまでの研究は認知的完結欲求があくまで様々な下位項目を含む包括的な用語（umbrella term）であるという点が十分に踏まえられていない。そのため、曖昧さが含まれる内容（例：他者の行動の予測可能性や自分の生活の規則性など）による違いを考慮し、異文化間能力との関連から検討を行うことが今後の課題となる。

態度や世界観（attitude and worldview）の立場からの課題 —— 包括的認知傾向

　第二に、上述した発達論の立場や能力を包括的・統合的にみる立場にお

いて、包括的な認知傾向や関係志向性の重要さが論じられた。とりわけ認知的特性や世界観に注目して能力を検討する立場からは、個々人の世界観（worldview）を多層的に測定するために開発されたKoltko-Rivera（2000; 2004）の尺度を用いて異文化間能力との関連を検討することが可能となろう。

　また、前述した統合的な立場の文化的な調整（cultural tuning: Leung & Cheng, 2014）のモデルでは、それが統合的な能力観の故に複数の能力観が含まれているが、その中で「包括的（holistic）な認知傾向」が鍵を握る概念として含まれている。このような認知傾向や世界観としての包括的認知傾向は、文化心理学の分野で認知スタイル（分析的および包括的思考スタイル）の文化差を検討するために開発されてきた弁証法的自己観尺度（Dialectical Self Scale: Spencer-Rogers, et al., 2007; 日本語版は鈴木ら, 2012）やAnalysis-Holism尺度（AHS: Choi, Koo, & Choi, 2007）などを活用し、異文化間能力との関連が検討できよう。

　またこのような認知スタイルの検討は、系譜としては社会的認知の研究に位置づけることも可能である。社会的認知は、人間の知覚が知覚対象のもつ物理的な刺激条件だけでなく、その対象の社会的価値や観察者の社会的立場、態度・期待・過去の経験、パーソナリティ特性などによって影響を受けるとする（Bruner & Goodman, 1947; 斉藤, 2005）。そのため認知スタイルによる異文化間能力の検討は、社会的要因として異文化接触の経験を有し、異文化との対処に取り組む人々（例：留学生や海外駐在員）の認知的特徴をみる社会的認知の研究とも言える。この上で認知課題などによる検討も可能であろう。

実際に取りうる行動としての能力（capability）の立場からの課題 ── 判断の保留

　第三の検討すべき課題として、他者からの何らかの情報に対して性急な（良し悪しの）判断を差し控えることのできる能力である判断の保留（suspension of judgement: Watanabe, 2005; Yu & Chen, 2008）が挙げられる。とりわけTriandis（2006）は、異文化で他者と関わる際に民族性の情報のみから判断をせず、十分に個人の性格特性や背景の情報などを考慮に入れ

ることが重要としており、そのために予見を差し控える「判断の保留」が異文化間能力の中で最も重要な能力であると述べている。この判断の保留に関して、多文化間カウンセリングの立場からは、多様な文化背景を持つクライエントと接するカウンセラーたちが、異文化接触において自らの解釈や判断を一旦脇に置くように意識的に努めることが重視されていた（Nakao, 2016; 2022）。このような傾向の検討のために、判断保留についての検討を含む山岸・井下・渡辺（1992）や渡辺（1989; 1991a; 1991b）を参考にした調査の実施が課題である。

　判断保留の程度の測定のために参照できる研究として、異文化間能力そのものではないがバイリンガルの研究分野で、心理学で用いられてきた質問紙調査や行動指標だけでなく、脳波計で測定される事象関連電位（ERP: event-related potential）の手法で反応抑制（response inhibition）の傾向をみた研究がある（Bialystok, Craik, Green, & Gollan, 2009; Luk, Anderson, Craik, Grady, & Bialystok, 2010; Moreno, Wodniecka, Tays, Alain, & Bialystok, 2014）。これらの研究の実験では、特定の刺激への反応をどれだけ抑制できるかの程度を測定する課題や、実験のなかで古いルールに引き続いて新しいルールを習得するなかで、どれだけ古いルールにまつわる行動を抑制できるかの程度を測定する課題が実施されたが、母語のみを話す人々に比べてバイリンガルの人々のほうが概ねそれぞれの反応を抑制できる傾向が強かった。対人関係や社会性の要因が含まれる異文化間能力においても同様の知見が得られるか、今後の検討の余地があるといえる。

異文化間能力の帰結としてのリーダーシップや精神健康に関して

　Ang & Van Dyne（2008）は、異文化間能力を持つことによる対人的文脈での結果としての効果（outcome）や帰結（consequence）として、異文化間能力が高いほど対人関係において高いリーダーシップを有するようになることを理論的に検討している。同様に、異文化間能力が高いほど主観的健康（subjective well-being, general health）も高いことを仮定的に論じている。これら、異文化間能力とリーダーシップ、および異文化間能力と健康との関連を媒介する要因として、異文化間コミュニケーションの

理解の程度や、不安・不確定要素、そしてどれほど文化的な活動に参加するかの程度（participation in cultural activities）が挙げられるとして検討をしている。今後の実証的な課題として、これらの媒介要因を分析することがあげられよう。

小括として

　本章は、これまで数多く提示されてきた異文化間能力の内容に関してレビューを行い、能力観の前提や類型化、そして今後の検討されるべき課題などを概観した。これらを踏まえ、今後さらなる異文化間能力の理論的かつ実証的研究が進められることが望まれる。

付録　日本語版 CQ 尺度 （原版：Ang & Van Dyne, 2008）

　以下の文章を読み、あなたの能力を一番よく表している反応を選んでください。あなたのありのままの姿を一番よく表現している答えを選んでください（1 = 全くあてはまらない：7 = とてもあてはまる）。

1	文化背景の異なる人々と交流するとき、私は自分が使っている文化の知識を意識している
2	馴染みのない文化出身の人々と交流するとき、私は自分の文化の知識を調整する
3	異文化間の交流において自分が用いる文化の知識を、私は意識している
4	文化の異なる人々と交流するときに、私は自分の文化の知識の正確さをチェックする
5	日本以外のどこかの文化における法律や経済のシステムを知っている
6	他の言語のルール（例：語彙や文法）について知っている
7	日本以外のどこかの文化の価値観や信仰について知っている
8	日本以外のどこかの文化の結婚制度について知っている
9	日本以外のどこかの文化の美術・工芸について知っている
10	日本以外のどこかの文化における非言語行動（声の調子・身振りなど）を表現するためのルールを知っている
11	異なる文化の人々と交流することを楽しむ
12	馴染みのない文化にいる現地の人と、社交的につきあえる自信がある
13	自分にとって新しい文化に適応していくときに感じるストレスに対処できると思う
14	馴染みのない文化の中で生活することを楽しむ
15	異なる文化での買い物の仕方に慣れる自信がある
16	異文化間のやりとりにおいて、必要であれば自分の言語行動（例：アクセント・口調）を変える
17	様々な異文化間の場面に合うように、私は間や沈黙を使い分ける
18	異文化間の場面に応じて、私は話す速さを変える
19	異文化間の交流に応じて、私は非言語行動（例：声の調子・身振りなど）を変える
20	異文化間の交流に応じて、私は表情を変える

第Ⅱ部　事例編

中尾元

　以下の事例編には、コラムを含めた12の事例があり、その後編者からみた振り返りとしての各事例の分析がある。本節では事例に入る前に、調査としての聞き取りの方法論や手続きについて触れておきたい。

　事例研究（case study）とは、人々の生活の文脈における特定の現象について実証的に探究をするための研究手法であり、とりわけ現代における現象について単一あるいは複数のデータを用いて検討する方法論である（Robson, 1993; Creswell & Poth, 2018）。事例研究とは、記述的（descriptive）、探索的（exploratory）、そして説明的（explanatory）な性質を典型的に含むとされ、特定の現象の過程や結果について分析をする試みである。とりわけ、研究の問い（research question）が重要であり、特定のテーマや理論的な着眼点を基軸としながら、複数の事例やデータの相違点（バリエーション）を比較検討する方策がとられる（Gerring, 2007）。研究結果の過度の一般化や早急な理論化はできない限界がありつつも、事例を検討するために人物（actors）や状況（settings）、出来事（events）、そして過程（processes）において相違点や同型な内容を見出すことで、テーマに対する考察を深めることのできる方法である。

面接調査としてのグループ面談について

　本書では、面接調査をデータ収集の主な手段とした。本書のテーマである異文化間能力に関して、事例を提供してもらう際には下記の4つほどの研究上の問い（research question）を用意し、事例提供者に話をしてもらった。すなわち、(1) 濃密に異文化接触した時々の経験について、(2) 自身の人生の中で考えられた、異文化との関係で問われること、の「課題」にまつわる内容と、(3) 異文化接触でどのようなことが大切であると考えるか、(4) これまで異文化接触において重視してきたこと、の「方略」にまつわる内容である。事例の提供者によって、どの問いに比重を置くかは自由とした。

各事例は、これら異文化間能力のテーマで実施したオンラインのグループ面談での内容に基づき再構成され文書化されたものを含む。これは、フォーカス・グループ・インタビュー（ヴォーン，シナグブ＆シューム，1999）の方法論を活用し、編者がファシリテーター役となってグループ面談を実施したものが事例原稿の下敷きになっているためである。このグループ面談の場において、下記２点に留意しながら、事例の語り手の持つ経験の意味付けに迫ることを心掛けた。

　第一に、客観主義的な見方での「事実」の把握よりも、語り手の意味世界を把握しようと努めた。第二に、上記のために、構成主義の立場にたつ質的研究の方法論に依拠した。これらの観点で、本書は、構成主義的な事例研究である。一連の経験について語ってもらう手法として、語りはナラティブ（基本的には、繋がった出来事についての口頭あるいは書面での説明を意味する）の形式であったともいえる。

手続きについて

　質問項目の準備や調査的面接の技法などについては、一連の質的研究の方法論として Breakwell, Smith & Wright（2012）、Creswell（2007）、Creswell & Poth（2018）そして Willig（2013）を参照した。開かれた質問や言い換え、要約、感情・意味の反映など、調査的面接法の半構造化面接で重要となる技法（渡辺・山内，2011）を活用してオンライン・グループ面談を実施した。とりわけ、聞き取り調査に臨む際の現象学的な姿勢として、ファシリテーターとして話を聞きながら湧き上がってくる考えを一旦脇におき（保留し）、相手の言っていることを「慎重に確かめ」る姿勢を継続した。このような方法論の手続きに関しては、中尾（2021b）および Nakao（2022）でも詳述したので、参考にされたい。

　データの整理・解釈や帰納と演繹を含む抽象化の過程では、質的研究の方法論とともに、後述の解釈学の方法論を参考にした。編者と事例の語り手とが共同作業として考察を進める意味でも、各回の聞き取りの録音データやテープ起こしを共有した。

グループ面談での語り合いについて

　グループ面談は、上記で示した４つほどの研究上の問いに則して、毎回１人の語り手が事例を提供し、聞き手（他の回での語り手や執筆者を含む10名ほどであった）が質問やコメントを交わす形態であった。このようなグループ面談は、ユネスコで実践されているストーリー・サークルに準じたものである（cf. UNESCO story circle methodology: Arasaratnam-Smith & Deardorff, 2022）。一対一の聞き取り調査とは異なり、このような集団で話をすることの重要な観点は、異なった背景や経験を持つ人々との接触により、グループの成員間で「何かが生成される」視点である。これは、語り手にすでにある何かを聞き出すのではなく、話し合うことで新たな着眼点や疑問点、解釈の仕方などが生じると考える発想である。このような観点は、次に示す解釈学の「地平融合」（ガーダマー，1977; シャイフェレ，1981）とも親和性があろう。

グループ面談と事例原稿の関係について

　上記のように調査的面接の手続きを踏まえたため、事例の提供者たちのその後の各章の準備は、原稿執筆だけではなく、グループ面談でのやり取りで生成された視点などをもとに再構成され、その後の編者とのやり取りも含まれるものであった。

　話題提供の場の構築や、データの解釈の際は、編者は上述の現象学および解釈学の枠組みを援用した。解釈学の視点からは、解釈学的現象学（hermeneutical phenomenology: cf. van Manen, 1990; 2014）の立場から、例えば語りのなかでみられるテーマがどのように生きられた経験（lived experience）の性質を構成しているのかを検討した。とりわけ、ガーダマー（1977）が論じている、語った内容や書かれた内容に該当する「テクスト」の作り手と、それを解釈する立場の人間との（循環的な）相互作用による検討である。手続きとしては、事例の提供者が自らの経験を１時間〜２時間程度語り、編者の現象学的な態度により、経験についての意識の再

構成が促された。その後の聞き手との質疑も含めると、1回のグループ面談は3時間ほどの時間であった。原稿執筆の観点では、グループ面談をもとに事例の提供者がこの段階では執筆者として内容を記述し、再度編者がコメント等をし、提供者が加筆・修正を行った。これらの一連の過程により、現象学的な意味での意識の再構成が幾度と行われ、編者とのやり取りのなかでの解釈学的な「地平融合」が目指された。

事例研究の長所について

本書が事例を重視する第一の理由には、既述した現象学的な視点がある。現象学的な研究では、世界を人々がどう経験しているかの記述が目的の一つとなる（Brinkmann, 2017）。質的研究では、社会的な状況における人々どうしの関わりや、その相互作用のなかで構築されていく意味を理解することが一般的に目指される。その意味で、本書のテーマである「異文化における各自にとっての課題」や「どのように対処をしたかの方略」に関して詳細を検討するためには、このような個人の経験の意味付けに迫る必要がある。とりわけ専門家の見解（a professional view: Newman, 2003）という視点からは、様々な経験の蓄積がある人々が世界をどのように解釈しているかを共有することだけでも意義がある。同じものをみても、経験や見識により、違った見方や解釈ができるためである。

もちろん、質的研究のなかにも、例えば観察された事象の背後に隠された権力構造（power relations）を明らかにすることを目指す批判的理論（critical theory）の立場や、人々にとって自明なものとされている事象を「脱構築」し、別の「現実」を提示するポスト構造主義的な立場など幾つもの系譜がある（Brinkmann, 2017）。本書では、例えばカウンセラーがBoulder model（scientist-practitioner model）に準拠して研究と実践の観点を融合的に考えるように、研究と事例とを融合的に捉えることが目指された。

事例を重視する第二の理由は、研究の妥当性の観点である。編者は、これまでライフストーリー研究などの質的研究だけでなく、質問紙法を含めた多変量解析（例：共分散構造分析／SEM：Structural Equation

Modeling）などを用いて異文化間能力の研究を進めてきた。異文化間心理学の分野でも、様々な質問紙調査（cf. Gamst, Liang & Der-Karabetian, 2011）や心理実験、脳波計（Electroencephalogram: EEG）等の測定が実施可能なことは認識をしている。

　その一方で、現在の社会状況により、いま一度質的手法を活用する重要性を認識した。これは、広い意味での社会的実践（social practice）における人々の営為を捉えるためには、研究が切り取っているとされる現象が、一定の妥当性（測定したいものを測定できている度合い）を保ちながら、人々の意味世界を捉えることに意義がある（cf. Matusov, 2022）と考えたためである。

　というのも、現在の社会変動の状況（オンライン・プラットフォームの推進も含む）をみると、社会のなかの不確定な状況（uncertain situation）が人々にとってより身近となり、様々な状況で生きる人々の事例を集約的に検討する重要さが考えられた。換言すれば、社会の変化が急激になるなかで、人々にとって共通の基準や経験が希薄となり、様々な物事の基準自体が異なってきている可能性がある。そのような状況では、心理学で用いられる質問紙尺度などを一辺倒に用いる限界が再考されなければならない。極端な例を挙げれば、計量心理学などを基礎とするユークリッド空間でのデータの散布図に代表されるように、数量的な研究では尺度も含めて、人々がある程度の同基準を共有しているという前提が想定されていると思われるが、社会が大きく変化している時には、その前提や枠組み自体を再考する必要があると思われる。

　その意味では、一つの文化圏や同じ言語の話者どうしであっても異文化接触は十分にありえる。一方で本書の中で「外国」文化との接触が事例として多く扱われているのは、そこに異文化接触の経験が端的に表れると考えられるためである。

　また、本書が葛藤（struggle）と対処方略（strategy）に焦点を当てたのには次のような理由がある。Holland & Lave（2001）は、葛藤が学びと密接に結びついていることを論じたが、この観点で、本書のテーマの異文化間能力に関しても、各自が持っていた葛藤をベースに、それにどのように対処をしたかの観点から異文化間能力を検討することが重視された。

文化的気付きとしての事例

　事例から学ぶことについては、文化の定義の箇所で前述した「文化的気付き culture awareness」の側面もある。異文化間能力に関連する内容を中心に据えながらも、読者は事例に触れることである種の「異化効果」を経験し、読者は自らの前提（ないし前提の前提）となっている文化的な規範や価値観、世界観に対して意識を向けたり、疑問に思う可能性がある。このような反応は文化的気付きと呼ばれる。異文化トレーニングの分野では、自らに対する意識を高めることにより異文化接触において冷静に対応ができる可能性などが、文化的覚知法（culture awareness training）などの方法論で論じられている。

　このような気付きの過程は、Freire（2018）に代表されるような見地からは、意識化（conscientization）や問題化（problematization）の過程として捉えることもできる。同様に、構成主義や人間性・実存主義的な系譜の心理学では、意識化の過程は、感情の構築（construction of emotion）の過程であり、自己意識（self-awareness）を高めることは自己決定（self-decision）につながり、それがひいては自己実現（self-actualization）に繋がると考えられている。もちろん、このような過程は言語化である意味で、人々の言語化能力やその特権に依存する側面も言われている。

読み手にとっての事例

　事例を読む中で、読者は自らの関心や経験と照らし合わせて、自身の立場や状況にひきつけながら、自らと関連付けられる点を事例の中に見出すことを推奨したい。というのも、質的研究においては、研究の知見は一般化可能性（generalizability）ではなく転用可能性（transferability）などで検討されるためである。転用可能性とは、著作物の筆者ではなく読者が判断を行う、研究知見がどれほど適用可能かを示す度合いのことであり、研究知見と読者の経験とを結びつけることを読者に推奨する立場である（Lincoln & Guba, 1986; Shenton, 2004）。この意味では、研究の文脈ができる

だけ豊富に提供されているほど、読者は自身の置かれている文脈に基づいて研究の知見に共鳴する観点を探しやすくなり、研究から示唆を受けることが可能となる（Gergen, Josselson & Freeman, 2015）。

　次章からの各事例では、これまでの「である調」ではなく、実際のグループ面談や聞き取りを一部基底にした内容のため、口語体を中心とした文体となる。また、各事例の業界や分野の慣例を尊重する意味で、本文や注釈、引用文献の書式についてはできるだけ各事例の方法をそれぞれ採用し、最小限の統一に留めた。

第3章　日本・韓国・オランダ・インドネシアでの異文化接触

洪裕理

幼少期の引越しで異文化経験

　私が初めて濃密に異文化に接触したと感じたのは、10歳で大阪から東京に引っ越した時だった。同じ日本の中でも大阪と東京で、言語のイントネーションも違えば人との距離も違うように感じた。母の実家の神戸で生まれ大阪のコリアタウンで育ったので、東京で新たな生活をすること自体が異文化と接触した感じがあった。大阪から東京に引っ越して、日本国内でも文化の違いがあると感じた。また、コリアタウン自体が、日本と朝鮮半島の文化が入り混じった特殊な地域であることも、その地から出て初めて知った。小さい頃から日本と韓国両方の文化に触れていたので、外国や外国語に興味があり、多様な国の人達について知りたいという思いが深まっていったと思う。

　私が生まれた1987年から東京へ引っ越しをした1998年頃の時代背景としては、日本はバブルからバブル崩壊、韓国は軍事政権から民主化、IMFを経た時代だった。韓国ではIMF後に国を立て直すために、ITへの投資とエンタメ事業の強化を進めていった。韓国に初めて行ったのもこの時期だったが、日本のコリアタウンとはまた違っていて異文化を感じた。

　2004年頃から韓国ドラマ『冬のソナタ』が大ヒットし、日本での第一次韓流ブームが起こったと言われている。今では韓国映画『パラサイト』のアカデミー賞受賞やK-POPグループBTSの世界的人気、Netflixで世界中のコンテンツが観られるようになり、韓国のコンテンツが世界中に広がって受け入れられている。

　私が育った大阪のコリアタウンも韓流ブームからは徐々に観光地化して

いき、今では日本全国から多くの人が訪れる。祖父は、生前コリアタウンを日本と韓国の共生の場としていきたいと言っていたが、近い状態になっていると思う。私は、日本・韓国両方の視点で物事を考えたり、両方の言語で音楽や映画・ドラマを楽しんだりしてきたので、異文化への抵抗が少ないと思う。

オランダ留学

オランダ交換留学で異文化接触

　大学では、異文化教育学を専攻し、国際経営学（Intercultural Business）の授業があるオランダのビジネススクールに交換留学した。オランダは1700万人の国で、移民や外国人に比較的寛容な国である。私がいたロッテルダムは、人口二位の都市。外国人や移民も多く、トルコ系・モロッコ系等多様な人種が混在している。オランダ人は、宗教はプロテスタントが多いが、合理主義で信仰心がそれほど強くない人が多い印象である。

　公用語はオランダ語だが、コンビニもタクシーに乗るときもいたるところで英語が通じるので、オランダ語ができなくても英語で生活ができる。ビジネスの現場でも英語が必須となるので人口の90％以上は英語が堪能である。現地の人との距離を縮めるためには、現地の言葉ができるに越したことはないが、当時私は英語での勉強で精一杯で、オランダ語はあまり習得できなかった。授業は英語で行われ、友人との交流も基本的に英語だった。

　また、外国人の割合が人口の22％程度で、多様性への対応力が高いと言われている。

　オランダを含むEUの国には、エラスムス制度があり、ヨーロッパ各国の学生は在学期間の内1年間EUの他国で学ぶことができる。ルームメイトはデンマーク人で、オランダ人・イギリス人・スペイン人・ドイツ人・フランス人等多様な国々の同世代の人と交流し、ヨーロッパと一括りにす

るのは難しく、多種多様な考え方があることを、身をもって実感した。

オランダビジネススクールでの授業

　授業では、ほとんどの人が第二言語として英語を使うので、はっきりと自分の意見を伝えなければ、伝わらない。また、オランダ人は比較的、合理的で、はっきりと思っていることを伝える文化だと思う。考えははっきりと伝えるが、あまり傷つけるような言い方はしない印象だった。オランダは、ビジネスで「みんなと協力してやろう」という考えが強いという記事を読んだことがある。世界初の株式会社は17世紀に生まれたオランダの東インド会社であり、世界最古の証券取引所もアムステルダムで誕生した。そのような歴史をみても、オランダ人はみんなで共同して何かをやるとか、交渉して方針を作るといった能力にたけている[1]。

　ロジスティクス（Logistics）の授業では、パイプラインのプレゼングループに入ったが、メンバーのほとんどがオランダ人だった。紛争によるリスクや地理的なリスクなどのデメリットや、天然ガスや石油を運搬する最も効率的な手段であるといったメリットを話し合った。ディスカッションの中でも自分が考えるメリットデメリットを完結に結論から述べる必要があった。大学でのグループワークでも、他者の意見を批判してディベートするというよりは、お互いの意見を尊重しながらベストを図っていくというやり方が多かったと思う。

　国際経営学（Intercultural Business）の授業は、教授が独自で作ったウェブ上の異文化体験シミュレーションゲームを各自プレイするという授業スタイルだった。異文化接触をした際、特に宗教・言語・文化が違う国でビジネスを始めるときにどのような対応をするとどういった結果が起きやすいのかをシミュレーションする内容で、日本で専攻していた異文化教育学にも近い内容だった。

---

[1]　オランダ人DNA脈々と　合理的で商売上手を武器に｜ NIKKEI STYLE（https://style.nikkei.com/article/DGXZZO66606230V21C20A1000000/）より

各国の祝日の過ごし方

デンマーク人のルームメイト

　デンマーク人のルームメイトは、生活スタイルがとても質素だったが、一番衝撃を受けたのは、食生活だった。夜ご飯は基本的に野菜だけだった。普段はかなり質素だが、クリスマス期間の一週間だけは、贅沢な食事を食べるのだという。私は、クリスマスの休暇にルームメイトの実家で、家族の一員として受け入れてもらい、クリスマス期間を体験した。朝から晩までずっとテーブルいっぱいの食事が並んでいて、とても幸せな一週間だったことを覚えている。この期間は遠くに住んでいる家族も集まって、家族で過ごす時間を満喫する。デンマークもプロテスタントなので、クリスマスはほとんどの人が教会に行く。また、2〜3日は自然豊かなところにあるログハウスで家族水入らずの時間を過ごした。デンマークは、オランダよりもプロテスタントの信仰心が強い人が多いと思う。

オランダ人が大切にする国王の日

　オランダは一年のうち、4月27日の国王の日を最も大切にしており、この日は家族友人が集まってナショナルカラーであるオレンジの服を着て楽しむ。ベランダにも国旗を掲げており、町中がオレンジ一色になる。私を含む各国の留学生もオレンジの服を着て記念日を祝った。オランダ人の友人のご自宅で友人の家族と過ごした。

　ヨーロッパ各国の文化の違いや祝日の過ごし方を経験でき、オランダに留学できたことが人生においてとても貴重な体験だったと思う。

インドネシアでの勤務

インドネシアでの異文化接触

　大学卒業後は、日系メーカーに就職し、二年間インドネシアのジャカル

タに赴任した。インドネシアに立つ前に、中東勤務が長い上司に『イスラームから見た世界史』[2]という本を紹介頂いた。私達が学び聞く世界史は、キリスト教が中心の歴史とイスラムが、イスラム教から見た世界の歴史はまた違っているということを認識し、多方面から歴史をみることの大切さを改めて感じた。

　インドネシアの人口は２億５千万人で、世界第四位で、大多数がマレー系であるが約300の民族がある。公用語はインドネシア語であるが、会話言語では583以上の言葉が日常で使われている。また、インドネシアは多民族国家なので、言語同様に宗教にも地理的な分布が存在している。人口の９割はイスラム教で、その他にプロテスタント、カトリック、ヒンズー教、仏教、儒教が国教として定められている。無神論者は違法なので、公言すると逮捕される可能性もあるそうだ。私が実際経験したこととして、銀行口座の申請書にも宗教欄があり、宗教が生活に根付いていることを強く感じた。

　お祈りの時間には、アザーンが町中に響き渡る。生活に慣れるまでは早朝のアザーンで目が覚めてしまったが、慣れると全く気にならなくなってくる。会社の敷地内にもモスクがあり、１日５回お祈りをする人がほとんどである。敬虔なムスリムが多い一方で、中東ほどの厳格さはなく、人によって信仰心にはかなりの差があると感じた。

インドネシアの国民性

　国民性としては人懐っこい明るい性格の人が多い印象で、調和を重んじる傾向にあると思う。日本は世界で最もハイコンテクスト[3]な国と言われているが、インドネシアも日本・韓国に続いてハイコンテクストな国で

---

[2]　タミム・アンサリー（小沢千重子訳）（2011）．『イスラームから見た「世界史」』紀伊國屋書店
[3]　ハイコンテクストの考え方：良いコミュニケーションとは繊細で、含みがあり、多層的なものである。メッセージは行間で伝え、行間で受け取る。ほのめかして伝えられることが多く、はっきりと口にすることは少ない。出典：INSEAD のメイヤー・エリン客員教授が書いた「異文化理解力」

ある。温厚でゆったりしているので、争いごとは避ける傾向にあると感じる。私が滞在していたジャカルタは、ほとんどがイスラム教徒の地域である。面倒見がとてもよく、イスラム教の隣人を助ける精神が根付いているのだと感じた。

　イスラム教には、「ザガート」と呼ばれる所有財産・収入の一部を貧者に施す宗教的義務（喜捨）があるが、コロナ禍での寄付率は、インドネシアが世界一だった[4]。困っている人を助けるボランティア精神が強いと住んでいて感じた。私のインドネシア人の友人は、もし収入が無くなっても必ず助けてくれる人がいるので生きていけると話していた。

インドネシアでの仕事

　インドネシアの販売会社で二年間勤務し、上司がインドネシア人の期間もあった。インドネシアの経済やビジネスに目を向けると、華僑系財閥が経済を握っている状況である。私が働く中でも、代理店の経営者も上司も華僑だった。

　私の仕事は、テレビ・オーディオのマーケティングとセキュリティカメラの代理店営業が主であった。マーケティング部門の華僑の上司は、仕事に関してかなり厳しく、それまでの穏やかなインドネシア人のイメージが完全に覆された。一方で同僚はジャワ人がほとんどで、温厚な人が多かった。

　仕事をする上で欠かせない時間管理だが、インドネシアで働くと日本に比べて時間にルーズだと感じる。しかし、ジャカルタは渋滞がとてもひどく、バンジール（洪水）も多いので時間が読めない場合が本当に多い。また、お祈りが一日に五回あるので、仕事を抜ける時間も考慮しなければいけない。日本に住んでいると、宗教や自分の信仰を話すことはあまりないが、インドネシアでは宗教が生活の軸になっている。断食期間中は、日本からの駐在員もお水を飲むのを控えたり、お酒を飲むのを控えたりと現地

---

[4]　寄付やボランティアを最もする国はインドネシア・最下位は日本、2020年世界寄付指数－ganas－途上国・国際協力に特化したNPOメディア（https://www.ganas.or.jp/20210818caf/）

社員に配慮する。

　同じチームとしてインドネシア人と働くうえで、インドネシアの文化と宗教的背景を知り尊重することが必要であると感じた。その上で、やるべきことを明確に伝え、メリハリを付けて仕事をする動機付けも必要である。やると決めたらどんなに時間がかかっても粘り強くやる国民性だと思う。華僑の上司は厳しかったが、部下がしっかりついていき、月末の販売数字は必ず達成していた。

　代理店営業は、人数が少なかったので、一人でお客様先に行くこともあったが、現地の言葉が少しでもできることで、お客様との距離・同僚との距離が縮まり、言語の大切さを実感した。

異文化接触で大切だと思うこと

　幼少期の大阪から東京への引っ越し、オランダへの交換留学、インドネシアでの勤務を通じて私自身が大切だと思うことは、以下の通りである。
　① 多種多様な考え方：ステレオタイプを持たず、同じ国籍・性別・民族でも、一人ひとり違う考え方があるという前提で色々な人と接すること。
　② 歴史的・文化的・宗教的背景を知り尊重すること。
　③ 言語の大切さ：他国に行くときは、現地語を少しでもいいからしゃべれるようにすること。
　④ 英語や多言語で話すとき、自分の意見はわかりやすくはっきり伝えること。
　国籍や宗教にとらわれず様々な国の人と接することで、一人ひとりを知り、その中で共通点を探していくことも面白いと感じるし、新たな自分も発見できると感じる。地球に住む一人として、色々な人と接しながら、世界中の人とのつながりを大切にしたい。

おわりに

　最後に、今世界的に人気で、私自身も大好きな BTS の Mikrokosmos（小宇宙）という歌の歌詞を紹介したい。"一人に一つの歴史、一人に一つの星、七十億の光で輝く七十億の星" という歌詞がある。BTS は、歌とダンスのクオリティの高さに加え、そのストーリー性・メッセージ性が多くの人を魅了し、国連のスピーチも二度行っている。この歌詞を見ると、異文化接触で大切なことが詰まっていると勝手ながら感じる。一人ひとりが大切で、それぞれが輝いているという考え方は、異文化のみならず、自分の周りの色んな人々と接する上でも大切な考え方だと思う。

第4章　多言語多文化なヨーロッパで異文化を私らしく生きる ── 醍醐味と葛藤と

後岡亜由子

はじめに

　異文化理解の醍醐味と葛藤について最近よく考えます。醍醐味とは、物事を深く知ることで分かる本当の面白さや深い味わいというような意味で、異文化理解の醍醐味が感じられるようになったのは、私自身、実はここ最近なのかなと感じています。ヨーロッパに移り住んで20年以上の月日が経ち、日本で生まれ育った歳月より長くヨーロッパで暮らすようになった今、やっと何か面白さや深い味わいが感じられるようになりました。

フランス留学準備期

　9歳の時に父と死別して以来、父の会社を引き継いだ母の元、母子家庭という環境で育ちました。仕事以外で母が教育ボランティア活動を長年していた影響もあり、子供の頃から教育に興味がありました。上智大学の教育学科へは、やりたいこと、学びたいこと、胸いっぱいで入学した事を今も鮮明に覚えています。

　上智時代は、大学の授業とヒップホップダンスに没頭していました。「自分がやりたいことをぶれないでやる」という生き方は、母親からの影響が大きいようです。母は、純日本人なのですが、フランス人のようなエスプリと行動力の持ち主で、他人に全く流されないタイプ。人と違うことを愉しみ、何事もポジティブに捉え行動する母がいる家庭環境で育ったことは、その後の私のヨーロッパでの暮らしの基盤になっていると思います。

母子家庭ということもあり、金銭的な心配事も常にありました。生まれ育った大阪を離れ、東京でどうやって学費や生活費を捻出するのが最良策なのかをよく家族会議で話し合いました。私がバイトをするよりも、様々な奨学金や授業料の免除を駆使し、やりくりしたほうが、効率がいいという結論に至りました。

　大学3年生の終わり頃、就職をすぐにせず留学したいという思いが湧きました。就職活動のために貴重な大学での最終学年の時間を費やすのが当時どうしても嫌だったのです。4年生の一年間は、卒論執筆や他学科でまだ履修してみたい授業に潜り込んで、できる限り多くの事を学びたいという欲求が強かったですね。

　留学においても最初に考えた事は、資金集めについてでした。様々なコネや人脈を駆使し、知り合いの大人達や企業の社長さんに自らプレゼンを行い、「こういう理由で、どうしても留学したい！」旨を熱く語り、留学のための資金援助を得て、フランスへ出発することができました。この留学準備期間中に、プロジェクトを具体的に考え、計画を立て、実行に移せた経験は、実はとても重要な学びのプロセスでした。

ニース時代とパリ時代

　初めての留学先は南フランスに位置する町、ニース。理由は至ってシンプルで、当時ニース大学の外国人学生用の語学コースが、一番リーズナブルだったのです。そして、「南は太陽も燦々としているし楽しそう！」というイメージ先行で決めたことも否めません。今振り返ると、びっくりするほど行き当たりばったりで留学へ旅立ち、母もよくぞ一人娘をそんな状態で行かせたなあと感じずにはいられません。滞在先も決まっていない状態で、ニースでのホテルを3日間だけ予約し、飛行機に飛び乗りました。

　フランス語力は、上智のフランス語学科に潜って集中的に勉強したとはいえ、現地での会話は思った以上に大変でした。言葉がわからなくても、とにかく家を自分で探さないといけないので、ニース大学の学生課へ行き、家を探したい旨を伝えると電話帳のような分厚い学生用空き物件リストを

渡されました。「これ使って、自分で探してね」と素気なく受付の人に言われ、リスト本で目星をつけた物件に1件ずつ電話しました。最初の10件、20件ぐらいは、「ニースで部屋探しをしている日本人の女学生です。タバコは吸いません。」と自分からの要件は伝えられたのが、その後に続く相手の返答が電話越しだとほとんど聞き取れず、なかなか家が見つかりませんでした。100件目くらいでやっと大家さんから、「いいよ、今ちょうど一室空いているよ。明日この住所においで」と言ってもらえました。そういう経緯で家探しを終えたのですが、その探し当てた家が、実は3人でのシェアハウスだった事は、住み始めてから分かる事実でした。私の他に、2人の女の子が住んでいました。フランス人で女優の卵のマリーとイタリア人でフランス語とイタリア語しか話せない学生アリアです。今思うとラッキーだったのは、この2人が全く英語を喋れなかったという事です。毎晩一緒に夕食を食べ、リビングでテレビを見ながらおしゃべりするのが私たちの日常でした。コメディエンヌのマリーが才能溢れるジェスチャーと分かりやすいフランス語の表現で、テレビのニュースを面白く解説してくれた日々が、大学での授業よりもフランス語上達には大きく役立ったと思います。周りの人から様々な助けを頂きながら、フランス社会に徐々にそして自然と溶け込んでいけました。5ヶ月間の語学集中コースとシェアハウスのお陰で、普段の生活では全く問題ないレベルのフランス語を習得することができました。そんなある夜、マリーとアリアといつものようにワインを飲みつつ団欒しているうちに、パリのソルボンヌ大学の教育学科に編入しようと思い立っていました。彼女達の協力もあり、奇跡的に合格し編入することになるのですが、当時は日本の大学の学位はヨーロッパではあまり認知されておらず、上智大学の教育学の学士号を提出しても、ソルボンヌでもう一度、学士課程の最終学年へ編入するように言われました。

　これが本当に大変でした！　ニースで培った日常会話レベルのフランス語ではお話にならない事を速攻で思い知らされました。大学レベルの語学力と日常のフランス語のレベルの違いに最初はただ慄き、全く授業が理解できない日々がスタートしました。学士課程は、授業のコマ数も多く、学期テストも筆記試験が多い。筆記試験は特に大変でした。1科目で、4時間の試験時間、30枚ほどの資料プリントを渡されて、それを読んでから論

述を書けという試験形式。何でも持ち込み可能な試験でしたが、時間内に読解し（フランス語で）、論述する（もちろんフランス語で）という作業は、言語のハンディがある私にとってはとても大きな試練でした。

　毎日寝ても覚めても、授業に出席しているか、その録音内容を聴き復習するという生活を約1年続けました。ただし、良かった点もあります。荘厳で歴史ある美術館のようなソルボンヌの図書館で、日々勉強ができたこと。素敵な空間で勉強できる幸せを毎日満喫しました。

　ある程度経つと、授業は聞き取れるようになるのですが、今度は「聴講中にノートが取れない問題」に直面することになります。講義を集中して聴いて理解しようとすると、同時進行ではどうしても自分でノートに筆記できない。これは困ったなと思い、どうしたらいいものかといろいろ思案しました。現段階の自分の語学力では、どちらか一つしかできない「どうしようもない問題」だと早急に悟り、解決策として周りにいる他の学生達にこの旨を相談してみました。「実は私は日本人で、授業に集中するとノートが取れないし、ノート取ると授業がしっかり聴けないの」と説明し、「悪いけど、ノート貸してもらえる？」と率直に聞いてみたのです。最初はものすごくびっくりされました。というのも、当時、外国人の留学生がまだほとんどいない時代だったのです。なので、当時は超異質な存在として知らぬ間に目立っていたらしいのですが、私自身は必死過ぎて周りがあまり見えておらず、気づいていませんでした。それ以来、いろんな学生がノートを貸してくれるようになりました。当時のフランスの大学は、アメリカや日本のようなキャンパスライフのカルチャーが皆無でした。学生は講義開始5分前に来て、講義終了と共にすぐ帰るようなスタイル。面白いことに、私のような異なる文化圏の人間が、「ノート貸して、これちょっと教えて」と授業の後に話しかけてくる状況が日常化してくると、そのような輪が徐々に広がってきたのです。フランス人学生達も、例えば病気やバイトで来られなかった日のノートを、「異邦人の彼女（私）が借りられるのなら、自分も他の人に頼んでみようかな」という感じで、みんなが自然と助け合える関係ができてきました。個人主義だと謳われるフランス社会で、そういう横のつながりの交流を広げられた事はとても感慨深かったです。

そこから私自身が学んだ事は、よく分からない事やどうしようもない時には、わからないと素直に言って助けてもらう。これはとても重要なことだと思います。知ったかぶりや、できたふりをしてごまかさず、わからないことは、「わからない。教えてくれる？」と言える関係を積極的に築くためのマインドを育てることが、異文化社会を生きる上では大切な能力の一つだと思います。

　さて、ここで異文化接触の体験を２つほどお話ししたいと思います。一つ目は、研究でフィールドワークをフランスの小学校で行った時に見えた、ネガティブフィードバックのポジティブな点についてです。フランスの小学校が日本の小学校と大きく違う点は、ネガティブフィードバックを幼い頃から容赦無くガンガン受ける環境であるということ。例えば、テストの答案用紙を、先生が各生徒の点数を読み上げながら一人ずつに返していったりします。日本でやればきっと不登校案件だと騒がれるかもしれません。フランスの学校では、子供の頃からオープンにネガティブフィードバックをされます。点数が悪くても、別に自分自身の全てが悪いわけではない、ましてや人格を否定されるわけでは全くないという捉え方をする環境なのかなと思います。二つ目は、« C'est pas ma faute ！» という、フランスへ留学して最初に身に付いた表現についてです。意味は「私のせいじゃないよ」というもの。この表現は、フランスで生活すると頻繁に聞く言い回しで、２歳ぐらいの子供でも既によく使う表現です。とてもフランス人らしい言い回しだなと思います。自分は悪くないよと、とりあえず最初に宣言しておく、議論や交渉はそれからです。日本人の場合は、「申し訳ございません」、「すみません」と、とりあえず自分の非を認めるのが美徳のカルチャーです。それとは全く逆の発想なので、渡仏した時は軽いカルチャーショックを受けました。

　話を戻しましょう。フランスで学士課程、修士課程を修了し、博士課程へと進む中で、毎年論文を書く試練に比例するように私のフランス語力も洗練されていきました。当時のパリ・デカルト大学（ソルボンヌ大学の一つ）の博士課程は、担当教授と学生だけのマンツーマン的なつながりがほぼ全てでした。担当教官が面倒見のいい教育熱心な先生だといいのですが、逆に多忙な教授の場合は年に２回ほどしか面談してもらえないケースもあ

り、その場合博士課程の学生はかなり孤独を感じることになります。そうした状況下で、「ないものは創ろう」という母譲りのエスプリが役に立つ場面もありました。学生同士で研究方法論の悩みや文献についての意見交換などができる自由な場がほしい。そんな思いから、同じ教育学の他の研究室（ラボ）に所属する博士課程の学生達と裏ゼミのようなものを作り、交流を始めました。そうすることで、担当教授とは別ルートで情報交換や知識を広げることができました。そういった裏ゼミ的な活動を通して、学生同士で情報をシェアし合い、助け合うシステムを始めたことで、仲間と研究する、チームで考えプロジェクトを進行するという、その後のどの分野のビジネスでも活かせる能力を訓練できたように思います。現在のフランスでは、École doctorale というものが存在し、博士課程の学生が孤立しないで学べるシステムができています。フランスの博士課程は、博士課程を修了し、博士号取得まで辿り着ける学生は全体の30％ほどです。かなり厳しい現実の中、そういう助け合いのお陰もあり、私も2009年にソルボンヌで博士号を取得できました。

　博士号取得後の最大の問題は、就職問題でした。当時、特にフランスの失業問題（失業率11％）も深刻だったので、フランス人であっても簡単には職が見つからない状況でした。私は日本人で、フランス国籍もヨーロッパ国籍もないので、労働ヴィザの問題など根本的な問題も含め、悩みが尽きませんでした。博士号を取得した若者に適切な職がない事自体が信じられない状況だと感じ、当時の若さと勢いのある性格が相まって、そのやるせない思いを当時所属していたラボの所長に直談判しに行きました。何事も言ってみるもので、結局ラボでポスドクとして雇ってもらえることになったのです。

　1年ほどソルボンヌでポスドクをさせてもらい、その後スイスのジュネーブ大学のポスドクに応募する機会を得ました。スイスでの就職先を見つける少し前に、フランスでの准教授資格の国家試験にも無事に合格。フランスではこの資格取得により、フランス国内のどの大学でも、准教授としての職に応募し職を得られるシステムです。しかも、この国では大学教員は国家公務員なので、とても安定した就職先なのです。ではなぜ、私はフランスでの安定した就職先を選択せず、ジュネーブ大学のポスドクの方を

選んだのか。下世話な話ですが、ジュネーブ大学のポスドクのほうが、給料が３倍多かったという、単純明快な理由でした。当時はフランス人の同僚達から、「何だよ、キミ。スイスに身売りするのかい、非国民だなあ。」と冗談まじりに揶揄されましたが、「いや、非国民って私、そもそもフランス人じゃないからっ！」としっかりツッコミを返し、スイスへと出発したのでした。

スイスへの移住、異文化キャリア時代

　スイスに移住し、新しい生活が始まりました。スイスという国に移って新鮮だった、よかったと思う事が一つあります。フランスは、フランス語・フランス文明至上主義の精神がとても強い国です。その中では、フランス語での議論が完璧にでき、論文も卒なくフランス語で書け、喧嘩も寝言もフランス語で言えるレベルのフランス語が習得できてさえも、やはり「生粋のフランス人ではない」というレッテルを貼られ続ける事、そこへの葛藤がものすごくありました。いくら頑張ってみても、生粋のフランス人とは対等にはなれないのではないかいう無意識の思いがフランス時代にはあったのです。スイスに渡り、フランスとは全く異なる異文化体験と理解のステージに入ることになります。スイスという国は、ドイツ語、フランス語、イタリア語とロマンシュ語の４言語が国の公用語です。多言語の国というのはとても面白くて、公用語ではあるがフランス語が全てではないという環境が、フランスに長年住んだ外国人の私にとっては、まずはとても新鮮でした。

　フランスへの留学の時とは違い、スイスへは仕事が理由の移住でした。ヨーロッパで日本人が移住し仕事をする上で、言語や異文化理解の問題と同じくらい重要な事があります。それは労働ヴィザの問題です。ヨーロッパで二重国籍を持つ人の場合この点は関係ないのですが、二重国籍が持てない日本人がスイスで仕事をする場合、特に私のような学生ヴィザでヨーロッパに来ている人間は、今までの研究分野と同じ分野の専門職種でしか労働ヴィザが下りません。しかも、雇う側の負担は大きく、私のような外

国人が雇ってもらう場合には、スイス人よりも能力の面で秀でている事を証明する文書を雇う側に書いてもらう必要があります。さらに、雇う側は外国人を雇うことで、より税金を払わなければならないなどのデメリットも多いため、外国人国籍の人間の就職はかなり難しいのが現実です。私は、スイスで失業経験もあるのですが、当時の失業局担当の人が、「あなた、なかなかユニークで素晴らしい履歴書ね」と言いつつも、「でも、ヨーロッパ国籍じゃないのね」と言われる。女性で、当時30代後半だった私は、「しかも子どもの産める年齢だからねえ、厳しいわね。これ、オフレコだけど」と言われてしまう。法律上そのような理由で不採用になる事は表立っては決してないはずのスイスですが、グレーな不採用理由がまだまだ存在するのも現実でした。

　スイスの特色に話を戻しましょう。スイスの多言語文化で、私が面白いなと思った事の一つに、例えばジュネーブ大学での学会では、発表や議論をする大前提として、各人が己の得意な言語で話すという暗黙のカルチャーがあります。例えば、フランス語で発表を行った学者に対する質疑応答では、質問者がドイツ語やイタリア語、英語で発言したりします。また、別の学者はプレゼンの言語は英語ですが、パワポの言語はフランス語で書かれていたりします。そのような多言語スイッチ現象が同時多発的に頻繁に起こるのです。スイスでは、バイリンガル、トリリンガルであることは至極普通のことで、パン屋の店番の人や老人ホームのおばあちゃんに至るまで日常レベルで多言語文化が存在します。そのことは、本当に新鮮でした。このような多言語文化環境では、一つの言葉の完璧さよりも、相手に通じるコミュニケーション手段はどの言語かを瞬時に察知し対応する能力、互いに調整しながらコミュニケーションを図っていくことが最優先で求められます。

　今の職場はスイスの国の教育機関なので、日常茶飯事にドイツ語・フランス語・イタリア語そして英語が容赦無く飛び交う環境です。普段の会議や同僚とのランチタイムでも、複数の公用語が混ざった形で進行されますし、仕事のメールや同僚や上司とのやりとりも、ドイツ語で来たメールにフランス語で返答するというような、自分のベース言語以外を使った多言語コミュニケーションが日常で起こります。多様性を大前提とした社会の

コミュニケーションスタイルと言えばいいのでしょうか。

　スイスという国は、国民の多くが公用語のいくつかを習得し、それに加えて英語もある程度できるという、他国ではあまり見られない多言語コミュニケーション環境を維持している社会です。それは、様々な言語文化背景の中で共通言語として英語を使い会話するタイプの多言語コミュニケーションとは全く異なります。そして、公用語として4つの言語があるので、英語は普段は介入しないのがスイスのユニークな点でもあります。特に国の機関の場合は、全てのコミュニケーションをドイツ語、フランス語、イタリア語で行うことが原則になっています。この点で、英語圏の国やフランスとは異なる言語にまつわる文化の捉え方だなと思います。

　英語を異文化交流での国際言語だと当たり前に捉える文化（日本もそうですが）から観ると、一見とても非効率に見えるスイス的な多言語コミュニケーション。しかしその中には、多様性を公平に受け入れ、柔軟に対応するコミュニケーションの厚みというか豊かさがあるように思います。地理的にもヨーロッパの中心に位置するスイスという連邦国家では、多言語多文化という多様性を受け入れないと国自体が成り立たない歴史的な背景があったのではないかと思います。いわゆる非効率だなあと思われるコミュニケーションは日々ありますが、それこそがスイスという国のアイデンティティを育む上で、必要不可欠な大切な要素なのだと私は思います。

　今の職場では、フランス語圏出身の私のドイツ語力は、スイス人レベルにはまだ全く達していないので、最初は同僚の足手まといになるのではないかとドキドキしていました。しかし、そんな私でさえも受け入れてくれる、多言語コミュニケーションの豊かさを持つ同僚達に助けられる日々を過ごしています。母国語以外の言語習得では、聞く力と話す力のレベルに差がある場合があります。相手の言っていることは聞いて理解できるが、同じようには話せないなど、そういうことってありますよね。母国語レベルでの自己表現力や、哲学的な議論や、抽象的なコンセプトを深く掘り下げて説明するなど、それを全員が全員、母国語以外の複数言語で同じようにできる訳ではないですし、できなくてもいい。そういう意味で懐の深さが大前提にある多言語コミュニケーションなのだと思います。より正確に、相手に自分の考えを伝えるためには、一番自分の得意な言語で話せばいい

というシンプルな考え方なのでしょうか。その大前提として、より多くの言語のヒアリング力を習得し、まずは相手の言わんとすることを理解するための多言語コミュニケーション能力を鍛える努力が日常的に最優先される国がスイスなのだと思います。

多言語多文化な国際結婚を通して

　少しプライベートな観点からもお話ししましょう。スイスに渡った後、国際結婚をすることになります。彼はスイスドイツ語圏の人で、且つお母様がスウェーデン人という、ダブルアイデンティティの持ち主なのですが、ここでさらに新たな異文化接触のステージに向かうことになります。当時、40歳を目前に急に結婚を考えるようになった私は、結婚条件について考え始めました。結婚の条件というと、一般的には相手の見た目や収入、スペックで選ぶなど、人それぞれ色々とあると思います。私の場合は、相手の収入やスペックが結婚条件の上位ではありませんでした。実は、過去お付き合いした方から別れる時に言われたセリフ第1位が、「君は一人で生きていけるタイプだよね。僕は別に要らないよね」でした。今回の彼（夫）はその真逆の考えの持ち主でした。「僕が君と結婚したいと思った理由の一つは、君が一人でもしっかり生きていけるタイプの人だから。お互いのピンチな時にも、助け合える信頼できる人だと思ったから」だと。面白いこと言う人だなあと思いました。彼のお母様がスウェーデン人なので、北欧的な男女平等の文化が、良い意味で骨の髄まで浸透しているタイプとでも言えばいいのでしょうか。「僕が君を一生守ります」や「君を必ず幸せにするよ」と言われると引くタイプの私にとっては、まさに適切な口説き文句でした。

　そんなパートナーと暮らす我が家の日常言語は、コロコロ変わります。普段は主に私に合わせてフランス語で会話する彼。そこに、スウェーデン人のお母様が加わる日曜日のランチでは、私と夫はフランス語で、夫とお母様はスウェーデン語で、お母様と私は英語で、3人で話す時はドイツ語か英語でという具合です。そして、在住している首都ベルンはドイツ語圏

なので、他の人がいる場合は、ドイツ語で話すことが多いです。相手によって、相手に合わせて言語を自然にそして自由に変えてコミュニケーションをする。特別なことでも、ストレスを感じることでもなく、自然にそのようなコミュニケーションができる彼や彼の親族との出会いは、私の異文化接触の経験をより豊かで楽しいものにしてくれました。

異文化を生きる上で大切なこと

　23年間のヨーロッパ生活を通して、異文化を生きる上で大切な事をここでまとめたいと思います。1つ目は、相手を分かりたいというポジティブで純粋な思いだろうなと思います。それを前面に出しつつ、相手のことを聞く姿勢を持つこと。言語能力のレベルを超えて、この意識はすごく大事だなって思います。2つ目は、日々色々な場面で人と繋がるための種まきをして、人間関係を築く努力をするということ。隙あらば、全力で人に、世界に、環境に優しく生きる！　私の場合、小さい頃からいろんな人に助けて頂き、様々な恩恵を受けて大学へ通い、海外留学もできた過去があります。なので、現在はとにかく自分にできることがあれば、全力で人の役に立ちたいと思っています。そういうことを日々考え実践していると、またそれが循環して返ってきます。そういう、種まきは大事だなとつくづく思います。3つ目は、敵にも味方にも基本的には丸腰であること。無駄な争いを避け、早めに白旗を揚げるというか、丸腰戦法でいくというのか、無闇にやたらと自己主張はせず、自己保身のためにと相手をすぐ攻撃しないことです。長期的プランでの異文化交流では、意外と役に立つ考え方なのかなと思います。4つ目は、自分の文化の色眼鏡で世界を観ないようにすることです。これもかなり大事なポイントだと思います。「普通、こうでしょ。」というような思考を無意識にしてしまいがちですが、この思考方法だと自分が考えていることと異なるロジックで物事が進むと、それに対してフラストレーションがどんどん溜まっていきます。自分の文化的なベースとしてある日本的な考え方を一旦相対化して物事を観察してみる。「普通はこうなのに」という考えを捨てると、「こういう考えもあるのか、

面白いなあ」という受け取り方ができるようになり、どの文化圏でも生きやすくなると思います。5つ目は、他の文化圏で生活する場合は、何か衝突や誤解が起こりそうな時こそ、自分の文化や自分自身のことについて、ユーモアを交えて対話することです。そうすることで、場が和み、誤解が解ける方向につながることが意外と多いです。6つ目は、度が過ぎる謙虚さを持たないことです。言葉ができない状況では、必要以上に自分を卑下しがちになるかもしれませんが、それは敢えてしない。自分ができないことはまず認めた上で、それ自体も愉しむことです。そこからどう向上できるかを具体的に建設的に考えて行動することが大切だと思います。最後は、曖昧だなと感じたら、必ず言葉で確認することです。「さっき言ったことって、こういう意味で合っている？」と、もう一度聞き直してみる。簡単なようで、実は難しい実践ですよね。私は現在、スイスのドイツ語圏であるベルンに在住しているのですが、ドイツ語がまだ得意ではありません。そうした中、もう一度聞き直すには勇気が必要ですし、相手との信頼関係がある程度確立されていないと難しいのですが、そこは勇気を持ってもう一度聞くようにしています。

おわりに

　最後に、ヨーロッパ生活23年目で見えてきた醍醐味と葛藤について述べたいと思います。最初の頃はがむしゃらに生きることに精一杯なので、醍醐味どころか葛藤すらも、何も見えていませんでした。1、2年目は異文化接触が楽しい、嬉しい、新鮮だと感じるウキウキ時期です。その後、3、4年目になると、だんだん現実的な問題に直面します。人種や国籍による権利の違いなど、もう少し深く知るようになります。その時期に、海外生活での嫌な点も見えてきます。そんな中でも一番の葛藤だったのは、どうやっても生粋のフランス人にはなれない自分の存在でした。どんなにフランス語力を洗練させても、ソルボンヌで博士号を取得しても、フランス人と比べて劣等感のような意識がどこかにありました。スイスに移り、ヨーロッパ生活も20年を越えた今、いい意味で肩の力が抜けています。違って

当たり前、私は私でいいのだと思えるようになりました。フランス人やスイス人になる必要はなく、日本人としてヨーロッパで長年暮らしてきた独自の個性を持つ私でいれば良いのです。世界を舞台にして学業や仕事をしてみると、自分よりも100倍も1000倍もできる人たちがわんさかいる現実に直面するわけです。どれだけ頑張っても、失敗や酷い経験をたくさんします。私は私でいよう、自分の良さを活かして社会に貢献できればそれで良いと考えてみる。「こうあるべきだ、こうならなきゃダメだ」という考えがなくなったことは、異文化社会で生きる人間としてはとても楽になったと思います。

　自然体で異文化を生きる。その意味で今、やっとその醍醐味がわかるようになりました。もちろん今も日々ドイツ語で悪戦苦闘していますが、それさえも愉しめる生き方のコツを得たと思います。「今日はうまく言えなかったなあ」「このドイツ語の表現違ったかしら？」と、後でちょっと自分の失敗を振り返り笑ってみる。そんな日常を笑える自分でいること、そういう意味での醍醐味こそ、日々の異文化社会で生きるための強みになるのではないでしょうか。

第5章 Jazzy なグローバル共創
── 国境と自分の境を超えて

富取愛

　私が20年以上にわたり、法人向けの人材育成の中でも特に「グローバル人材育成」に情熱を持ち続けているのは、幼少期に過ごしたドイツのインターナショナルスクールでの経験がルーツになっています。まだ西ドイツだった80年代半ば幼稚園の終わりから中学１年生の夏までをフランクフルトで過ごしました。当時ヨーロッパで一番規模が大きいと言われていたその学校は、文化、習慣、言語が異なる多国籍の生徒たちが幼稚園から高校３年生まで集まり、英語という共通言語を使って、共に学び、遊び、様々な文化のお祭りを祝い、"We are the World" の曲を肩組んで歌う、私にとってはまるで「世界」というアミューズメントパークのようでした。もちろん、成長する過程で楽しいことばかりの毎日ではなかったのですが、この時代に私は「みんな違って、みんないい」こと、そして「人間の喜怒哀楽には国境はない」という信念を培いました。仕事を始めてからもビジネスの世界でこのような世界観を実現したいと願って、現在国内と海外でエグゼクティブコーチ及びファシリテーター（研修講師）として、グローバルに活躍するプロフェッショナルの育成に携わっています。

　ドイツから帰国した私は、桐朋女子中学校・高等学校という私立の中高一貫の学校で日本の教育を受けました。日本で最初に帰国子女教育を始めた、帰国子女に対して非常に理解がある学校で、自分の海外での経験を周りの生徒に共有しながらお互い学び合い、私らしく成長することを促してもらいました。とはいえ、中学１年生の秋に戻ってきて、クラスメートに自分の率直な意見を伝えた時、「マナってワガママだよね。」と言われた時の衝撃は今でも鮮明に覚えています。そこで、私は日本で友達を作るためのサバイバルスキル、つまり周りの空気を読んで、どのように接したらみ

67

んなの輪に入って行きやすいかを身をもって学びました。もちろん、これは日本文化だけに限らず、思春期という繊細な時期が大きく影響していたと思います。元々活発でオープンな校風だったので、それまでの自分の性格や態度をガラッと変えることなく、のびのびと生きながら、日本に合うようにうまくチューニング（調整）していくことを学びました。

　うまく日本に適応できる日本人として成長していると思っていましたが、自分のアイデンティティ探しに一番苦戦し、心が揺さぶられ、現在の自分を形作るきっかけをくれたのは大学時代です。私は大好きだったインターナショナルスクールに戻って幼稚園の先生になるため、まずは日本で教育学全般を学び、その後海外の大学院で幼児教育の修士号と教員免許を取ることを目指していました。一般受験で念願だった第一志望の上智大学に入り、なんの疑いもなくキャンパスライフと青春を謳歌するつもりでした。ところが、大学に入ってみると想像していたグローバルな雰囲気とは異なり、自分が所属していたコミュニティが非常に保守的・古風だったため、初めて日本で逆カルチャーショックを受けました。「女性はこうあるべきだ」「2年生以上の女子は、（もう若くないから）可愛いいか面白いキャラでないと生きていけない」「お前は面白くない」等、今まで出会ったことがない価値観にぶち当たりました。その当時の私は、「私は私」と自信を持って貫ける強さに憧れながらも、「じゃあ私らしさってなんだろうか」「（みんなのように純粋に楽しめていない）私がおかしいのではないだろうか」ともがき、大学が居場所の全てだと感じ狭い世界に囚われていたので、周りと合わせながら「普通の仮面」をかぶって過ごしていました。「普通」からなるべく浮かないようにすることは、常に自分が他者のものさしで良いか悪いかの評価に晒されているようで、人の顔色や反応に過敏になっている時期でもありました。

　このままではいけないという危機感や違和感は、大切な合図だと今は思います。その後私は突然着火したようにTOEFLの勉強を始め、当初学びたかった幼児教育を学ぶため、上智大学にある豊富な交換留学制度を使って、3年生の半ばでアメリカのBoston College校に一年間留学することにしました。ここでも、また面白いカルチャーショックに遭遇します。こ

れまで日本では、「帰国女子」と言われて生きてきて、英語も好きでそれなりに語学力も維持してきました。それにもかかわらず、現地のアメリカ人の生徒たちとうまく意思疎通が取れないという、想定外の事実にぶち当たります。何故ならば、言語として言っていることは理解できていても、これまでのコンテキスト（背景）、つまり育ってきたテレビ番組、遊び方、ジョークの言い方、男女関係の常識も全く異なるので、子ども時代と違って人間関係を深めることがとても難しいことを知りました。また、自分がこれまで経験してきた海外はドイツであり、それもインターナショナルスクールという特殊な多国籍な環境だったため、白人主義が強いアメリカの大学で、初めてマイノリティになることを経験しました。

　他の留学生たちと自分との違いも衝撃的でした。他の国から来た生徒たちは、自国に対してプライドを持ち、その国の代表として自文化の素晴らしさをどんどんアピールしていました。それに比べて当時の私は、「日本はこんなに素晴らしいよ！」と自信を持って伝えることができない情けなさと、自分は日本では「帰国子女（若干よそもの扱い）」、海外では「日本について語れない日本人」という中途半端な立場に、自分は一体何者なのか迷子になっていました。

　適応するまで悩ましい時期もありましたが、20歳という年齢で自分自身に向き合い、自分のアイデンティティについて深く考えるきっかけがあったことは、今では何事にも変えがたい経験です。憧れだったアメリカで生活してみて、たくさんのことを体感しました。アメリカは本当は多民族が混ざり合うメルティングポッドではないことを痛感したり、ゴスペルサークルの黒人コミュニティの中で過ごしてみて、本当の意味では彼らの中には溶け込めなくても、マイノリティ同士、異質である私を迎え入れてくれる土壌があったり、また世界各国から来た留学生の仲間たちからは、壁にぶつかり悩んだ時、また楽しいことを企画する時にも、日本人だけでは出てこない多様なものの見方、発想、やり方があること、可能性は自分で作り出すことを教えてもらいました。次第に私は、「自分自身と違うことって面白い！」というあのインターナショナルスクール時代に感じた感覚を取り戻し、国籍や立場は関係なく、私は私らしくいればいいんだと思えるようになりました。彼らにとって大事なのは、私が日本人・留学生である

ことではなく、私が Mana という個人として存在すること。日本の外に身を置いて自分を見つめてみる、という行動を取ってみたことで、様々なことを発見することが出来ました。

　留学を機に、私は教師の道ではなく、「英語」「教育」「コミュニケーション」を軸に企業に就職して、企業向けの人材育成に関わることにしました。新入社員から4年間は、大手企業に勤める日本人がグローバル環境の中で活躍することをお手伝いする研修会社に2社勤めました。そこでは、欧米のビジネススクールや大学とやりとりをしながら企業派遣の短期留学をサポートしたり、NHKで番組を持っていたアメリカ人講師が提供する企業向け「異文化コミュニケーション研修」の通訳兼研修アシスタントを行ったり、企業の人事担当者様と一緒に研修プロジェクトの企画、運営をしていました。

　ある時外資系メーカー企業で、日本人と外国人の社員が日常的に衝突しているチームに向けて、アメリカ人講師と一緒に「異文化コミュニケーション」の研修を提供しました。価値観やコミュニケーションスタイルが異なることで様々な対立が起こりながらも、共通の目的に向かって、いかにお互いを尊重しながら協働できるかという趣旨でした。私はその研修中、日本人も外国人もフラストレーションを抱える中、お客様に素晴らしい新製品を届けたいという共通する想いに改めて気づくことで、困難を共に乗り越えるために何ができるのかを話し合う多国籍チームの姿に魅了されました。そこから、外資系企業内で中長期にわたる研修事業に携わりたい、もっと直に日本人がグローバルで活躍することを応援したいという想いを強めて、転職することにしました。

　転職先は、ドイツのHUGO BOSSというファッションブランドのジャパン社にご縁を頂きました。当時ジャパン社には人材育成部やその担当者は存在せず、私は社長秘書という役職で入社を決めました。何故ならば、当時世界中から選抜された店長たちが半年に一回ドイツ本社の企業内大学に集結するイベントがあり、社長秘書の業務の一つに、日本の店長たちを連れて現地でサポートするというものがあったからです。まさに私がやり

たい日本人プロフェッショナルのサポートを海外の現場で行う絶好のチャンスであり、ジャパン社内でも人材育成の仕事を作り出せる機会だと思いました。

　そんな時に出会ったのが、後に私に大きな影響を与えた HUGO BOSS の旗艦店（ブティック本店）と本社業務を兼任していたマネージャーです。彼の英語は当時 TOEIC315点で、ドイツで開かれる企業内大学のイベントを取り仕切り、また年に数回グローバル会議で日本の現状についてプレゼンを行う役割を担っていました。そこで、私は彼からファッションや小売の現場について教えてもらいながら、私からは英語や外国人とのコミュニケーションのサポートをさせて欲しいと頼み込みました。

　グローバル会議に行く前は、英語の内容を全てカタカナにした原稿を作ってみたり、重要なキーワードだけを渡してアドリブで話しやすくしてみたり、毎回様々な工夫を試みましたが、どうも本人の心がこもらない上に、腑に落ちていない。どうしたらこのマネージャーのエッジの効いた個性や熱いメッセージが、海外のメンバーに伝わるのだろうかと模索する日々が続きました。ある日、いつものように海外出張の前日、夜な夜な一緒に原稿を作りながら、煮詰まった私は思わず「本当は他国のメンバーに何を一番伝えたいのですか？」と聞きました。すると、「日本って、日本のファッションって、カッコいいんだ！と伝えたい」という、会議の質問事項の回答や私が想像していた答えとは全く異なる返事が返ってきました。よく考えてみると、日本という国は、街行く人や店員のファッションの感度、見せ方、ヘアスタイル一つをとっても、世界に類を見ないこだわりがあり、その刺激を受けに本国のデザイナーも毎シーズン日本視察に訪れていました。このマネージャーにとって英語は手段であり、会議という場を使いながら、海外メンバーを WOW！とインスパイアし、日本ってやっぱり COOL だよね！もっと知りたい！と言ってもらうこと、それこそが究極の「目的」だったのです。それならば、いくらでも伝え方、見せ方、表現する方法があることに、私はハッと気づかされました。そこから彼の目指している目的に向かって、彼を主体でサポートしていくと、様々な豊かなアイデアが広がり、素晴らしい個性がグンと際立ち始めました。そして、

英語の語学力は高くなくても、次第にグローバル会議やイベントで「面白い奴だ！」「ぜひ質問したい！」と注目され、後に『言っていることなんかわからなくても、英語は話せる！』[1]という書籍を出版する展開に至りました。

　紀伊国屋書店にマネージャーのビジネス本が平積みされている時は、涙が止まりませんでした。そして、私は心から応援している人の成功が何よりも嬉しいこと、やっぱりその道のプロフェッショナルが自分の分野でグローバルに活躍することをサポートしたい！という私自身の方向性や目的が明確になりました。このマネージャーとの関わりのような機会をもっと増やしたいと思い調べ始めると、自分が行っていたことはどうやらコーチングという分野に近しいことが分かってきました。そこから、私は対象者の目的や強みを引き出し、その目的を自分らしく実現する「プロセスの専門家」を目指し、30歳からアメリカと日本でコーチングの終わりない学びの旅をスタートさせました。

　HUGO BOSSで社長秘書と兼務しながら念願の人材育成の責任者となり、その後フランスの化粧品ブランドで経験を踏んで、2013年に独立しました。現在はBeyond Borders株式会社[2]を設立し、より良い自分と世界のために、国境と自分自身の境を超えて、様々なプロフェッショナル同士が協働・共創することを人材育成の分野でお手伝いしています。

　具体的には、企業の経営層からマネージャー層までのマンツーマンのエグゼクティブコーチングの提供、外資系企業、大手日系企業、スタートアップ企業、大学で「リーダーシップ」「チーム エフェクティブネス（効果的なチーム作り）」「クリエイティビティ＆イノベーション（デザインシンキング等）」の分野で、ファシリテーターとして国内外で集合研修を行っています。対象者は、日本人だけのこともあれば、多国籍リーダーたちが集まったグローバルメンバーの場合もあります。

　また、私が自分一人で出来ることには限界があると思っているので、参

---

[1]　恩藤孝次 (2008).『言ってることなんかわからなくても、英語は話せる！』サンマーク出版
[2]　Beyond Borders 株式会社 HP: https://www.manatomitori.com

72

加者と同様に、私自身も研修を行う時はなるべく自分とは異なるバックグラウンド（性別、国籍、職歴、得意分野等）を持つ専門家と共創することを大切に、私たちが持つ多様性と参加者との相乗効果を楽しんでいます。例えば、シリコンバレーとヨーロッパ在住のコンサルタントたちと "Silicon Valley Alliances" という組織を作り連携したり、国内でもカナダ人のビジネスパートナーと "H Squared"[3] という組織を結成し、クライアントのニーズに合わせて、世界各国どこででも、仲間たちと柔軟に共創できる体制にしています。

　多様なメンバーと共創することにはメリットもあれば、クライアントの社員同士も私たちの仲間同士も、いろんな場面でうまくいかなかったり、視点が違ったり等、日々問題も発生します。特にコロナ以降、リモートワークが加速し、Zoom や MS Teams のオンラインミーティングが休みなく続き、何気ない雑談をする機会が少なくなりました。コロナ期間中に就職や転職した人は、1、2 年前に入社したにもかかわらず、まだ一度も同僚に会ったことがない、またはハイブリッド（対面とオンラインの両立）のためチーム全員とは話したことがないという方も多くいらっしゃいます。そんな中、テキスト（文字情報）に頼った業務メッセージが猛スピードで行き交い、お互いの背景やニュアンスがよくわからないまま、誤解や対立が発生しているケースが増え、若手社員の中には、私が日本の大学時代に感じていたように、相手の反応を過度に気にして、自分の意見を出せずにいる様子も見受けられます。国内外問わず、このような組織やチーム内でのコミュニケーションに関するご相談は、パンデミック以降増え続けています。

　上記のコロナ禍にまつわるエピソード自体は、数年も経てば懐かしい話になるでしょう。それでも、チームが効果的に機能する上で、もっとも重要な要素の一つは「信頼関係」であることは今後も変わらないと思います[4]。スピードの速い世の中だからこそ、一見遠回りのように感じながらも、信頼関係の（再）構築に時間をかけることは、結果としてビジネス

---

[3]　H Squared HP: https://www.hxh.biz
[4]　Vijay Govindarajan and Anil K. Gupta, "Building an Effective Global Business Team" *MIT Sloan Management Review* (July, 2001)

の成功に直結しています。例えば、半年間のリーダーシップのオンライン研修では、初日に "Backstage Tour" というエクササイズを行うことがあります。これは同じ企業の参加者同士が、オンラインで少しだけお互いの自宅（裏舞台）の様子を見せ合うアクティビティです。そうすると、後ろからかわいい犬が現れたり、素敵な絵が飾ってあったり、趣味が野球だということが部屋の様子でわかったり、仕事の業務とは関係ない個々人のパーソナルな面に触れることができます。ある企業のグローバルチームで行った際、海外メンバーが「日本に行っても自宅に招待されることはないから、日本の自宅の様子を初めて見られて嬉しかった。」というコメントがありました。また、ある日系のメーカー企業では、海外のオフィスにいるメンバーが携帯のビデオを使って、現地の工場を案内してくれることもありました。日本人のメンバーはそのお返しに、家族でよく作るお好み焼きの作り方を教え、海外メンバーに大変喜ばれていました。このようにオンラインを有効活用しながら関係構築をスタートし、その上でお互いが人生で乗り越えてきた体験や喜びの体験を共有する等、双方が「人と人」としてより深いレベルで繋がり始めると、現場に戻った後も頭の痛い課題に対して「どのように一緒にやっていこうか？」と建設的な議論をしやすくなります。また、何か問題が起こった時に、各国に信頼できる仲間がいることで、ビジネスのスピードを加速させることもできます。あるグローバル企業の海外メンバーは研修参加後、「これまで日本からのメール返信を2週間は待っていたことが、気楽に電話ができる日本の仲間ができたことで、2時間で解決できるようになった。」と共有してくれました。

　VUCA（Volatility（変動性）、Uncertainty（不確実性）、Complexity（複雑性）、Ambiguity（曖昧性）の頭文字）の世界になったと言われて随分経ちますが、この不確実な正解のない世界の中、より良い社会、より良い組織、より良いチームを作るために、一人一人が完璧になることを追求することよりも、状況に合わせて必要な仲間たちと柔軟に共創することが益々重要であると考えています。同じ地球上で生きる仲間という意味では、「グローバル」という言葉自体も、実は不要だと感じています。私自身が大事にしているイメージは、「ジャズトリオのセッション」です。ピアノ、ドラム、ベースというそれぞれ違う楽器を持った専門家同士が、それぞれ

の個性を生かしつつ、クリエイティブに、楽しみながら、同じ楽曲（目的）に向かって、一期一会の共創することに、私自身はいつもワクワクし、またその演奏家の1人として、これからも成長し続けたいと思っています。子どもの頃に体験した "We are the World" の世界、大人になってそれはジャズに変わりましたが、私にとって大切なエッセンスは何も変わっていません。

第6章　日本とヨーロッパのはざまで
── 私の異文化体験

フォルティエ明日香

幼少期

　父親が日本人、母親がオーストリア人という家庭に生まれた私は、高校卒業までは海外に長期間にわたって生活することもなくずっと日本で育った。家庭環境は、当時としては一般的な、父親が外で働き母親が専業主婦の形であった。なので、幼稚園に入園するまでは母国語であるドイツ語に触れる時間が圧倒的に長く、私にとってはそれが自然な言語であった。ところがあることをきっかけに我が家での言語環境が一変することになる。

　それは幼稚園の入園面接だった。動物の絵が描かれたカードを見せられ、名前を答えるという課題が与えられたようだが、私はそれを全てドイツ語で答えたのだった。日本語名はきちんと答えられなかったので、担当教員より、「それでは困る」、との指摘があり、それ以来できる限り家庭内言語を日本語へシフトするようになったと聞いている。今から約40年も前の話だ。今日であれば、複数言語を話す国際家庭も増え、より複数言語環境に対する理解が深まり、より受容されているように見えるが、当時はそれが問題視されていた。

　というわけで、この一件後は家庭内での言語環境は日本語色が強くなり、そのうちドイツ語をほとんど使わない状況となっていた。ドイツ語を使わなくなっていったことの要因の一つとして、兄弟が多かったこともあると考えている。兄弟間ではやはり学校での言語を使うことが多く、そのうちドイツ語で会話をすることすら困難になり、時間の経過とともにドイツ語はいつしか葬られてしまったのだ。そのうち、時々ドイツ語を教えようとする母親に対して、「ここは日本だからドイツ語は必要ない。ドイツ語は

話さないで」と強く抗議するようになった。今思えば、人と違うことに嫌悪感を覚え、みんなと同じになりたかったからなのだと認識している。子供とはそういうものなのかもしれない。そのうち、母親本人も「郷に入れば郷に従え」という信念が強化されたようで、ドイツ語を強要することはめっきりなくなった。

　このようにして、血は半分オーストリア人であり、生活様式や考え方等についても母親の影響をある程度は受けているはずではあるものの、基本的には、日本のどこの家庭とも変わらない衣食住で生活をし、"日本人"として育てられて来たと認識している。その方が子供であった私としても心地が良かったのだ。

　子供時代の異文化接触のもう一つの大きな体験は、父が経営していた商社の海外取引先の国々へ何度となく訪問したことだと考えている。香港、マレーシア、シンガポール、韓国、オーストラリア等あらゆる国に連れて行ってもらったのだが、その度に、英語さえ話せれば、あらゆる国や文化の人々とコミュニケーションがとれるのだ！と、英語という言語が持つ魔力に感銘を受けたのだった。そして、とにかく英語を学びたい、世界を見たい、異文化に触れたい、世界の人々と交流したい、という強い気持ちが芽生え、成長とともにそれが確固たる"私の人生"のターゲット、ヴィジョンとなっていったのだった。

高校時代

　英語の習得、そして海外滞在経験への憧れが最高潮に高まった高校2年生の夏休みに、カナダで初めて1か月の短期留学を果たした。イタリア系カナディアンの家庭でホームステイをしながら、近くの語学学校に通い、English as a Second Language のクラスを受講した。語学学校には、世界各国から学生たちが集まり、彼らとのコミュニケーションを通じてあらゆるお国事情を聞いたりするのが何とも刺激的な体験であった。また、豊かな自然に恵まれた美しいカナダのバンクーバーの虜になり、高校卒業後は

カナダの大学に進学することを決意したのだった。

　カナダでの短期留学を終え帰国した後、海外の大学進学希望者を対象にした TOEFL に特化した進学塾に通い始め、同級生たちが受験勉強に精を出す傍ら、私はカナダの大学受験のための準備を開始した。当時通っていた留学斡旋塾のカウンセラーのアドバイスに従い、まずはコミュニティカレッジに入学し、途中で4年生大学に編入するかたちをとることにした。約1年半にわたる猛勉強が功を奏し、無事、第一希望にしていたコミュニティカレッジへの入学が決まり、1998年の5月、長期にわたる留学生活が始まったのだった。

　渡加直後は、文法や長文読解については徹底的に勉強していたので大学でも問題ないとされるレベルにはなっていたものの、やはりリスニングとライティングの能力はまだまだレベルが足りていなかったため、まずは English as a Second Language における上級クラスから授業をとることになり、英作文（エッセイ等）の勉強を徹底的に行った。住まいは短期留学の際と同様、カナダ人家庭でのホームステイであった。ホームステイについては、期待が大きかった分、がっかりしたことも多く、途中から友人とのフラットシェアに変更してしまったが、実はこのホームステイが大きな人生の方向転換のきっかけともなったのだった。

　ホームステイ先には当時小学6年生になるその家の娘さんがおり、彼女の学校からの依頼で、時々子供たちのために、日本文化についてのプレゼンをしに行っていた。その経験を通し、自分は学校の先生に向いているかもしれない、いや、子供たちの成長を見守る学校の先生になりたい！と強く感じるようになった。そんな思いを温めながらも、大学の授業に必死についていこうと日々図書館に籠っては猛勉強をしていた。大学では、心理学、社会学、社会心理学、文化人類学、マクロ経済等、まずは興味のある科目を取得し、勉学に勤しんだが、結局、カナダでの生活が始まり2年弱経った頃、日本へ戻り、教育学科で学べる大学を受験し、幸運にも上智大学に合格した。

日本での大学生活

　2000年の春、すでに二十歳になっていた私は、晴れて日本の大学一年生になった。カナダの大学であれほど孤独と戦いながらも日々猛勉強し、勉学の楽しさや喜びを人生で初めて味わうという経験をし、将来の夢を見つけ、期待に胸を膨らませて日本の大学に入学したものの、理想と現実とのギャップに大きく落胆することになった。いま思えば、学問に対する目標を見つけ高いモチベーションと期待に満ちていた自分と、とりあえず大学に入学できて安堵し、大学ライフ（学問以外）を充実させることに必死な大半の学生たちや、それほどハードワークが期待されていないような大学の在り方のギャップに驚愕したのだと思う。

　そんな悶々とした日々を過ごした大学１年生が終わった春休み、当時フランスに留学していた友人を訪ね、２、３週間パリで過ごす機会を得た。その経験が、当時、暗いトンネルの中に迷い込んでしまっていたような感覚の渦中にあった私に、明るい光を差し込んだのだった。自分はやはりこうして違った文化を発掘し、体験することに興味があるのだ！英語以外にもこんなに惚れ込んでしまうような言葉があったとは！街の雰囲気や人々のあり方も何と素敵な！と、とにかくパリという街とフランス語という言語に瞬く間に魅了されてしまったのだった。

　そんなわけで、大学２年生になってからは、第二外国語にフランス語を追加し、学校の先生という夢と同時進行に、パリやフランスへの憧れが日に日に増していくことを実感しながら、フランス語の学習に勤しんでいた。

　大学３年生の秋になった頃、周りは一斉に自己分析や企業説明会、エントリーシートの作成を開始し、就職活動に専念するようになった。そんな光景を眺めながら、どこかの企業に就職して数年働いて結婚して子供を産んで専業主婦になる、という一連の王道の人生にどことなく違和感を覚え、自分の心に正直ではない生き方を受容し遂行することの是非を考えながら、再度、悶々とする日々が始まる。

　その頃には学校の先生という"夢"も大分冷め、出身中学校へ教育実習

を行った際には、自分の居場所はここではない、ということをほとんど確信してしまったのであった。そんな頃、異文化ゼミでお世話になっていた教授に相談したところ、"まずは死んでも死にきれないことをした方がいいよ"と言っていただき、少しばかり二の足を踏んでいた私の背中を押してくださったのだった。

フランス生活

　そんな風にして大学卒業後、2004年9月、単身でフランスに渡り、憧れのパリ生活がスタートした。始めはフランス語習得のため、ソルボンヌ大学付属の文明講座（外国人のためのフランス語講座）に通うことにした。住居は学校側が紹介してくれた、15区に一人暮らしする75歳のマダムのお宅での間借りであった。現役時代は広告会社を運営していたというマダムにはフランス女性の在り方や考え方等、多くのことを学ばせてもらい、彼女との同居を通して、フランス女性がいくつになっても美しく、自立し、尊敬されている理由が理解できた気がした。

　フランス語がある程度習得できた頃、イギリス系旅行会社のジャパンデスクに就職が決まった。ジャパンデスク以外には、中国デスク、韓国デスク、欧州デスク、中東デスク、北米デスク等があった。レポートやロンドン本社とのコミュニケーション、及び社内の共通言語は全て英語であった。社員との会話は日仏英語やその他の複数言語が飛びかう。今思えばかなりグローバルな環境であったが、特に異文化が理由となる問題やもめごと等はなく、割と平穏な社風であったと記憶している。パリオフィスに関して言えば、社員の大半が、英語が第2言語という環境であり、人数的に優位になっている文化圏もなく均等であったことがうまくいっていた所以なのかもしれない。

　約2年同社で働いた後、小さなフランスの人材コンサルティング会社に転職した。社長が日本文化にも精通していたこともあり日系の顧客も多く持つ会社であった。採用試験の一つに、性格の特性を大きな5グループに分け適性を測る"Big Five"というものが行われた。結果として、外向的

性格、社交性が顕著に表れたようで、コンサルタントとしての業務と同時に、ビジネスディベロップメントにも携わる提案をいただいた。ビジネスディベロップメントの仕事は特にネットワーク作りが大切とのことで、各国商工会議所のメンバーになり、あらゆる会社のシニアレベルの人々が集まる経済交流会や大使館主催のイベントに積極的に参加することになった。上記のようなイベント参加者のおよそ70％は白人男性、他は女性、白人以外の男性等、いわゆる"マイノリティー"と呼ばれる人々であったのが印象的だった。私はというと、アジア人女性ということで、まさにマイノリティー中のマイノリティーであった。

　とは言え、当時20代後半、30代前半の私にとって、シニアレベルのビジネスマン／ウーマンたちとの交流は非常に刺激的であった。と同時に、何者でもないただの若い"アジア人女性"である自分に非常にもどかしい思いをする場面が多くあった。私と話したところでビジネスの観点から得になることは明らかにないだろうと思われるのは至極当然のことである。そんな悔しくもすぐにはどうにもならない状況をいかに打破できるか、どうしたら自分も彼らと同じ土俵にたってビジネストークができるか、どうしたら同等に扱ってもらえるか、と考えた時にまず脳裏に浮かんだのが、MBAであった。MBAを取得すれば、ビジネスの知識やスキル、有益なネットワークを得ることがある程度期待できる。しかもせっかくビジネスを学ぶなら世界共通言語とされる英語で学べば、日仏という狭い文化圏だけではなく、"世界"が舞台になる。そのように考え、パリ市内で英語でMBAを学べる学校、さらに、当時子供が3歳であったので、スケジュール的にも可能である学校を検索した。幸運にも、当時勤めていた会社と自宅のちょうど間に小さなアメリカ系ビジネススクールを見つけ、一連の申し込みや面接を済ませ、入学が許可されたのでそこでMBAを受講することになった。

　願書を提出することにはほぼ迷いはなかったが、学校が始まってからというもの、自身と他の学生とのあまりのレベルの差に愕然とした。小さな学校なので同時期にスタートした学生はおよそ25名程であったが、その3分の1程がアメリカ人、中東出身者も割と多く、残りが欧州人という構成であった。意外なことに、アジア人は私一人であった。中東出身学生の多

くは超富裕層出身で学校教育はインターナショナルスクール、その後アメリカやイギリス等英語圏の大学を卒業したばかりの女学生たちであった。一方、欧州やアメリカ出身学生の多くは30代前半の男女で、既に確固たるビジネススキルや専門性を持っていた。

　そんな環境であったため、私にとっては、そもそも英語がネイティブではないというハンデ、社会人経験もまだ浅かったので確固たるビジネススキル、専門性がそれほどないというハンデ、さらに経済学についてはカナダの大学で習得したマクロ経済の基礎知識しかないという厳しい状況でのスタートであった。

　日課は２週間毎に３日間の集中講座で１科目の講座の受講、その後１か月以内に各科目のレポート（リサーチペーパーをＡ４サイズで20枚強）の提出が課されていた。１年間に22科目をこなし、２年目はＡ４サイズで100枚程度（英単語２万５千字）の論文の提出であった。授業では講義を聞いたり、ディスカッションやグループワーク、簡単なプレゼン等が行われた。各科目の授業から得られる知識量や質が圧倒的に優れているのは言うまでもないが、それよりも、学生同士のコミュニケーションを通じて学ぶ各国についての知識や思考、生活様式こそが、実際のグローバルビジネスの場において役に立っているように感じる節が多くある。人々の行動パターンや発言を観察することにより、各文化圏において、おおよそ、どのようなコミュニケーションスタイルが好まれ、敬遠されるのかがわかってくる。また、お互いに対する理解が深まると自然と親近感が湧いてくるものだ。そのようなわけで、特にグループワークは大変有意義であるように感じていた。

　あらゆる国出身の多様なバックグラウンドを持つ人々との交流を通して強く感じたことは、文化や伝統、宗教がある程度人々の行動様式や考え方を規定するものの、個人を深く知れば知るほど、我々は同じようなことに感動し、喜び、悲しみ、怒り、悩む人間であるということだ。一旦その「気づき」が得られると、その後のコミュニケーションが圧倒的にスムーズになる。相手を一人の人間としてリスペクトし、思いやりの心を持って接すれば良い関係性を築くことができる、という、同じ文化圏の人同士と同様の感覚で関係を築けばいいのだ。

１年間の、ビジネススクールという場で交わされた学生同士の日々のやり取りこそが、異文化の人々を“外国人”として扱うのではなく、同じクラスメイトという同一の土俵で関係性を築くことを可能にし、そのコミュニケーションスキルこそが、後の異文化間ビジネスにおいて大きな役割を果たすことになったと認識している。

　こうして１年間の全22教科と２年目の修士論文を無事終了し、めでたくMBAを取得し、当時引っ越ししたばかりの新天地であったロンドンでの就職活動が開始した。

ロンドン ── シティーにある日系証券会社で働く

　ロンドンに越したのは2013年７月で、長男が５歳、次男が０歳４ヵ月の時であった。始めの３ヵ月程は修士論文を仕上げることに専念し、論文が終わり合格証書を受理した10月より就職活動を開始した。せっかく世界の金融都市であるロンドンに住むことになったこと、またMBA取得直後であったこともあり、チャンスがあれば金融業界で働いてみたいと思っていた。ちょうどタイミングよく某日系証券会社が人材を募集しており、経営企画部のアシスタントとして採用が決まった。

　その後、素早くチャイルドケアのオプションを調査し、結局、二人の子供の世話をしてくれる人がいないと生活が回らないことが容易に予想できたので、一人の専属ナニー（保育ママ兼お手伝いさん）を雇うことにした。ナニーの人材紹介会社に依頼し、一人のフィリピン人女性に依頼することに決めた。

　2014年１月、会社勤務が開始した。１年目は経営企画部のアシスタントとして採用されたが、２年目に入った頃、内部の組織変更があり、丁度そのタイミングで人事部グローバルモビリティ担当の日本人女性が退職することになり、その後任に抜擢され人事部に異動となった。人事部はおよそ20名強からなるチームであったが、私以外はみな“イギリス人”であった。もちろん、“イギリス人”と言っても、白人からアラブ系、アフリカ系、アジア系とあらゆる人種からなるチームであった。担当業務は、日本から

渡英する駐在員や研究生たちのビザ、税金、給与、物件、引っ越し等、渡英／駐在に纏わる一連のコーディネーション、人件費試算、イギリスから日本やシンガポール、アメリカオフィスに渡る駐在員の人件費（コスト）試算等、国をまたぐ異動、つまり駐在員派遣に伴う人事業務全般をサポートすることであった。日本本社の人事部とのやり取りや、ビザを担当する現地の弁護士事務所、給与や税金面全般のサポートをする大手会計事務所とのコミュニケーションに費やす時間が多く、常日頃、現地のグローバル企業という社風の中、多岐にわたる人種や業種の人々と共に働いていた。

　イギリス人はイメージ通り、礼儀正しく非常にフレンドリーで、ジョークを交わすのが好きな人たちだと感じる。仕事はそれなりに真面目に取り組むが、必要以上にストレスを抱えることなく、非常に easy-going、なるようになるし、どうしようもないことはどうしようもない、無理する必要はない、という国民性を感じた。勤務時間は朝8時30分から夕方17時30分であったが、おおよそ18時過ぎにもなるとオフィスには1人、2人しか残っていなく、18時半には消灯されることが多かった。また、金曜日ともなると、16時半を過ぎると部長から一斉メールが入り、「今日は Happy Friday なので、皆さん早くオフィスを出て自由に Friday Evening を楽しんでください！」というのが常であった。

　この Happy Friday！というのはイギリス人の典型的な金曜日朝の挨拶であった。金曜日はカジュアルフライデーなので、月曜日から木曜日まではきっちり着飾った金融ジェントルマン／レディースたちが、ジーンズやTシャツといったカジュアルウェアに身を包み、満面の笑顔で "Happy Friday" と、挨拶をする。また、金曜日ともなると半分週末のようなものなので、巷のパブでは午後3時頃からサラリーマンたちが群がりビール片手におしゃべりに花が咲いている。イギリスでは、金曜日の夜からは家族や友人のために使うプライベートの時間という認識があるようで、同僚たちとの会食は木曜日の夜に設定されることが多かった。そのようなわけで、イギリス人はオンとオフの境界線が明確であり、仕事は生活するためにしているものであって、人生の究極の目的ではないとう考えが一般的であるような印象を受けた。

また、食を楽しむフランスという国から、イギリスに行って驚いたことの一つは、ランチタイムだ。フランスでは、平日のランチのために、会社から毎月20枚綴りのレストランチケットがもらえる。およそ千円強のチケットなので、少し足りないことが多いのだが、ほとんどのレストランで使えるので、圧倒的多数の人がランチタイムは同僚たちと外食をしていた。ランチタイムからワインを軽く飲むことも多く、1時間半から2時間ほど食事に時間をかけることも頻繁にあった。

　ところがイギリスでは、ランチの重要度は低く、基本はデスクで一人ランチという人がほとんどであった。サンドイッチや冷凍食品をレンジで温めた料理を一人デスクで広げ、仕事をしながらそそくさと食べているというのが典型的なランチタイムの光景であった。私は、ランチタイムくらい外に出て気分転換をしたいし、できれば温かいものを食べたいほうだったので、同じように考える同僚たち（多くの場合、他部署の日本人の同僚たち）とほぼ毎日外食をしていたが、それは非常にマイノリティーな習慣であった。

　その他、イギリスで異文化接触を通して学んだことと言えば、イギリスは島国だからか、割と日本人と似ているところがある、ということであった。初対面では非常に温かく受け入れてくれ、"いつでも何でも聞いてね！"という態度を示してくれたり、絶対に"Sorry"と言わないフランス人とは対象的で、何かあるとすぐに"Sorry"や"My apologies"といった簡単な謝罪の言葉が飛び交うほど礼儀正しい。ところが、初対面から、仲良くなるまでの壁が厚い、つまり心理的距離感はなかなか埋まらないようにも感じていた。例えば、2年間の間、チームのイギリス人たちとランチに出たことは数えるほどしかない。実際、同じチームの人々をほとんど"知らない"ままであった。おそらく、一旦、ある種の壁を乗り越えると非常に距離が近づき仲良くなれるのだと想像するが、その壁が、例えばフランスや、私がビジネススクールで接したその他の国籍の人々と比較すると、やはり厚いように感じていた。フランスは個人主義の最たる国であると考えられていることが多く、一見冷たい人が多い印象はあるものの、毎朝同僚たちとコーヒーを飲んで軽くおしゃべりをしてから仕事に入る習慣があ

るからか、同僚たちのプライベートについてのことをよく知っていたし、故に安心して仕事に集中することができていたように記憶している。

　その他、イギリスで感じていたことと言えば、やはり仕事の進め方が日本人とは大きく異なることであった。イギリスでは、何か新しいプロジェクトがあると、おおよそ60％ほどできた段階で走り出す。そして"走り"ながら軌道修正していくパターンが多い。なので、準備がほぼ完璧になるまで"Go ahead"のサインを出さない日本人にしびれを切らしているイギリス人が多かった。一方で、"できる、できる"と言っておきながら、なかなか取り掛からなかったり、取り掛かっても、詰めが甘いイギリス人に対して日本人は不信感を抱くことも多々あり、私のような現地採用の日本人の多くが板挟みになっていた。どうにもならないことを交渉してどうにかさせようとする日本人と、どうにもならないことはならないと突っぱねるイギリス人。交渉もせずにただただ労働条件を受け入れ、一生懸命働く日本人を尊敬しつつも少し小馬鹿にしたように話すイギリス人。そのようなことが日常茶飯事であった。

　また、イギリス人の上司に、もっと"Self-Promotion"をした方が良い、とよく言われていた。自分が一生懸命やっていることをきちんとアピールしないと、誰も気が付いてくれないし、さらに昇格の機会を逃すとの意味であった。日本ではむしろ敬遠されるがイギリスでは重宝される典型的な態度の相違だ。やはりイギリスという社会で成功するにはこの"Self-Promotion"というのは避けて通れない道であると実感した。

　そんなロンドンでの日々であったが、「イギリス」という、我が家にとっては完全に第３国になるような国に長居する意図は元々なかった。夫と私の「グローバル」という環境での職務経験値を上げるための訓練期間としてとらえており、３年から５年程の滞在期間を予定していた。ところが、現地の生活に慣れて来ると非常に心地良く感じて来るもので、街中なのに緑の多い住環境も気に入り、家族ぐるみで時間を過ごせる友人たちも多くでき（ほとんどが非イギリス人であったが）、このまま長期的に滞在しても悪くはないと思い始めていたのが３年目であった。そしてちょうどその頃、ブレグジットの国民投票が行われ、イギリスの欧州からの離脱が公的

に決定した。

その後、フランス人の夫を始めとする多くの在英欧州人たちは、そんなイギリスで生活していること自体に気まずさを感じ、先行き不安になり、ブレグジットをきっかけに会社に行き辛くなったという話も多く耳に入って来るようになった。まさに、イギリスでの分断が表面化した投票結果となったのだ。実際、このブレグジットが我が家のイギリス離脱をも後押しすることとなった。やはり、イギリスは我々にとってはどちらの国でもない第３国であった。何か政情が変われば自分たちのような移民はその時々のポリシーにより左右される非常に脆弱な存在であると痛烈に実感した。というわけで、かつてから家族で暮らしたいと思っていた安全で安心できる子育て環境のある我が国日本移住に向けて、職探しが始まった。

当時は次男がまだ３歳であったので、小さな子供を二人抱える母である私がフルタイムで仕事をすることはどうしても想像ができない。そんな風に感じられ、建設やエネルギー等のインフラ事業に携わるエンジニアである夫が、これまで培って来たネットワークより日本でのポジションの可能性のある会社にコンタクトをし、採用が決まり、晴れて2016年秋に日本に引っ越しすることになったのだった。

東欧の食品原料メーカーの日本総代理店を立ち上げる

日本に越して来てからというもの、約１年間の専業主婦生活を経て、香料商社の調達部門で働くことになった。その後、2019年10月、東京で開催された食品開発展で出展していた東欧のとある食品原料メーカーと出会い、彼らが日本市場において非常にポテンシャルの高いと思われる商材を持っていると感じ、メールでのやり取りが始まった。彼らはまだ日本市場に参入できておらず、日本での顧客及びディストリビューターを探していた。我々は、複数ある彼らの商材のうちの一つの製品における日本市場での現状をある程度把握していたので、その辺りの情報提供を行ったり、逆に彼らの事業内容や会社概要、また今後の展望についての詳細をヒアリングした。そして、より理解を深め、コラボレーションの可能性を探るがごとく、

同年年末に彼らの会社及び工場を視察に行くことになった。

　東欧には４日程滞在し、うち３日間は毎日会社に行き、視察及び数時間に亘る商談を繰り返した。どのように我々が彼らの日本市場参入の手伝いができるか、日本におけるビジネスのポテンシャルはどれほどか、どのような競合がいるのか、一般論として日本のビジネス様式や食品業界の特徴はどんなものか、どのような戦略をとれば市場参入及びマーケットシェアの獲得ができるか、どのような形でコラボレーションができそうかといった話し合いがなされた。また、毎日のランチタイムの際には、東欧の伝統料理のお店に招待いただき、仕事以外のプライベートの話で盛り上がり、最終日は半日使って、社長の右腕とされるセールスマネージャーの女性に市内観光に連れて行っていただいた。その間も、東欧の歴史についてや、女性の在り方、旧共産主義国での人々の生き方や彼女の幼少期について等、あらゆる話をした。偶然、過去の欧州滞在期間、旧共産主義国家出身の人々と近しい関係になることが多かったので、何となく彼らの歴史やあり方、考え方については把握していたので、割と初めから心地の良さを感じていた。しかしながら、これほどの手厚いおもてなしには正直驚いた。

　その後、無事、長時間に亘る商談を終え帰国し、コラボに向けての準備を開始した。コラボの方法としてあらゆる可能性を吟味した結果、彼らの日本支部のような形で営業活動に従事するオプションに着地し、独占販売契約を結び事業がスタートした。

　他にも独占販売権を要求した同業者や比較的名の知れた商社が複数社あったにもかかわらず、どうして名もなき小さな我々を選んでくれたのだろうか、と時々有難くも自ら不思議に感じることがある。彼らの見解では、どうやら、"we speak the same language"、つまり "「同じ言語」を使ってコミュニケーションがとれるから"、"安心／信頼できそうだから"、ということであった。この「同じ言語」というのは、英語という使用言語を指しているだけではなく、同じ目線で、同じような考えやスタンスで話ができる、ということと理解している。つまり、日本のやり方を押し付けた

り、日本のビジネスマナーを通そうとするのではなく、ニュートラルにグローバルな舞台で同じ土俵にたってコミュニケーションがとれる、という意味であると理解している。グローバルな舞台でビジネスをする場合は、お国柄を強調し過ぎると摩擦が起こる。なので、なるべくお国柄は一旦手放し、同じ人間同士のコミュニケーションであることを念頭に、ニュートラルにロジカルに物事を進めていく必要があると認識している。これらのスキルについては、これまでの生まれ育った環境や、外国人に囲まれて学習していた学生時代、またビジネススクールでの経験により自然と体得していたものでると信じている。

　ちょうど事業を始めた頃に未曾有のコロナ禍が始まり、緊急事態宣言が発令され、2年後の今日までコロナに翻弄され続けることになるとは想像すらしておらず、今でも奮闘中であるが、有難いことに少しずつ実績を積むことができている。またその間、時間をかけて何度も何度も日本での業界の在り方やビジネス動向、取引先との関係性の築き方や、重箱の隅を突かざるを得ないこと、ゼロリスク志向等を事細かに説明し、少しずつ彼らも日本における事業の進め方やあり方を理解できるようになって来ていると感じる。また同時に、日々のコミュニケーションの積み重ねで信頼関係が確固たるものになりつつあり、良きチームメイトになりつつあることを感じている。いち早くコロナ禍が終息し、現地の会社／工場視察に顧客を連れ、彼らと再会し、チームを紹介できる状態になって欲しいと願うばかりだ。

"日本人らしくない日本人"というアイデンティティ

野田亜里香

　海外帰国子女という人生の中で、一番カルチャーショックを乗り越えなければならなかったのは日本国内で過ごす時だった。自分の故郷と呼べる場所に戻っても、「帰国子女」という枠組みに位置付けられ、普通の日本人とは違う考え方や行動が問題視され、私自身"日本人らしくない日本人"というアイデンティティに葛藤した。しかし、幼少期から日常的に異文化間を行き来した経験があったからこそ、私は自身を受け入れ、日本社会の中で上手く生きる術を身につけることができた。

　ケニアで生まれ、南アフリカ、ウガンダ、そしてインドネシアと様々な土地を転々とした私は、約12年間の海外生活で、日本人でありながら、日本での生活経験がないことにコンプレックスを抱いていた。きっかけは、毎年夏休みに日本へ1ヶ月間帰国する度に体験入学をした公立小学校での出来事だ。小学校低学年の頃は「アフリカから来た亜里香ちゃん」として快く友達の輪に入れてもらえたが、高学年になると、馴染み切れない居心地の悪さを感じた。日本は単一文化的な性格を持ち、歴史的背景からも日本人が日本人としてのアイデンティティを揺さぶられるほどのカルチャーショックをする経験が少ない。当然のように日本語を話し、日本人として考え、行動できることが"日本人"として認められる。集団主義的な考えも根付いている日本社会の中で、変な日本語を話し、日本の常識もよく分からず、日本人の行動に反してしまう私は、"日本人"ではないという疎外感を強く感じていた。

　そんな"日本人"としてのアイデンティティを確立出来なかった私が、自分自身を認めることができたのは、国籍や人種や宗教等、様々なバックグラウンドを持つ生徒や教員がいるインターナショナルスクールで長く教育を受けたからだ。グループワークやディベートが盛んな授業の中で、自分とは違う考えを持つ他者の存在を知り、相手との関係を客観視しながら考えや感情をコントロールできた。長い異文化体験の中で私は、

自他を受け入れながら、自尊心を養うことができた。

　今でも転校を繰り返しながら通ったインターナショナルスクールでの経験は私の財産だ。そして、海外から日本を見てきたからこそ、今は日本の教育を良くしたいという想いで、日本の学校教育に携わるベンチャー企業で働いている。今では"日本人らしくない日本人"は私の個性であり、そんな私を認めてくれる友人や同僚の存在を支えに充実した毎日を過ごしている。

第7章　サステナビリティと異文化間能力

橋爪麻紀子

はじめに

　近年、メディアを通じてほぼ毎日目にするようになったキーワードに「サステナビリティ」がある。皆、大事なことであるとは理解しつつも、言葉が先行し、それがどんな概念なのか考える隙もないままに広がっているのではないか。著者は、本稿執筆現在、サステナビリティに関する調査研究やコンサルティングに従事している。例えば、企業経営や事業推進における、ESG（環境・社会・ガバナンス）配慮が適切に行われているかの評価を行い、ESG に関心のある投資家や金融機関への情報提供を行っている。直近では、企業や自治体向けにサステナビリティの普及・浸透を目的とした研修やワークショップを提供している。本著の文脈で言い換えると、サステナビリティという海外からの輸入概念に関連する様々な行動規範や基準を、文化背景の異なる国内の投資家、金融機関、企業、自治体の方々に知ってもらい、如何にして経営や政策へ実装するかを支援している、ということになる。

　そうした業務に従事するなか、サステナビリティという概念を理解し、サステナブルな社会にむけた実践的な行動につなげるためには、物事を俯瞰し、相対的に捉え、当たりまえだと思っていたことを問い直し、改めて理解しようとするアプローチが必要だと思うようになった。そうしたアプローチに基づくサステナビリティへの理解が進めば、その概念の下部構造にある多様なイシュー（脱炭素、ダイバーシティ、人権、自然資本、労働問題など）の理解も進むはずだ。こうした知識は、未来の経営や政策に限らず、働き方、学び方、ライフスタイル全般で個人に必要な教養になって

いくはずだ。だからこそ、「投資家に求められているから」「教科書や受験にでるから」「政府や自治体の制度ができたから」といった外圧に基づく取り組みに留まらず、内発的な動機に基づく理解や取組みとしての進化が求められる。そのためには、サステナビリティという概念に対するより深い理解が有効ではないだろうか。本稿はそうした問題意識に基づき、本書のテーマである「自らとは異なる基準や文化背景を持つ人と関係を築くことができる」異文化間能力を活用し得る実践の場として、「サステナビリティ」という世界共通のテーマについて論じるものである。

　本稿では、まずサステナビリティに関する定義に触れたい。次に、「サステナビリティを学ぶ」プロセスを著者の異文化体験を用いて説明し、「サステナビリティを伝える」プロセスを関係性や個人の関心に焦点をあてて考えたい。最後に多様な関係性の上で「サステナビリティを実践」していくために、異文化間能力が必要であることを述べている。

サステナビリティの定義

　サステナビリティ（sustainability）とは、英語の「sustain（支える、持続する）」と「ability（能力、才能）」の二語から構成されている。日本語では持続可能性として訳されるのが一般的だ。サステナビリティという言葉に世界の焦点が当たったのは、1987年の環境と開発に関する世界委員会（通称：ブルントラント委員会）の報告書、『我ら共有の未来（Our Common Future)』だろう。そこでは、持続可能な開発の定義は「meets the needs of the present without compromising the ability of future generations to meet their own needs（将来世代のニーズを満たす能力を損なうことなく、現代世代のニーズを満たすもの）」とある[1]。つまり、現代に生きる私たち世代だけが豊かさを享受するだけでなく、その子孫やこれから生まれる将来世代も継続して利益を享受できるよう配慮すべきで

---

[1]　環境と開発に関する世界委員会 報告書、1987年『Our Common Future（邦題：我ら共有の未来)』

あるということを意味している。

　また、サステナビリティを構成する要素としては、1997年に英ジョン＝エルキントン氏が提唱したトリプル・ボトムライン[2]の考え方に倣い、環境・社会・経済の3つの側面が重視されている[3]。

　こうした様々な要素を受け継いでまとめられたのが、ISO（国際標準化機構）が2010年に発行した社会的責任に関する国際規定の手引きであるISO26000だろう[4]。前述したブルントラント委員会の定義と、トリプル・ボトムラインの考え方が融合し、「サステナビリティ」を「state of the global system, which includes environmental, social and economic subsystems, in which the needs of the present are met without compromising the ability of future generations to meet their own needs」と定義し、「持続可能な開発」のゴールと位置付けた。そして、この定義は2015年に採択された、SDGs（持続可能な開発目標）の17の目標と169のターゲットを含む、2030アジェンダにつながっている。

サステナビリティを学ぶ

　本節では、著者がサステナビリティの仕事を始める以前の経験を事例に用い、サステナビリティという複雑な概念の構造を経済、社会、環境の側面から考えてみたい。サステナブルな社会を実現するため、現在、世界が国や企業に求める経済、社会、環境面での行動規範や基準は刻一刻と変化している。それは地球や社会のコンディションの悪化に伴い厳格化に向かう一方だ。政治やビジネスの視点では、世界共通の行動規範や基準を追いかけることについ目が向いてしまう。一方、変わりゆく行動規範や基準を

---

[2]　組織の活動を財務パフォーマンスだけではなく、企業活動の環境的側面、社会的側面、経済的側面の3つの側面から評価すること。2018年6月には、その3つのバランスをとるだけではない、新しい経済秩序が必要であるという主張を発表している。

[3]　https://www.johnelkington.com/archive/TBL-elkington-chapter.pdf

[4]　ISO, ISO 26000 - how to contribute to sustainable development, URL: https://iso26000.info/（2022/9/1アクセス）

生み出す土台となるサステナビリティの概念に対する認識は、おそらく世界共通のものになっていないのではないだろうか。なぜなら、個人が属する国や企業、環境、社会によってサステナビリティの文脈が異なるからだ。そのように思うきっかけとなった出来事を著者の異文化体験（ここでは、自文化で当たり前だと思ってきた考えを異文化との接触により問い直すきっかけとなった出来事、とする）に基づき、経済、社会、環境それぞれの側面で振り返り、以下に考察した。

経済格差を体感する

先進国と途上国、大企業と中小企業のように、世界のあらゆるところに経済格差が存在している。そうした格差ゆえに一つの事象に対する捉え方は、時に大きく異なる。

【事例1】

26歳の頃、システム開発のプロジェクトマネジメントの業務に関わった。システム開発コストを下げるため、中国の上海のソフトウェア会社に一部の業務委託をする価格交渉をしていた時のこと。最終的に日本で見積もるよりも1/4以下の人件費を提示された。安すぎて申し訳ないという気持ちも感じながら、なぜそのように人件費を下げられるのか、その理由を聞いた。曰く、中国都市部ではなく、内陸部の優秀な大学院生のインターン等を活用しているとのこと。実践スキルを積みたい学生にとっては学費も稼ぐことができ、業務実績を積める良い機会なのだという。

この例では、ある側面から見れば「若者による低賃金のシステム開発労働」であるが、違う側面から見れば「若者がOJT経験を積め、学費を稼げるバイト」でもある。日本と中国、中国都市部と内陸部の経済格差を感じたことに加え、ITの技術そのものより、IT産業が国や地域の経済開発に与えるインパクトに関心を持ったのはこの時である。この出来事の後、

「国際開発とICT」の専攻でイギリスの大学院に留学する決意をした。

　国内の経済格差は様々な形で存在する。次の事例は「途上国」とは、単純に「貧しい人が多い国」ではなく、「国内の経済格差が大きい国」だと改めて理解した時のことである。

【事例2】

　28歳の頃、インドで援助機関のインターンをしていた時のこと。3か月の滞在先を探すのにイギリス留学時代に出会った裕福（そうに見える）インド人の友人にニューデリーの不動産屋を紹介してもらった。紹介されたのは閑静な住宅街に住む4人家族で、18歳になる長女が留学予定なので外国人と接させたいというご家庭だった。室内に最新の家電がそろう中、洗濯機だけがなく、日々の洗濯は住み込みのメイドさんが実施していた。「なぜ洗濯機を買わないのか」と聞いたら「メイドが洗うほうが安いし、衣類が傷まない。そして、長年の間、洗濯を生業としている彼女の仕事を奪ってはいけない。」との返答だった。

　当時は、援助の仕事で出会う現地の人々の生活と、自分のホストファミリーとの生活とを比較し、あらゆることに経済格差を感じる生活だった。援助の仕事は「援助国と被援助国の経済格差を減らすこと」もあれば、「被援助国内の経済格差を減らすこと」でもある。しかし、この例のように（おそらく）カースト制度のジャーティ（生まれ、家柄、出自）といった思想に基づく多くの職業や役割分担で成り立つ社会から、格差をなくすことが出来るのだろうかと思った。経済の視点だけでは決して解決できず、文化や歴史から紐解かなければならないものだろう。

社会の構成要素を知る

　次に、社会的側面について考えたい。環境、社会、経済のうちもっとも複雑なのがこの側面だろう。社会を構成する宗教、文化、言語、歴史など

の様々な要素は、私たちが物事を捉えようとする認識の枠組みに大きな影響を与えるものでもある。

【事例3】

　12歳の頃、父が単身赴任をしていたトルコに初の海外旅行に行った時のこと。断片的な風景の記憶が多いものの、世界遺産であるアヤ＝ソフィア[5]への観光の記憶が強く残っている。歴史的経緯からあるときはキリスト教の大聖堂、ある時はモスクとして使われてきた建築物だ。一見モスク的な建物の壁画に、キリスト教の聖母子画が描かれているのを見て「宗教はこうやって（歴史のなかで）混ざり合っているのだ」と思った記憶がある。

　幼いころから冠婚葬祭のたびに神社にお参りし、お寺にお墓参りをしていたが、人生で初めて社会における宗教の存在を感じたのは、なぜかこの時だったと思う。幼いながら「異なる宗教の歴史が混じり合っている建造物の面白さ」を感じたからかもしれない。それが単純に融合しているのではなく、「宗教間の侵略の歴史」だと理解したのは高校生になってからだ。

---

[5]　アヤ＝ソフィアは、6世紀に東ローマ帝国の首都コンスタンティノープル（現イスタンブール）におけるキリスト教の大聖堂として建設。ギリシャ正教の総本山だったが、1453年にオスマン帝国による征服の際に改修され20世紀初頭までモスクとして使われる。1934年にトルコ政府がこれを世俗化し、博物館となり、1985年にイスタンブール歴史地区の一部として、ユネスコの世界遺産として登録。2005年、アヤ＝ソフィアはトルコの最高行政裁判所に対し、1453年にコンスタンティノープルを征服したオスマン帝国のメフメト2世の財団のものであるとの訴えを起こす。その後、再モスク化が認められ現在に至る。

　28歳の頃、インドで３か月滞在したインド人のご家庭では、ヒンズー教のお祭りや、様々な地域のイベントに一緒に参加させてもらった。ホストファミリーはヒンズー教の多様な神様の性格や様々な神話の説明をよくしてくれた。ある時、ホストファミリーの姉妹がチャリティ団体に寄付をしていたところ、「私たちは前世で善行をしていたので裕福に生まれた存在であるので、来世もそうなるように善行を積まなければならないの」と言った。そういう言葉が10代後半の流行スタイルに身を包んだ姉妹の口から出てきたことに驚いた。

　多くの日本人の家庭では、個人の日常生活において、宗教や信仰の影響によって行動を起こすのは、何か冠婚葬祭などの催事の時程度ではないだろうか。一見、信仰とは遠いところにいそうな10代後半の女の子たちがヒンズー教の輪廻を信じ、来世のために善行をするという事実に驚いた。

　次の事例も、信仰や慣習が、政治やビジネスよりも重視されるものであることを知った出来事である。

【事例５】

　30歳の頃、援助機関の業務において、インド中央政府の高官と、日本政府からの出張者の面談のアポイントを調整していた。面談予定日が前々日に急遽延期になった。その理由は、月の満ち欠けによって祝祭日が移動するインドの慣習のためで、予定日が祝日になってしまったためだった。

　月の満ち欠けによって、入念に準備していた面談が延期されたことに戸惑いを感じたものの、現地のスタッフは「それは仕方ない」と割り切っていた。占星術による判断が如何に重要なことであるか強いことを理解していなかったということに気付いた。

環境問題の対立構造を知る

　さいごに、環境的側面について述べたい。環境汚染の要因を創出する側とその影響を受ける側では、環境問題への認識への大きな差がある。国連気候変動枠組み条約（COP）や様々な国際会議の場で、毎度おなじみのシーンともいえるのが、「先進国 vs 途上国」の構図だ。2021年にグラスゴーで開かれたCOP26においても、先進国と途上国の間で「今日までの地球温暖化の主たる責任は先進国にあり、排出ガス削減を含む温暖化対策の負担はまずは先進国が負わねばならない」という議論が繰り広げられたのは記憶に新しい。

【事例6】

　30歳の時、対インド政府開発援助の業務で、社会インフラの開発に関わるなか、電力逼迫地域における新規石炭火力発電所の開発案件の検討があった。現地で実施された環境社会アセスメントの結果や、設計施工時における環境社会配慮など様々なハードルを乗り越えたものの、融資契約の一歩手前で、現地側の政治的判断により締結には至らなかった。

　当時、既に石炭火力発電所に対する環境側面の負荷に関する世論の批判があったことは自分も所属組織も認識していた。それでも、電力不足地域に住む現地の人々に電力を供給するため、火力発電のタービンやボイラーを現地生産する日本企業にも配慮しながら、事業の承認に向けた活動を進めていた。それから10年以上がたち、今では「石炭火力発電所は二酸化炭素を大量に生み出し、気候変動を引き起こしている環境破壊の根源」として世の中では捉えられている。この時石炭火力発電所の案件にゴーサインが出ていたら、著者はサステナビリティの仕事はしていないか、もしくは懺悔のような気持ちで仕事をしていたかもしれない。

世界の社会課題を身近に感じる

【事例7】

　27歳の頃、イギリスの留学中、開発政策を学ぶ修士課程では、アジア・アフリカ・アメリカ・ヨーロッパ・中東・南米・中東からの学生による多様性のあるクラスだった。アフガン侵攻でPTSDになった兵士の兄弟がいるアメリカ人、「悪の枢軸」という自国の呼称を冗談交じりに話すシリア人、祖父が日本からの移民の日系三世のペルー人、虐殺から逃れる目的で留学経験のあるルワンダ人など、国際開発や世界の社会課題を学ぶのに適した環境だった。

　世界の縮図のようなクラスにおいて、多様な背景を持つクラスメートとの会話を通じ、これまで遠い世界のものと思っていた世界のニュースや社会課題が、一斉に「自分ごと」になった感覚を得た。「自分ごと化」とは、その情報が自分に関係あると思うことだ。

　ここまで、国や地域、企業、時代、個人が置かれた状況によって、社会・環境・経済に対する認識や文脈は異なるということを著者の事例を用いながら述べた。だからこそ、異なる文化背景をもつ人々のサステナビリティに対する認識は、それぞれに異なるはずだ。こうした違いを認識し、自分の当たり前を問い直していく姿勢は、サステナビリティをより深く理解するために必要だ。なぜなら、サステナビリティのことを考えることは、これまで当たり前だと思っていたビジネス慣習や快適な生活が、地球環境や異なる文化背景にある人々や、将来世代の人々の犠牲の上に成り立っていることを知ることが始まりだからだ。

サステナビリティを伝える

　本節では、著者がサステナビリティの仕事に関わり始めてからお会いし

た、企業、自治体、投資家、金融機関、教育機関、非営利団体、業界団体などの様々な方々との対話を振り返りながら、心掛けてきたことを二つの側面から述べる。一つ目は相手がサステナビリティに対して、個人や組織としてどう向き合っているかである。二つ目は相手が直面しているサステナビリティ課題において、どのような関係性に置かれているのかである。

どう向き合っているか ── 関心度合と実践状況

これまで接してきた方々の組織や役職ではなく、サステナビリティへの関心の有無と、実践状況の有無の組み合わせの4象限で分けてみたい（図参照）。この4分類をもう少し具体的に説明すると、次のようになる。

【分類1】「関心はあり、実践している」：サステナビリティに関する様々な課題に対する組織または個人による取組みに内発的な動機があり、既に何らかの活動を主体的に実践しているケース。さらに良くなるための助言や評価を必要としていることが多い。

【分類2】「関心はないが、実践している」：投資家や金融機関に言われたから、採用面接で評価があがるから、受験勉強にでるから、といった半ば外発的な理由をきっかけにサステナビリティに取り組んでいるケース。「なぜやるのか」の腹落ち感を必要としていることが多い。

【分類3】「関心はあるが、実践していない」：世の中のSDGsサステナビリティに関する風潮から、自分も何かやらなければならないが、何をしていいかわからない、または、資金・人材・情報がなくてできない、自分たちができることなどない、と考えているケース。「どうすればできるか」の情報を必要としていることが多い。

【分類4】「関心はなく、実践していない」：何らかの理由で「組織・個人に関係ないのでやらない・やりたくない」と考えているケース。このグループをさらに分けると「儲からない／お金の無駄である」「国連や政府は信用ならない」「欧米のルールに従いたくない」「SDGsや気候変動は疑わしい」「やらないとどうなるのかわからな

関心がある

【分類3】 関心は あるが、実践して いない	【分類1】 関心は あり、実践してい る
【分類4】 関心は なく、実践してい ない	【分類2】 関心は ないが、実践して いる

実践していない　　　　　　　　　　　　　　　　実践している

関心がない

図4　サステナビリティに対する関心と実践（出所：著者作成）

い」など様々な認識に分かれているが「なぜ」も「どうやって」も
両方必要としていることが多い。

　これまで、多くの場でお話しすることで、それぞれのグループによって、
話し方や事例を変えながら業務に取り組んできた。言うなれば、【分類2、
3、4】の状態にある企業や個人に対して、研修やワークショップなどの
様々な取り組みを通じて【分類1】の状態に近づけられるように活動して
きたと言っても間違いではない。

関係性を重視する ── ステークホルダー資本主義

　サステナビリティを伝えるために大事なのは、伝える相手が直面してい
るサステナビリティ課題において、そのステークホルダーとどのような関
係性に置かれているかだ。関係性を考えるためのキーワードに、2020年1
月のダボス会議の主題となった「ステークホルダー資本主義」がある。企
業は株主の利益を第一とするべきと考える「株主資本主義」の対義語で、
企業が従業員や取引先、顧客、地域社会といった重要なステークホルダー
の利益に配慮すべきだという考え方である。ステークホルダー資本主義が
注目されるようになったのは、米経済団体ビジネス・ラウンドテーブル
（BRT）が2019年8月に発表した声明[6]がきっかけだ。「顧客、従業員、

サプライヤー、地域社会、株主といったすべてのステークホルダーの利益のために会社を導くことをコミットする」という一文から始まる発表文には、各ステークホルダーに対する宣言（下記）が記載され、米大手の経営者ら約180人が署名した。

BRT の発表内容の骨子

（出所：BRT「Statement on the Purpose of a Corporation」から著者抜粋）

第１は顧客に対して価値を提供するという米国の伝統をさらに発展させること。 第２は従業員への投資で，公正な報酬の提供と重要な福利厚生を与え、変化へ対応するための教育・訓練などを支援し、多様性・一体性・尊厳・尊敬を醸成すること。 第３はサプライヤーと公正で倫理的な取引を実施し、良きパートナーとなるように尽くこと。 第４は企業活動が行なわれる地域社会を支援し、その人々を尊敬し、環境を保護すること。 第５は株主に対して長期的な価値を創造し，株主との透明で効果的なつながりをもつこと。

企業による顧客、従業員、サプライヤー、地域社会、株主へのこうしたコミットメントは、裏を返せばこれまでは配慮が十分ではなかったということを指す。サステナビリティに関する諸課題はその多くがステークホルダー間の関係性で、どちらかを立てるとどちらかが立たない状況によって発生したものだ（表１参照)。関係性のバランスが取れず、多くの場合、経済的、社会的に弱い立場にある側が犠牲となり、外部不経済が至るところで起きている。

ここまで、著者がサステナビリティについて対話する際に重視している二つの側面について述べた。サステナビリティに関する「関心度合と実践

---

［6］ Business Roundtable, Statement on the Purpose of a Corporation,
URL: https://s3.amazonaws.com/brt.org/2022.08.31-BRTStatementonthePurposeofaCorporationwithSignatures-compressed.pdf（2022/9/1アクセス）

表1　関係性別にみたサステナビリティの諸課題（出所：著者作成）

関係性の例	左の関係性における サステナビリティの諸課題
先進国企業と途上国企業	不当労働、劣悪な労働環境、児童労働
大企業と中小企業	下請法違反、サプライチェーン上の環境負荷・人権問題
経営者と従業員	低賃金労働、長時間労働、ハラスメント
上司と部下、男性と女性	ハラスメント、同一労働同一賃金、賃金格差、ジェンダー問題
企業と非営利団体	事業への不買運動・抗議活動
企業と消費者	消費者の安全・安心、消費者保護
企業と地域社会	事業に起因する環境汚染、地域資源の枯渇

状況」と「ステークホルダーとの関係性」の二つだ。何れかを読み違えてしまうと、どんなに丁寧な説明をしても、聞き手の理解が得られず、のれんに腕押しになってしまう。例えば、【分類4】で「関心はなく、実践していない」人に、スウェーデンの若手環境活動家グレタ゠トゥンベリさんがどのように活動を広げたのかといった話をしても「政治やビジネスのことをわかっていない子どもで生意気に聞こえる」といったネガティブな反応しかかえって来ない。

　94頁で取り上げたように、サステナビリティの概念そのものは海外で生まれ、国内に拡がったものだ。そのため、ステークホルダーとの関係性と、その関係性におけるサステナビリティの諸課題を理解するには、異なる文化背景への理解が求められる場面が多々ある。例えば、企業と従業員の労使関係について例をあげる。著者が過去勤務していた組織の在インド事務所では、現地の宗教に合わせ、ヒンズー教、イスラム教、キリスト教の3種類の祝祭日に合わせた休日設定がされていた。仮に日本国内での企業と従業員間での労使の話をするなら、宗教への配慮までなかなか気が回らないほうが多いだろう。日本とインドとでは、生活における宗教の影響度合

いが違うからだ。多様な関係性に加え、サステナビリティの諸課題の幅広さを鑑みれば、自らとは異なる基準や文化背景を持つ人と関係を築くための異文化間能力がサステナビリティの理解や実践の場で必要とされていると言っても過言ではないだろう。

さいごに ── サステナビリティの実践に向けて

　著者の仕事がサステナビリティのテーマが中心になったのは、世界でSDGsが議論されはじめた2014年ぐらいからだ。そのころはまだビジネスと紐づけたサステナビリティやSDGsに関する議論は今ほど多くなかった。先ほど示した4グループで示される【分類2、3、4】の人たちからは、「それって儲かるの」「中小企業でお金がないからできない」「従業員にどう伝え、実践したらよいかわからない」といった様々な質問を頂き、それに対して色々な回答を試みた。そうしたコミュニケーションを続けていくうちに、前節で述べたような「当たり前と思っていたことを問い直す」学びができるか、できないかが、個人がサステナビリティを理解するカギなのではないかと感じるようになってきた。

　シニア層の方からよく言われるのは「日本企業は昔から『三方よし』でビジネスをしてきたので、新たにサステナビリティとかESGと言い換えた取り組みがなぜ追加で必要なのか」というものだ。発言された方の関心や置かれている関係性には十分配慮しつつ、「今現在起きている異常気象や社会課題に目を向ければ、これまでの（三方よしの）取り組みでは不足していた側面があったのではないでしょうか」と問い直すかたちでお伝えすることが多い。

　一般的に、人は「やらされ感」が強いとものごとが長続きしない。または本来見込んでいた効果が薄れてしまう。投資家や経営層に言われて、サステナビリティに取り組むケースもまだまだ多いなか、「なぜ取り組むのか」を考え、腹落ちすることが継続してサステナビリティに取り組むためには欠かせない。

　これまでの著者の仕事を振り返ると、「やらないと将来大変なことにな

りますよ」と、ややリスクを煽る話し方をすることが多かった。最近では
このロジックを少し修正するように心掛けている。煽ることなく、組織や
個人のサステナブルな行動変容を促すには、強制的ではない気付きが必要
だ。そして、その気付きを行動に孵化させるカギは、自らとは異なる基準
や文化背景を持つ人と関係性を築こうとする内発的な姿勢ではないだろう
か。その内発性が生まれるきっかけは人によって様々だが、異文化経験に
よる気づきはその一つになり得るものだろう。

　「サステナビリティ」を理解し、腹落ちし、様々な関係性の中でその取
り組みを実践していくには、自らとは異なる基準や文化背景を持つ人と関
係を築くことができる異文化間能力は必要不可欠なスキルになるはずだ。

第8章　日露異文化調整能力

青木オリガ（織雅）

私と日本のエピソード

　皆さんは、「ロシア」についてどのようなイメージを持っているでしょうか？

　「ロシア」という言葉と聞いてどのような事が頭に浮かんでくるでしょうか？

　「私が、ロシアから来た」事を日本人が知ったとき、ロシアは「寒いでしょう！」、「お酒はウオッカ、料理はボルシチ、ピロシキ」、お土産は「マトリョーシカ」、芸術は「バレエ」、「クラッシック音楽・文学」等、それに「女性は美人が多い」と知っている限りの情報を言ってくれます。それを聞く度に、説明をしたくなるのです。「ロシアは、とても広い国です。寒いところも暖かいところもあります。」

　例えば、私が住んでいた町は、夏は気温が36℃以上にもなります。しかし、海から遠く離れているので、日本ほど蒸し暑くないのです。特に最近は地球温暖化の影響か異常な天気が続くようになってきて、気温は平年より暖かいのです。しかも寒い季節の間は、どこの家にもセントラル暖房があって、家の中はポッカポッカの36℃の時もあります。

　さらにロシア人は、全員がウオッカを飲むわけではないのです。昔から「ウオッカは美味しい！」とロシア人が言うのを聞いたことがないのです。ウオッカは、「アルコール度が高い」とか「キツイ」お酒に相応しい修飾語だと思います。お酒の飲み方の特徴もありますので、本章で後程それについて説明します。ボルシチやピロシキ以外にも美味しく、日本人の口に合う料理が沢山あります。音楽もバレエやクラシック音楽だけに留まって

ないのです。現代音楽が、日本になかなか入ってこないのは本当に残念です。

ところで、なぜ私が日本に来たのか申し上げます。

私は、ロシアの国立大学で教育と心理学を学んだ後、修士を取る為に留学を考えました。ドイツにいる友人の家族と1か月間ホームステイをして、当時分かった事は、ドイツではロシア語をしゃべる人が多く、私がドイツに居ても役に立たないと感じたことです。直ぐにロシアに帰り「一体私は、何がしたいのか？」と悩み始めました。

正に悩んでいた最中にテレビで日本についてのニュースが流れて、食い入るように見て頭に稲妻が走りました。「そうか！日本だ！きっと、日本にはロシア人が少なく、私が役に立つ！貢献できる場があるはず！」とはっきりと自分の使命を勝手に決めました。

留学生として来日し、「役に立ちたい！」という気持ちが強く、日本語を勉強しながら、電気店でアルバイトもし始めました。

日本語学校で学んだ単語やフレーズを早速日本人スタッフと使いこなすように練習し、お店に来たお客さんとも商品を通じてコミュニケーションを取れました。日本製品を求めて来店頂いたお客さん達は旧ソ連の人が多く、私がロシア語で対応し、安心して頂けました。

そこでは、商品の説明だけでなく、道の案内、日本の文化や日本人の国民性の特徴、日本についての質問や疑問に答えていました。日本に行くと決めた「使命感」と「日本に来て良かった！」との安堵感で報われたと思っていました。

無事に上智大学大学院に入り、博士前期課程を修了しました。現在、日本でロシア語の教師として働いています。

これまで外務省・内閣府・経済産業省・防衛省等各省庁・各都道府県警察本部・JAXA（宇宙航空研究開発機構）・自衛隊・大手の日本企業の代表者の研修等のロシア語講師として、ロシア語教育を通じて「異文化教育」の一端を担い、実践に努めています。

私の今住んでいる町は、お年寄りの隣人と仲良く暮らしてますし、地区の班長もやり、また学校のPTAの役員も、（初めてのことが多く）戸惑いながらもやってきました。

日本で生きる為に、冠婚葬祭等に参列したりして日本の商慣習を体験し、できる限り日本の風俗習慣を学ぶよう心がけています。日本語の知識を増やす為、日本の諺や俳句・百人一首を勉強もしました。そこで、諺からロシアの諺に似ている内容もあると気づきました。国の諺を勉強することは、その国民の考え方の理解への近道だと思います。

　長くなるため、諺についての詳しい話は別にしておいて、大好きな日本の諺を３つだけ紹介したいと思います。

① 　千里の道も一歩から
② 　猿も木から落ちる
③ 　笑う門には福来る

　気づいたら、この３つの諺の内容に従って、今に至っております。

　最初の諺の喩えについては、現在私が生活している町は生まれ育った環境ではないので、私にとっての外国である日本で行動するには勇気が必要です。何事も一歩を踏み出さないと、何も変わらないとの思いから、たとえ恥ずかしくても、怖くても、嫌でも、必要があれば、先ずは一歩踏み出さねばなりません。

　次の諺の喩えについて、私は、ロシア国立大学で教員免許を習得し、長年にわたって、「教える立場」という経験を積み重ねてきました事で、「ミスをしない」ということを心がけていますが、万が一間違ってしまったら、一切落ち込まないことにしています。

　人間だから誰でもミスをする。猿だって、木からも落ちる時もある！

　ロシアでも日本でも間違ってしまったら → 認める → すぐ直す！　同じミスを二度としないよう気を付ける。人の命に関わらなければ、周りの人にあまり迷惑かけなければ、間違っても良い。間違いからたくさん学ぶこともあります。

　今、自分が間違っていることを気付かなくても、後々自分を責めない。その時に「この行動を正しい！」と思っていたからです。

　最後の諺の喩えについては、私は日本人が表に感情を出さないと理解していますが、その一方でロシア人と同じく、皆さん冗談好きだと気づきました。レッスンの時にも良くジョークを言うようにします。なぜなら、受講生にとって大事な人生の一日の中の１時間〜２時間（６時間の時もあり

ます）の勉強タイムで険しい顔して、「難しいロシア語」を学ぶよりも、ユーモアを交えて笑いながら「難しいロシア語」を勉強したほうが良いからです。

こう言ったユーモア、思いやり、優しさは困難な状況でも生き残るのに役立つことだと思います。

ロシア人のイメージやロシア語の学習者

さて、日本人はロシア人の国民性についてどう思うのでしょうか？

ともすると、「ロシア人の見た目は、暗く、不機嫌で、不愛想」とちょっと残念な回答が聞こえてきそうです。

繰り返しますが、私は、日本人にロシア語を教えています。

では、日本人のどういう人が、ロシア語を勉強しようとしているのでしょうか？

10年前くらいですと、私の受講生はロシアのバレエ、フィギュアスケート、ロシアのクラシック文学、クラシック音楽の愛好家でした。ロシアに興味のある旅行者も多かったのです。また近隣の外国として、未知で「怖い・恐（ろしあ）」ロシアに興味を持っていた人々でした。特に、大企業の若いビジネスマン達で会社方針の為、彼らにとって「怖い」ロシアに、2〜3年間も単身赴任して働かざるを得なかったのです。その為に恐る恐るロシア語の学習に励んでいました。

では、現在、日本人のどういう人がロシア語を学ぶのでしょうか？

現在の人たちは、ロシアからすでに無事に帰国したビジネスマン達の後輩にあたる従業員達です。先輩のロシア生活の経験のおかげで、大国ロシアの「怖い」というイメージが全く無く、今はロシアへの出張を楽しみにしているようです。時々私は、ロシア語試験官の仕事もするなかで、ロシアに2年間滞在していたようなビジネスマンのロシア語のレベルのチェックもします。試験の終わりに、いつも同じ質問をします。「再びロシアに住んで働きたいですか？」と聞くと、幸いなことに、概ね同じ答えが返ってきます。「はい！是非！」、「もちろんです！ロシアが大好きです！」、

「子供たちにもロシアに住んでほしいです！」と言う人もいます。彼らが子供たちと一緒に私の国に行くことを恐れないのはなんと嬉しいことでしょう。ロシア人と協力して一緒に働くことができるのです。

　ロシア滞在経験者にロシア人のイメージを聞くと、「ロシア人と知り合って、仲良くしていたら、ロシア人は親切、思いやりがあり、勤勉家、信頼でき、誠実で陽気な人々が多いのです」と答えてくれます。コロナ・パンデミックなどの問題の為に残念な事は、ロシアへの旅行者の数が減少したことです。

　しかしながら、企業間でのビジネス協力は続いています。近年、大企業のロシア語研修を受ける従業員の数は増加しています。さまざまな経済制裁、政治的な問題、パンデミックにもかかわらず、日本人とロシア人はお互いに協力し、友好関係を保ちながら仕事をしています。

ロシア人の日本人のイメージ

　因みに、ロシア人は日本人についてどう思うのでしょうか？

　つまり、日本という国との関連する言葉を聞くと、たいてい以下の回答が返ってきたりします。

　「日出ずる国、さくら、着物、寿司、海苔巻き（寿司ロール）、麺、わさび、生姜、お箸、酒、マンガ、アニメ、漢字、エキゾチック、皇帝、お辞儀、侍、刀、腹切り、芸者、忍者、テクニック、トヨタ、テクノロジー、ロボット、相撲、柔道、空手、富士山、津波、禅、竹、蓮、折り紙」

こういうイメージを持っています。

　さて、ロシア人は日本の国民性についてどう考えているのでしょうか？

　もちろん、すべては個人差や性格の違いに関係していることとも言えますが、「国民性」の理論を無視して排除することはできません。国民性には共通の特質があるかとも思います。典型的なロシア人の回答は、以下のようなイメージがあると思います。

　「日本人は礼儀正しく、謙虚で、法を順守し、時間厳守で、責任感があり、性格は真面目、清潔で、勤勉です。日本人は、自分に非がなくても

『すみません』と誤り、信頼でき、おもいやりがあり、『もてなし精神』を持つ国民」

　ロシア人は、大抵が日本人のことを大好きです。日本人であることを誇りに思って、自慢できそうですよ。ところが、一緒に作業してみると、異なる習慣や価値観にぶつかることもあり得ます。それを理解し、お互いに協同して対応していくことが、必要不可欠だと思います。

ロシア人に対しての面接調査

　これまでの内容を踏まえて、ここからは、私が以前に行った面接調査（「日本における日本企業および大学に勤務するロシア人から見た、日本人との異文化接触上の問題についての事例」ボロニコーバ・オリガ、2007）の結果を紹介したいと思います。

　ここでの調査とは、日本で働く複数のロシア人に調査の協力を得て、「日本人と一緒に仕事をする中で、その言動からどんな誤解や考え方の違いがあったと考えるか」といった問いに答えてもらったものです。このような異文化接触上の事例を紹介し、文化に関連した諸問題を説明してみたいと思います。さらに、日本人との異文化接触上の問題解決に必要とされる異文化調整能力の育成が、どのようなものであるのかも探ることとしたいと思います。

　結果の解釈のためには、実際の面接で得られた一つひとつの事例を具体的にどのようなものがあるかを外延[1]的とし、共通な性質を指す事で内包[2]的に解釈をしました。

　調査事例を「外延的」および「内包的」に分けた解釈により、ロシア人と日本人との異文化接触の捉え方も理解することができました。とりわけ、ロシア人は、日本人と接触をしながら実態を外延的に捉えてしまい、実態

---

[1]　ある概念の適用されるべき事物の範囲。例えば、金属という概念の外延は金・銀・銅・鉄などである。⇔ 内包（新村、1998『広辞苑』）
[2]　概念の適応される範囲（外延）に属する諸事物が共通に有する性質の全体。形式論理学上は、内包と外延とは、反対の方向に増減する。（新村、1998『広辞苑』）

の内包的な捉え方もあることが理解できないため、誤解を起こす原因になる事が明らかになりました。下記、1～5の事例で考察を進めたいと思います。

事例1　酒の飲み方「一人で飲む」

《日本人の一人暮らしのスタッフたちから「家でよくお酒を飲んでいるの？」、又は「ウオッカをよく飲んでいる？」と聞かれたことがありますが、日本人が家で一人酒をしていることに驚きました。一人でお酒を飲むのは、何の楽しみがあるのでしょうか。私には、そのことに対し、ほとんど理解できません。》

【内容の分類】

外延：宴会（一人で飲まないロシア人）、内包：慣習の違い

【解釈】

ロシア人の中では、一人、家でお酒を飲んでいる人は、アルコール依存症患者であり、とても恥ずかしいことと思われています。

むしろロシア人は、家で一人酒をやるという習慣がないのです。

お酒は、お祭りの飲み物であり又、何人か集まって、楽しく過ごす時間のためにあります。又、大きい買い物をしたことを、祝って酒を飲む文化である「обмыть／アブムィーティ」があり、そのときでも、ウオッカを飲むのではなく、ビールかワインがよく飲まれています。

事例2　食事のマナー「音について」

《日本人と同席して気づくことがあります。それは、食事中に於いて、むしゃむしゃ食べる音が聞こえてきたり又、ラーメンや、コーヒーを「ずるずる」と音を立てて飲んだり食べたりする人も多いのです。飲み物を「ごくごく」と飲むのは日本人にとって「おいしい飲み方」として「広告でも」使われています。ロシアでは、「むしゃむしゃ」の食べ方、「ずるずる」・「ごくごく」の飲み方は、他人に迷惑かけるマナーなので、良くないと思われています。日本人の食事の時、いろんな音が出るので最初はすごく嫌でしたが、気にならないように自分の考えを変え、日本人に合わせるようにしました。

今では、私も音を気にすること無しで食事をすることができました。》

【内容の分類】

外延：食事のマナー、内包：個人と集団

【解釈】

国によって、心地良い音、何かを知らされる音等、同じ音でもうるさく感じられたり、気分を害したりする音があります。

日本では、別におかしくない、普通に思える音が、ロシアでは、悪いマナーであり、相手の気分を害して失礼になることもあります。日本人は、子供のときからみんなと一緒に食べているので、食べるときの音・飲むときの音に対し、あまり気にしないようです。

飲食の時、ロシア人は、文化的な摩擦をさける為に、日常化された日本人のマナーを理解する包容力が必要であると考えられます。

事例3　激励言葉「頑張って」

《日本人は「頑張って」という言葉を、よく使っています。私はロシア語の「努力しなさい」という意味として捉えてしまい、その言葉はロシア人としては、日常でいちいち使う言葉ではないと考えていました。ロシアでは「頑張って」という言葉は、例えば、お母さんが、期待を込めて子供に言う事が多いのです。私に対して同僚が「頑張って下さいね」と言われた時、少し不安になりました。

「私が頑張っていないことを思われているのではないか」という事に結構悩まされました。会社の一番親しい日本人スタッフに意味を聞いて、安心しました。日本人の「頑張って」は、挨拶のように使われていることが分かりました。もちろん、たまには、相手に対して期待を込めて言う人もいますが、ほとんどその意味では使われていない事が分かりました。最近私も、相手に対しての挨拶言葉で、友人との別れぎわに「頑張ってね」と軽い気持ちで言えるようになりました。又、日本人の中で自分に対しての自問自答として「頑張るぞ」や「頑張る！」という気合言葉を耳にするようになりました。それは多分、成功するように気合を入れることにより、努力を短期的に集中してするためだと感じるようになりました。日本人の中にあって、この言葉が、一番よく使われていると思います。》

【内容の分類】

外延：言語的誤解、内包：慣習の違い

【解釈】

日本人の間では、「頑張るぞ」や「頑張る」という気合言葉は、物事に意識的に集中するための言葉であると思われます。ロシア人は、赤ちゃんの時からきれいなお伽話で育てられています。例えば、民話の「イワンのばか」にはいつも「自ら頑張るのではなく」、誰かが助けてくれたり、魔法のおかげで良くなってきたりします。例えばロシア正教の文脈でも、キリストの慈悲と恵みを信じているゆえの運命の確信についていわれています。

したがって、ロシア人の中では、「頑張るぞ」といういわゆる気合言葉は無く、寧ろ「幸運」を無意識で信じている人が多いと考えられます。

一方日本人は、「自分の実力」のみでしか成功に近づくことがありえないと思われているため、言葉で「頑張る」をよく使っているようです。

事例4　冷静の相違

《日本人は、ロシア人より控え目で、冷静だと思います。日本は、国土が狭い割に多くの人口が住んでいることから、規律を重んじ、整然とする事を慣習化しています。それは、ちょっとした事でお互いに怒らないようにしているのが、日本人の生活習慣の特徴だと思います。ロシア人は、つまらないことで他人に対して怒ったり、よく問題にしてしまうのです。私は、日本人のように下らないことを問題にしない態度を見習いたいです。》

【内容の分類】

外延：日本人の性格、内包：国民性の相違

【解釈】

「冷静の相違」においての解釈は、「事例4：冷静の相違」～「事例5：忍耐力」の解釈を含めての考察として、以下の通りまとめて記述します。

事例5　忍耐力について

《日本人は、同じ仕事をよく続けられるように見受けられます。それは、単純作業とは違います。むしろ、仕事に集中できる事に対し、私は尊敬し

ていますし、それを日本人から体得したいのです。又、私は、日本人の気質である几帳面さ・義務性・法律を守る正確さ・職務上の熱心さが好きです。》

【内容の分類】

外延：日本人の性格、内包：国民性の相違

【「事例4：冷静の相違」～「事例5：忍耐力」の合わせた解釈】

「冷静」は、ロシア語で直訳すると「冷たい血」になります。一般のロシア人と比べると、日本人は概ねトラブルなどの時、落ち着いた行動をしているように見えます。

ロシア人から見た日本人は、冷静な性格の持ち主と思われており、とりわけ、冷静な判断を普段の生活から下しているように思えます。

象徴的な例を一つ紹介したく思います。それは、人類の代表者とも言える宇宙飛行士の性格特性に必要不可欠な特徴の1つでもあります。顕著な例としては、日本人宇宙飛行士の若田光一さんです。

若田さんは、乗組員であるアメリカ人とロシア人に交じって国際宇宙ステーション（ISS）の重要な役割である責任者としてのコマンダー（船長）に任命された宇宙飛行士です。特に平和で友好的な関係を維持する為に、冷静な性格のお陰で、ロシア人飛行士とアメリカ人飛行士との間をとりもって、「和」を保つ事が出来たのです。もちろん、宇宙ステーションで異常事態が起きた場合でも、状況を明確に把握し、正しい判断を下し、迅速に行動する言動ができるのは、冷静さによるものです。

日本人の性格の形成には、学校生活での役割が大きいと考えることができます。例えば、日本では明治以来、学習の結果は「知識・技能・態度」に分けて評価されてきましたが、現代では、「観点別評価」として「関心・意欲・態度」、「思考・判断」、「技能・表現」、「知識・理解」と4つの観点から評価することになっています。一方、ロシアでは、成績表の一番は「知識」、二番目に「品行」、最後は「出席」という3つに分かれています。品行が悪くても、且つ出席日数が足らなくても、知識が高ければ良い大学に入れます。

頭が良いが品行は悪くても、それは、その人のユニークさで救われるのです。ロシアでは、品行や学校の欠席日数が多い等のことはある程度無視

されます。社会人になってから、人に対して怒ったり、義務性が（日本人より）欠けていたり、注意散漫さが多いのは、むしろロシア人の品行問題であり、学校教育の特徴であるかとも考えられます。

　各事例の全体をあらためて眺めると、分析の結果、上記で述べたように外延的な分類は、「宴会（一人で飲まないロシア人）、食事のマナー、言語的誤解、日本人の性格」に分けることができました。事例についての内包的な分類は、「慣習の違い、個人と集団、国民性の相違」と分けることができました。

　これらの分類に基づけば、異文化間の調整能力を育成するために重要な要因は、「人間関係の構築」と「チームワークの構築」の関係志向の方法であると考えられます。「集団」に関する異文化教育という特別な環境においては、チームワークを強化するためにも、協力関係を築き、それを維持し、信頼を高める必要があります。これを行うには、職場の従業員の意見を聞く、情報を共有する、言葉と行動を一致させる、責任ある権限を委任するなど、さまざまな方法がありますが、それぞれを適切に使用する必要があります。

　言動的な学習課題としては、教育的な観点から、誰かの言葉や行動から学習することがあげられます。とりわけ、日本人の社員やロシア人の従業員のやり方を観察し、自ら習い、身に付け、真似をしながら事をすすめることが大事です。学ぼうという意識を持つことが大切になってくると思います。

　世界各国には色々な国民がいますし、ロシアにも考え方が偏った人もいます。

　皆が皆同じ考え方を持つことではなく、動揺せずに、落ち込まずに、前向きに、時によってはユーモアを使って、前に進みましょう！

おわりに

　異文化調整能力は、国際宇宙ステーションの宇宙飛行士間の優れた関係のあり方からも学ぶ事が出来ます。

この章を宇宙飛行士、ユーリイ・ガガーリンの言葉で締めくくりたいと
思います。

　　「地球を遠くから見ると、地球は紛争には小さすぎ、協力には十分な大
　　きさであることが分かります。」

引用文献

・ボロニコーバ・オリガ（2007）．日本における日本企業および大学に勤務するロシア
　人から見た日本人との異文化接触上の問題についての事例　上智大学大学院教育学研
　究科2007年度修士論文

多国籍企業での勤務経験から見えること

白井圭以子

　私は自分の人生経験から、異文化との関係で問われること、それは結局「人となり、つまり自分自身の性質や人柄」だと考える。私は長期の海外経験はないが、粧業品などを扱う多国籍企業での勤務経験や、学生時代から外国人との交流を多くしてきた。その中で、多国籍で様々な文化が混在する環境下で実力を発揮する人々に共通の態度があることを感じ、多国籍なメンバーが実力を発揮できる環境を経験してきた。それらの経験を通じ、異文化接触において重視していることを下記に3つ紹介したい。

　①　人として信頼できる人物であること

　仕事に対する責任感や真摯な姿勢はもちろんのこと、人への気遣いなども含めた基本的な人となりが問われるので、結局は人と人との関係であると感じている。信頼ができる人物であるかどうかで関係が変化する。私が多国籍企業で出会ったグローバルチームの責任者たちは、国籍も様々でスタイルも色々なタイプがあったが、共通善のようなものがあり、人として懐が深く部下への配慮や感謝を忘れず、多くの部下からの尊敬の対象であることが多かった。その信頼関係は10年以上経っても続いており、リーダーが来日すると喜んで皆集まるのである。

　②　異なるものへの寛容さと楽しむ視点を持つこと

　文化が異なることからくるチャレンジはあるが、拒絶や排除をするのではなく、互いに刺激を受けたり、自分の世界の広がりを感じられたりというような楽しむ視点を持つことで、より好ましい関係が築けることがある。９ヶ国出身のメンバーでチームが構成されていた時、リラックスできる環境下でお互いを理解するチームビルディングを折に触れて行い、仕事でのチームワーク向上を試みていた。

　③　適度な好奇心と自分の態度ややり方を相手に合わせて調整するこ

と

　相手のやり方・見方に興味を持ち、受け入れて、自分のやり方を少し相手に受け入れられやすいように合わせることは効果的である。例えば、ビジネスの現場ではメールの書き方が分かりやすい。日本の定型文をそのまま英語に直訳したような長文メールは意味が分からなくなることが多くある。英語でメールを書く時には、相手の書き方に合わせ、言いたいことがすぐ伝わるようにしている。日本企業の海外オフィスや日本企業に長く勤める外国人メンバーから、逆に日本の丁寧さに合わせている事が明確な英語のメールを受け取ることもある。これらは、互いが相手の文化の様式を念頭に置きながら、自分の行動を調整している良い例であろう。

　多国籍企業内やグローバルに展開する企業に限らず、社会の多様性に対応する上でも、このような態度や工夫が重要であると考えられる。

飯田竜一

　簡単に自己紹介をしますと、20年ぐらいインターネットプラットフォー
ム最大手に働いていました。10年営業や事業企画などの事業側で仕事をし、
10年ぐらい人事、採用、教育、労務など人事のゼネラリストとして仕事を
しています。2019年〜2021年にかけて University of CHICAGO BOOTH
BUSINESS SCHOOL（シカゴ大学ブース・スクール・オブ・ビジネス）
を、仕事をしながら卒業をしました。そこで感じた人事としての視点をお
話しできればと思います。

Chicago Booth を目指した理由

　一言でいうと、海外の特にアメリカの TOP MBA ってなんかかっこい
いな、目指せるなら行きたいと思っていました。TOP MBA というと
Harvard、Stanford とかが有名ですが、いわゆるランキングや評判が高い
MBA があります。Chicago Booth も2020年 No1を取得しているので、
TOP MBA の一角になります。
　憧れくらいの気持ちがないと正直スタートするのも腰も重く、挑戦しな
い理由のほうがたくさんありました。「そこまで大金も、時間もかけてな
んで行くの？」といわれると、突き詰めると憧れでしかなかったと思いま
す。ちょっと想像すると、大企業の管理職で家族もいて、まだまだ自分の
持ち場で活躍できる場が用意されているのに、わざわざ勉強しにまで行く
のか？という質問をいただくこともありました。いくつか理由はあります
が、憧れがあったというのが一番の答えだと思います。
　もう少し現実的な動機で言うと、どのように企業経営をす“べき”なの

123

かについて、人事を生業とするのであれば経営に対しての深い知識を持たないと行き詰まると思うようになりました。経営学を学ぶのみであれば日本の MBA に通うか、本を読んでも実現可能だったと思います。自分の性格としても強制的に勉強させられる環境で、体系的に学べる大学院進学（MBA）を結果的に決断しました。MBA はアメリカから始まり、今では世界中の多くの大学で教えられています。もちろん、日本にもあります。ただ歴史や評判、教授陣やクラスメートを考えると、アメリカの TOP クラスの大学は魅力的に感じました。私の場合、会社から行けといわれたわけでも、人から勧められたわけでもありません。周囲で取得してよかったと聞いたということもありません。「ただ行きたかったから行った」というのが私の動機でした。

シカゴ大学ブースビジネススクール エグゼクティブ MBA

　私が選んだのは社会人経験が平均10年以上あり、平均年齢も40歳くらいのプロフェッショナルが通う Executive MBA を考えていました。その中で、圧倒的に "厳しい（rigorous）" EMBA が Chicago Booth でした。大学の周辺に居住し、学校に通いながらの MBA と同じ勉強量を、働きながら6週間に1度1週間の授業の中でこなすコースなので、"世界で一番ハードな MBA" といわれていました。

　もう少しシカゴ大学ブースビジネススクールのプログラムでの生活を紹介させてください。1回の授業が1週間ありまして、21か月で計15回ほどシカゴ、ロンドン、香港に行きます。例えば5月第1週に授業があると、6月第2週に次の授業があります。この授業と授業の間に、予習とテスト対策（次の授業の初日は毎回テストが行われます）、そして自分の通常の職業をこなしていきます。予習の量はテキスト2冊から3冊、授業で使う記事を20〜30種類（1週間分）、ケースを使う場合はケースの読み込みも必要です。平日は1日2時間、週末は5時間以上勉強しても正直全く終わりませんでした。さらにそれが2科目あるわけです。ちなみに、通常の MBA コースはもちろん働きながらではなく、2年間で卒業します。この

通常の MBA と単位数や試験の難易度は全く同じであることから、世界一過酷なプログラムといわれています。ただでさえ過酷な MBA を、自分の仕事で働きながら取得するのは本当に大変です。

　学校のある1週間の予定としては、月曜日テスト（3時間×2）、火曜日〜土曜日上記の授業、そして土曜日の夜にみんなとパーティをします。翌日から一緒に旅行に行くなどもありますが、日曜日はとりあえず帰国して、泥のように眠りました。

　1日の始まりは、ホテルからのバスで始まります。朝食がキャンパスで提供されるので、朝ホテルからキャンパスに行き、クラスメートたちと一緒に食事を共にします。香港キャンパスの場合、主要なホテルからキャンパスまで大学のバスを走らせてくれるので、クラスメートと一緒にバスにのってキャンパスに行きます。ロンドンとシカゴは町中なので、ホテルからの人は歩いて行けるのですが、香港だけはものすごい景色のいい場所にあり、周囲には何もありません。そのため、バスがチャーターされています。朝食が終わると、9：00〜12：00が授業です。途中休憩があり軽食が提供されます。飲み物やスナック、軽食は常に提供されていて、できる限り勉強に集中できる環境が用意されています。授業が終わると、昼食の時間になります。昼食時間が2時間あるのですが、この間にキャリアセッションや、クラスメートによる自分たちの仕事紹介やちょっとしたイベント（クリスマスプレゼント交換など）が行われます。2時からもう一つの授業が始まります。5時から授業の補講が毎回開かれて、Teaching Assistant が違った角度から授業内を復習してくれます。18時からは夕食とグループワークがスタートします。グループワークは毎日翌日の授業開始前までに提出をするのが締め切りです。6人1組で、1部屋（スタディルーム）が割り当てられまして、一緒にワークをしていきます。例えば、私の最初のグループは、メキシコ系アメリカ人、アメリカに移住してきた中国人、シンガポールに移住した韓国人、オーストリア人、イギリス在住のドイツ人と私でした。課題は簡単なものでもだいたい2時間から3時間はかかります。それが2科目毎日取り組むことになりますし、最長で夜中の4時まで取り組んでいたことがあります。課題が終わってからクラスメートとバーに出かけて、夜中に帰ってきては、次の日がスタートをします。

ちなみに、クラスメートは全世界55か国（過去も含めると150か国以上）から参加しており、2割くらいがCxO（Chief Executive Officer（日本でいうと社長や会長）、Chief Financial Officer（財務担当役員））、医者、弁護士、空軍のパイロット、大企業の幹部など多種多様でかつ、すでに成功している人ばかりです。

　教授の皆さんについてももう少しご紹介します。世界で一番ノーベル経済学賞受賞者を輩出している大学であるため、現役の受賞者もいます。行動経済学で受賞したリチャード・セーラーは、我々（EMBA）の授業でしか教えていません。また、元インド中央銀行総裁、IMFチーフエコノミストのラグー・ラジャンなど有名経済学者がおり、出身国もアメリカ、インド、イタリア、韓国、イギリス、スウェーデンなど様々でした。

MBA に通って感じたこと

　実際に想像した以上に厳しい期間になりました。勉強に関しては、容赦がありません。ちょっとわかった気になるくらいでは解けないようなテスト問題が出されるので、ちゃんと理解しないと点数を取れません。

　世界的に認められている理論を徹底的に2年間勉強することで、経営学で基礎となっている原理原則を学ぶことができます。世界的に共通に理解されている理論を理解できたことは、自信になりました。教授陣はもちろんのことクラスメートたちもすでに成功者ばかりです。彼らでさえ苦労しながら勉強していました。そういうのを見ているときに、彼らでさえもつらいと感じるのだなと、自分の中の相対観みたいなのができたのは良かったです。例えば、名物の財務戦略の授業があります。教授はノーベル経済学賞の選定委員をしているスウェーデン大学の教授でした。生徒は金融の専門家といわれるような人がたくさん参加しているのですが、8時間以上私のグループでも議論して、出した結論が全くの見当違いであった時に、その金融の専門家たちさえも絶句している姿がありました。リーダーシップや人事の授業もあるのですが、中身は人事の専門家が見ても大変レベルの高いものでした。

MBA は運転免許証？

アメリカで一般的に言われる MBA について少し説明をさせてください。Master of Business Administration 経営学修士という学位です。プログラムの内容など独自の評価をしている機関もありますが、いわゆる大学院卒業の学位です。コースも１年間から２年間、毎日学校に通い卒業をするコースから、パートタイムという週末や月に１回通うタイプのコース、オンラインのみのコースなど多岐にわたります。日本人の私にとって少しわかりにくいのが、この EMBA に参加している約６割が修士号をもっていて、２割強の人が博士号を持ったうえで参加しているということです。自分の専門性に加えて経営について学びに来ています。

MBA はアメリカでは運転免許証といわれてます。例えば、アメリカの上場企業の役員の40％ぐらいが MBA を持っているといわれます。運転免許証といわれるには二つの意味があると考えています。一つは、誰もが持っているものということ。もう一つは、公道をビジネスをする場所だと仮定してみると、安全運転するには学んどいたほうがいいというビジネスの免許証だと考えることもできます。

小さな差が大きな結果の違いを生む領域は
"報酬"も高くなる

MBA を通じて感じたことは、"マネジメント"は一つのプロフェッショナルな領域であるということです。プロフェッショナルな領域は何かというと、小さな差が大きな差を生む領域のことだと私は考えています。それは、野球選手のようにものすごい年俸をもらう人はよく見られると思います。プロの選手といっても、日本のプロ野球では数百万円から、数億円まで100倍くらいの差があるわけです。同じプロ野球選手たちの中では差があるが全人口の中から見たらほとんど微差でしかないことが、ものすごい報酬差になります。これをプロフェッショナルな領域だと私は考えてい

ます。

　ちょっとした差が大きな差となるのはビジネスの世界でも起こりますし、マネジメントする人たちにも同様に起こります。一例は、欧米の企業のCEO は莫大な報酬を得ていることをご存知の方も多いでしょう。また、GAFAM（Google、Amazon、Facebook、Apple、Microsoft）のうち 2 社は、創業者ではないインド人の社長が務めています。Microsoft のナデラさんは、Chicago Booth を卒業されています。日本では最近コンサルタントや外資系金融機関の投資銀行の方々がかなり高い報酬を得ています。また起業家の方々も報酬としてはちょっと異なる形ですが、高い報酬を得ることもあります。つまり小さな差に見えることが大きな結果をもたらすとき、少しでも優秀な方々を獲得するインセンティブが、雇う側に働きます。いわゆる市場原理が働いていると考えられます。

　昨今日本の報酬水準が世界の様々な国に抜かれ、さらに差が開いているといわれるようになりました。この現象はいろんな原因から起きているので、正解があるわけでないでしょう。ただ、少しの差が大きな差を生む、ということがあまり多く見受けられないのも、日本が置かれている労働市場としてはあるようにも思います。

日本では MBA は一般化しない？

　日本では MBA が必要か不要かという議論は良く耳にすることがあります。一般的な説明で聞かれることは、メンバーシップ型の雇用形態のため部署異動を通じて、（ひとつの会社の中で）様々な会社の機能を学ぶことができるというものです。もう一つは、現実に起こっている戦略実行や課題解決の経験を重んじているということもよく聞かれます。これはすべての理由ではないかもしれませんが、両方とも原因になりえると考えます。

　メンバーシップ型の雇用は、確かに異動した人に多くのことを学ばせる機会となります。また、その会社の中の理屈や考え方を学ぶことができるため、他の会社とは異なる人材を育成することができ、競争力の源泉になることでもあります。少なくとも1970、80年代はそうだったと思います。

一方で、研究開発や法務など専門性が求められていく分野では、社内の異動を実現することが難しいことや、育成に時間がかかること、自社の独自の企業風土に合った専門家は中途採用では人材獲得が困難という課題もあります。

一つ一つの現場で起こる事象や対応策を大切にすることは、ビジネスにおいてはとても重要なことです。独自の企業風土や仕事の進め方があることで、それが会社の成長の助けになることがあります。一方で徹底的にその強みを研究し、理論化することで再現性を高めたり、別の革新的な手法を見つけることができたりします。

MBA は経営学修士ですので、経営やビジネスにおける理論を体系的に学ぶことで基礎的な共通言語を習得しているにすぎません。そのため、MBA を取得するだけでは実際のビジネスの問題に対応できるようにはなりません。実際に組織の中で成果を出すためには、経験に基づくビジネススキルも当然重要です。経験に基づくスキルに加えて経営に関する共通言語を持つことで、様々な企業や職業において"互換性"を持つことになります。つまり悪く言えば取り換えが可能ですが、よく言えば企業からすると外部調達が可能であり、個人も仕事が見つけやすくなるわけです。

これは"卵が先か鶏が先か"という議論になりますが、この共通言語を持つことで互換性が増すため、個人としてはチャンスが広がることにもなりますし、雇用主としても経営言語を理解している人材を雇いやすくなります。結果 MBA を取得した個人が機会を得られるので、個人にとっても MBA 獲得のインセンティブが高くなると考えられます。必ずしもすべての場合に当てはまるわけではありませんが、日本ではこういったインセンティブが上記二つの理由からも働きにくい状況になっていると感じています。

人事担当者が MBA を取ることで得られること

人事の役割は経営サポートと経営改善が役割になります。会社は事業と経営以外に、様々な機能を持っています。財務、経理、法務などの役割が

あります。それらの役割が何をしているのか、どのようなテーマがあるかなどを理解ができるようになりました。例えば、経理にとって重要な人事の情報を理解するようになります。人事が取り扱う費用の中で、人件費は想像がつくかと思います。一方で、賞与や退職金の会計上の取り扱いなどは人事が忘れがちです。その計上の仕方によっては会社の利益構造も変わりますし、投資家に与える印象も変わってきます。つまりMBAを学ぶことでいろんな影響範囲やつながりを想像することが可能になります。

　また次世代経営者の育成も、株主価値としてや会社自体の経営戦略においても重要な施策です。私も人事として次世代人材の育成を担当したことがあります。会社の経営にはリーダーが必要だし、会社が継続していくためには必要だ、くらいの認識でした。これも一つの正しい考え方ですが、結果投資家にとっても外から経営者を迎える時と会社の中から育てる時にどちらの企業が成長しているかは、内部から経営者を指名できている会社が成長をしています。MBAを学習した後は次世代リーダーの育成は、人事だけでなく、コーポレートガバナンス、IR（investor relations：投資家向け広報活動）などいろんな観点でも重要な施策になることが理解できます。次世代経営者の育成は、その期待を背負っている重要な施策だと理解ができるようになりました。

　企業活動は様々なステークホルダーと対峙をするわけですが、人事といえども社内の人事だけの視点では業務ができるものではありません。社内のことに加え、社外のステークホルダーについて理解を深め、その中で今人事ができること、やらなければいけないことがあります。経営からの背景説明を受けずとも想定をすることができるようになったため、ほんの少しですが理解する速度が上がりました。また、過去の経営判断が理論にかなっていたものがたくさんあり、それも経営に対しての安心感にもつながっています。

○社の△△さんから、■ができる▲▲さん

MBAに限らず、人材の流動化は世界的に大きく進んでおり、どのよう

な仕事の経験があるかや、どのような技術を持っているかによって与えられる機会はどんどん変わっていっています。世界中に技術や知識によって、互換性を持った人材が流動化すればするほど、互換性がある人の需要は高まることになります。

　一方で私がMBAで感じたことは、MBA取得は時間、労力、金銭面でものすごい投資が必要です。それだけこの学位が高い投資価値があると感じて取り組んでいることがうかがえます。例えば、アメリカのトップ大学を卒業し、トップロースクールを卒業してアメリカの弁護士を取得している方が、日本でいうと還暦を超えて再度MBAを勉強されている人や、すでに医者として成功だけでなく、自分で会社を作り売却し、投資会社を自分で作り、MBAも複数回を卒業している人等、肩書はCFOやCEOなどすでに成功している人がさらに学びに来ています。多忙な時間を工面して、2000万円以上のコストをかけて、苦しい思いをして勉強をしています。投資額もそうですが、投資する時間もすごいものがありますが、それだけ学べるものがあると信じて取り組んでいます。少なくとも世界的に著名な限られたビジネススクールを卒業している人は、それだけの多大な投資をして、これからの人生をエネルギッシュに生きていこうとする人たちの集団になります。

　異文化の中で競争していく一つのフィールドとして、MBA卒業生のような経営者や経営者予備軍の人たちと、自分自身やこれからの学生の皆さんも同じ経営者として、競っていかなければいけないことはあるでしょう。さらに、そういった人たちの力を借りなければいけないということもあり得ます。彼らは少しの差が大きな結果の違いを生むことを知っていますし、感じて生きてきています。その少しの差を見つけ、そこから大きな差を生み出せる人材になることや、その前提で彼らと接するということも異文化の中で生きていくためには、大事な姿勢だと考えています。

後日談

　筆者は、後日転職しました。日本で株式公開している企業から、アメリカの株式公開企業の日本法人へと転職をしました。入社してみて感じることは、MBAの知識や多くの世界中のプロフェッショナルと濃密な2年間を過ごしたことが大変役に立ちます。一つは、MBAの知識は"常識"です。背景は多くの場合語られませんが、その背景は確実に理論的裏付けがあります。そのため、なぜ今これが語られるのか？ということを説明なしに理解できることは、知らない場合と比べても仕事への取り組み方が違います。また、役職や責任の範囲が多くなると、自分の仕事だけでは成立しないことが多くなります。多くの人や部署の人たちと協力しなければなりません。その時に相手の背景を知っているからこそ、だれにどのように聞けばいいのかがわかります。また、聞かれている側も私の質問を聞けば、私が知識があるかどうかはわかってくれるわけです。もう一つは、世界で活躍するプロフェッショナルが何を気にしてコミュニケーションしているのかを、私も感じてきました。そうすると、どのように"振る舞う"ことが、適切なのかを知ることができます。当たり前ですが、人の話を最後まで聞き、ちゃんと質問をすること、感謝をして会話を始めることなどです。実はどれも日本のビジネスパーソンには足りないと思っています。人の話を遮る、質問をしない、要件から話を始めるなど、過去私もしてきたと思います。Chicago BoothではLEADというプログラムがあることで、こういった管理職としての適切な行動を学べたり、Finance、Marketingといったわかりやすいハードスキルだけではなく、Leadership、Behavior Scienceなどのソフトスキルも学べるため、管理職として当たり前の教育を理論的に学ぶことができました。これらの総合的なビジネスリーダーを育成する教育機関としてのMBAは、企業経営者、ビジネスパーソン双方にとって非常に活用できるものであると確信しています。

第10章　異文化の中でいかにサバイブするか
―― とある商社マンの事例

大橋英雄

はじめに

　筆者が学生時代だった当時に比べて、近年では帰国子女も多く、国内外のインターナショナルスクールに通う子供も増え、またコロナ前であれば海外旅行のハードルも低く、インバウンドも増え、インターネットなどもあり異文化に接する機会は随分と増加しました。もちろん、機会が増加したといってもまだ多くの日本人は、日本で生まれ、育ち、日本語を使い、中学校から英語を学び日本で主たる教育を受け、日本で働くケースが圧倒的に多いはずです。そういった「ドメスティックな」日本人が、国際的な業務を行う商社や、日米関係のプログラムに参加するといった、異文化を体験するなかで、どうサバイブしてきた（いる）のか、何を奮闘し、何を克服したのか、そしてまだ何を苦労しているのか。

　本章では、主に4部構成として、私の異文化経験の歴史を振り返ることで、どうサバイブしてきたのかを言及したいと思います。

異文化体験の準備（幼少期から高校まで）

　そもそも、自分の異文化への関心はどこから来たのであろう。それを考えてみると両方の祖父たちが、僕の異文化起点だったのではないかと思います。父方の祖父は、自分の「英」の字の元になる名を持つ「大橋英吉」ですが、1902年日英同盟の年に生まれていますので、イギリスの漢字「英吉利」から名前をえたそうです。祖父から一文字もらった私の英雄の英は、

「英国」なのです。その後、この祖父は、いすゞ自動車会社の社長・会長となり、その結果、当時にしては様々な海外に行く機会に恵まれていたようで、小学校前後の私には、その海外での話は、「なにか海外は楽しいことがあるのであろう」という漠然とした関心を高めるには十分でした。母方の祖父も元海軍軍人ということもあり仕事場（戦場）が海外であったり、また、戦後は自動車関連ビジネスに従事していたこともあり父方の祖父同様に海外へ行く機会が当時では多かったらしく、イタリアでFIAT社に行った話などは良く聞いた記憶があります。

　この様に私個人の海外に対する意識は、両祖父によって植え付けられたのではないかというのが私自身の勝手な仮説なのです。二人の祖父の影響を多かれ少なかれ受けた親戚たちも周囲にいたので、さらに、私の異文化への関心を高める結果になったのだと思います。

　初めて行った外国は、小学5年生のときのハワイでした。父方の祖父と親戚で行ったのでした。当然私は英語ができませんが、外国人と話したい気持ちだけは非常にあり、オアフ島からハワイ島に移動する国内線で「I am Japan（もちろん Japanese の間違い）」と外国人に話しかけたものの、当然その後はなすネタも語彙力もなく、従兄にふって、「話せないのに根性だけあるな」と言われたのを覚えています。ただ、この気質は外国語を話すうえでは大事な気質であることは、はるか先に知ることになります。この時の影響かどうかわかりませんが、小学校の卒業文集をみたら、国連職員になりたいと書いてありました。少なくとも小学校を卒業する頃には海外は相当意識していたのだと思います。

　一般の学生ですので、中学校から英語を学んだわけですが、特に英会話学校に行ったりはせず、NHKのラジオ講座を朝から聞いていたと思います。行っていた公立中学校の英語は、通っていた塾の英語より簡単でしたので、中学校で英語を学んだとは思ってはいません。ただ、中3の修学旅行の京都で、外国人の人に道を聞かれたか何かで話しかけられたところ、ちゃんと対応できたので、一緒にいた友人に随分とほめられたのは覚えているし、それでまた自信も出たし、英語もっとやりたいと思ったという記憶があります。

　高校2年生の夏に初めてオーストラリアのパースに短期留学に行きます。

ここでオージー英語の洗礼を受けます。Monday はマンダイと言います。全然通じない、何言っているか分からないと自信を失う初めての経験をします。一旦自信を失うと話す気力もなくなるのですが、この時は、近所の５歳位の子供を壁打ちに数日話していたら耳がなれてきて、途中からは高校でも普通に話せました。それでも行っていた高校の生徒が小さな声で話していたり、スラングなどで話したらわからないという状況でしたが、普段生きる分には困りはしないサバイバルイングリッシュでした。ただ、外国に行っても、ビビらないベースがこの時できたのだと思います。どうにかなるぞと思えました。

大学時代に経験したこと

　大学は慶応大に１年、東大に４年行っていました。慶応大時代からAIESEC（アイセック）という、今は研修・インターンを中心にやっている国際的な団体があるのですが、当時は、国際交流みたいなことに結構力をいれた団体に入っていました。国際交流系に関心があった僕としては当然の流れでした。この団体は、国内の加盟校でも、北は、小樽商科大学とか北海道大学とか、南は、九州大学と、多数の国内中の学校が加盟していました。元々、ヨーロッパからできた組織なので、世界中に拠点がある、YMCA みたいな、国際系の学生団体でした。海外志向が比較的あったので、非常に関心があって入りました。ちなみにアイセック出身者とは、その後も国内外で多数会うことになります。当時は海外に関心のある大学生が集まりやすいサークルだったのかもしれません。
　慶應のアイセックに入ってたときに、タイと慶應大の Exchange Program みたいなのがあって、１カ月ほど、バンコクにあるカセサート大学に１カ月ほど留学をしました。東大でも再びアイセックに入りました。当時、1995年に、大阪で APEC の会議が開かれるということを聞きまして、これの学生版をやろうということになり、APEC の加盟国の学生を東京に呼んで会議を開催することを大学１年生のとき思い付きました。その後、２年間の準備を経て、大学３年生の夏に、実際、開催できました。学生提

言書を作って、当時村山内閣でしたが、首相官邸まで行って提言してきました。当時はまだインターネットもなく、ファクスでやりとりしたりとか、手紙を書いたりとか、今だったら気が遠くなるような、のんびりとしたやりとりでしたが、アメリカ・中国・オーストラリア・次回開催国のフィリピンも来日してくれました。今だったら、メールや SNS などでもっと簡単にやりとりできるかもしれませんし、そもそも Zoom などでバーチャルに開催することもできるのかもしれません。当時、台湾から来る人に関しては、保証人みたいなものを日本側でつける必要があり、友人の親になってもらったりなど、実際に人を呼ぶことの大変さを通じ、自分の中で国際感覚みたいなものを身に付けたりしたのだと思います。

　この会議は、学生が、オブリゲーションを感じてやってるような感じではなくて自主的にやっていました。APEC 加盟国の学生を呼んで、貿易テーブルとか、経済テーブルとか、人権テーブル等 3 つぐらい、小委員会をつくり、それぞれディスカッションするという、学生なりに本物志向でやりました。夜はみんなで酒を飲んで、馬鹿話をするみたいな感じでしたが、結局、仲良くなるみたいなところに関しては夜の部であったりするわけです。いろんな国の人たちが来たわけですけど、最終的には、細かい、風土、文化の違いはありますが、同じぐらいの世代ですし、同じようなことを勉強してますし、同じような音楽をやっぱり聴いているので、「結構仲良くなるのは難しくないんだな」みたいなことも、そのとき肌感覚的には思いました。1995 年当時は、日本もまだ、アメリカに続く経済大国だったっていうこともあり、中国も、まだまだ経済的にも立派な状態でも全然なかったこともあり、もしかすると、国の力が強かったんで、いろんな人たちも来やすかったりとか、競争や緊張感みたいなものも、台湾人の友達も、メインランドチャイナから来てた人も、別に、何か、同じ中国人同士でなんか気まずかったりとかするようなことは、知る限りはなかったので、学生が国際会議などを開催するには、時代的にも良かったのかもしれません。

　この会議を通じて思っていたのは、「ちゃんと話し合えば、結構分かり合えるのだろう」という考えです。こういった、学生時代の国際会議の企画運営体験で、僕の中には、多分、ベースとしてあったんじゃないのかな

というふうにはすごく思います。

　それ以外にも、アイセックは regional meeting が開催されます。要は、日本は当時 Asia Pacific 地域の地域会議があり会議では世界中から人が集まったり、逆に、ある国で会議が開催されたら、僕らもそこに行って、いろんな国の人に会えたりという意味で、当時の学生としては、アイセックの様に「マルチラテラルなやりとり」してる学生というのは、結構珍しかったのかもしれません。特に国際会議を具体的に企画実行した実行委員長をやった僕は、その中でも特に珍しかったので、これらをエッセイに書いたりすると、インターンや就職試験の様な場では結構強かったことは覚えています。インターネットなどがまだ歴史が浅い時代で、海外へのハードルが今に比べて高い時代だったこともあり、この様な経験は珍しく、学生から社会人への流れというところに関しては、この国際会議のおかげで比較的スムーズに行けたと思っています。今から思うと、企業が国際性を求めていた時代なのかもしれません。

　大学４年のときには、第48回日米学生会議（JASC）に参加しました。戦前から存在する、二国間の会議で、三菱商事の槇原稔さんや宮沢喜一元首相やキッシンジャー元米国務長官等も出身で、歴史の長い会議です。JASC への参加を通じて、様々な有名な OB にお会いできました。グレン・フクシマさんとかは、USTR でバリバリのころ、若手 OB としていろいろ教えてくださいました。そういう方のお話を伺うと、やはり、頻繁に飛行機とか乗って、様々な国へ海外出張などして、交渉などをしている感じがいいなぐらいの、ほんとにミーハーなのですが、そういったことは思いました。もっともそれは今でも思ってますが（笑）。

　あと、これも学生時代だったんですが、当時 JAL の子会社の日本アジア航空が、日本と台湾の学生の交流を深める交流プログラムがあって、アイセックのほうから私が推薦され、１週間強だったと思いますが、台北、台中、台南の大学をそれぞれ行って、その大学の日本語を勉強している生徒と交流がありました。社会人になって関西勤務のときも、そのとき知り合った台湾人が大阪のほうに遊びに来てくれました。仕事ではなかったんですけど、比較的コンスタントに、JASC の仲間、アイセックの仲間、日本台湾交流協会関係のお友達なんかも結構いろいろいて、外国との関係と

いう意味に関しては、何らかの形で接することができていたと思います。

　就職活動が始まり、やはり、国際関係やりたいと思ったので、非常に単純なのですが、「官」なら外務省、「民」なら総合商社かなと本当にそう思っていました。もっとも、学生だとそのぐらいの考えしか浮かばなかったのだと思います。今思うと、メーカーも非常にグローバルにやってましたし、当時まだ今ほどに人気のなかった外資系金融機関に入る方法で、別の意味のグローバルなアプローチもあったのかもしれません。国連などの国際機関勤務みたいなものもあったのかもしれないんですけど、当時、普通の大学生としての情報収集範囲は、この位だったのかもしれません。

　いずれにしても、官か民かと思った際に、私自身はルールを決めたりとかするよりは、自らビジネスを海外とやっていくほうが性に合うだろうなと思っていましたので、総合商社を第1志望として思っておりましたし、総合商社の中でも、当時、業績あんまり良くなかったんですけれども、三菱商事を志望しました。三菱グループのマークは、スリーダイヤなのですが、感覚的にこのロゴは、自動車だったり、電機だったり、重工会社だったり、いろんな形で世界中には広がっていたような気がしてました。あと、学生時代アイセックのときも、三菱って名前が結構出てきたりして、海外でも、やっぱり三菱っていうと日本の会社であることは理解されてるような意識がありましたので、比較的、東大っていう学校は、公務員になるような人たちも多かったからかとは思いますけれども、一種の公共心的な気持ちがあったんで、スリーダイヤが日本に見えるというのか、あと、国のためにもなんかお役に立てるようなっていう考えが、当時はあり、三菱商事に行きたいなという形で思ってたところ、幸いご縁を頂いたので、三菱商事に入りました。

社会人になってからの海外関連経験

　そんな感じで、入社したわけですけれども、ご案内のとおり、総合商社というのは、配属に関しては、新入社員は全くコントロールがきかないので、最初に配属されたのは、関西支社経理部でした。本店でもなければ営

業でもないという、一体どういうことなんだという感じでしたが、これがまた、その後、新たな人生の展開が開けてくるので、何が良かったのかは分かりません。いずれにしろ、会社入った当初は、実は、海外を志望してたんですけど、支社であったこともあり、それほど海外取引とかはなく、仕事としてはしばらく、海外との縁がなくなってはいました。ただ、私の従兄がMITに留学してまして、どうも「ビジネススクール」なるものがあるということを教えてくれて、さらによくよく聞いたら三菱商事は、ビジネススクールに昔から社員を派遣しており、制度もあるはずだと聞いたのです。ビジネススクールは、英語の試験でTOEFLがあり、受験しないといけないというのは、何となく分かったので、関西支社にいる間に試験準備だけはやってました。

　数年後、東京に異動となり、ビジネススクール留学の希望を出したところ、社内選考を首尾よく通り、ウォートンに行くことになりました。このウォートンに行った理由は、当時、私がプライベートエクイティ（PE）という分野の仕事をしており、PEが強いのは、ハーバードとウォートンだというふうに聞いていたことと、そして、ハーバードは縁がなかったからです。

　アメリカのビジネススクールは世界中から生徒が来ます。1年目は、スタディーグループを編成するのですが、自分たちで選ぶのではなく、学校側がアサインします。学校側は多様性を意識して、様々な出身の人で一つのチームに編成します。私は日本人ですし、アメリカ人もいれば、イギリス人もいれば、インド人もいれば、中国人もいますという感じです。当たり前なんですけど、物事の進め方が、国や人によって違うということを、非常に実感するのです。例えば、一番分かりやすい例では、時間どおりに来るか来ないかみたいなところもありますし、前もって準備してくるかみたいのもありますし、締め切りが先のものを早めにやるか、遅めにやるかみたいな話もありますし、口は動かすけど手は動かさないなどです。あと、すぐ、都合が悪いと「ファミリーコミットメントがある」と言い逃れる人がいて。当時の私は、何よりグループの予定を優先するみたいな形でやってたんで、ファミリーファミリーとか言って逃げているなとか思っていました。今はもう少し理解がありますが（笑）。

あと、今では日本でもLGBTについて皆さんが知るようなり、普通の話だと思いますが、私が留学していた2006年当時は、まだ日本では、同性愛の人とかに対しての認識というのはまだまだちょっと古く、相当偏見があったと思います。ある日、僕のすごく仲良かった同級生が、学校の中で、確かインターナショナルコンフェスデイとか正確な名前は忘れましたが、性的マイノリティーであったりすること告白する日があり、皆で祝福してあげますので、皆さん積極的に言ってくださいという企画が学内でありました。最初、学内メールを読んだときに、「なんでそんなことみんなの前で言わなきゃいけないんだろう？常識的には、そんなこと告白する人いないでしょ！」と私は思ってたら、いきなり授業中に、知人が実は「僕はゲイです」みたいな話になり、みんなが拍手を始めたりして、僕はその一連の流れを呆然と見ていたということがありました。

　こういった日本の中だったら、そんなのあり得ないと思うことが、米国では普通にあり、そのほかも経験したと思います。今はダイバーシティ・インクルージョン（D&I）みたいな言い方なんのでしょう。違うこととか知らないことは吸収してやろうっていう個人的な思いは当時からありましたが、社会的にこの様なマイノリティーの人たちを、よく聞いてあげましょうとか、仲間に入れてあげましょうっていう発想までは、当時の日本、もしくは日本人には、そんなになかったのではないかなと思います。したがって、留学中に経験から学んだところは相当あったと思います。

　その後、日米リーダーシップ・プログラム（USJLP）で、杉山文野さんという、元々、女子高生で、今は男性のLGBT活動家と知り合います。彼とその後頻繁にあうので僕の中では今やLGBTは普通ごとです。ただ、やはり、頭では分かってるけど慣れてないことは、結構たくさんあるもので、初めて文野さんにお会いしたときは、「さて何を話そうか？」と固まってしまいました。十数年前の学生のときに友人のLGBTの告白の経験はして頭では理解はしていましたがまだまだでしたね。腹落ち感っていうか、自然な感じで受け入れるような感じはあまりなかったのかもしれないですね。今では文野さんが代表をしている東京レインボープライド（TRP）の活動やLGBTのアライとして、陰ながらサポートさせていただいているので、随分と自分の理解も広がったのだなと実感しています。

あと、当時、ウォートンで、Japan Club という日本に関心のある人、もしくは日本人の人たちを中心としたクラブの会長をやっていました。ここで、アジアの国々で、一緒に企画をしましょうみたいなことをやったんですね。クラブとして大きいのは、Japan Club であり、Greater China Club（中国と香港と台湾の人が一緒にやってるクラブ）、Korean Club、あと Asia Club（東南アジアの人たちを中心としたクラブ）、この４つがありました。４つで協力して、パーティーをしようと企画しました。アメリカ人がパーティーやると、音楽がガンガンかかってるところ、立ちながらビール飲んで、ワーとかっていう感じなんですけど、アジア人がパーティーやると、同じくにぎやかではあるんですけど、どちらかというと、チャイナタウンのワンフロアが非常に大きい中華料理屋を借りて、食事もサービングされるんですけど、まず座れるんです。立っててもいいんだけど、座れる環境で、お酒も、ビールだけじゃなくて、紹興酒だったり、その他もろもろですね、飲めます。舞台があって、カラオケもします。こういった、「べたべたなアジア系」みたいな感じなんですけど、アメリカでは意外とそういう機会がなくて、アジア系の留学生は本当に喜んでくれて、当時、僕、「ヒデ」と言われてたんですけど、「ヒデ、ほんとにこういうのやってくれてありがとう」みたいな感じで感謝されましたね。

　特に、アメリカとかにいると、自国にいるときは、日本も韓国も中国も東南アジアの国々も、全然違うって感じなんですけど、やはり、アメリカで長く生活をしていると、アジア同士、特にやっぱり韓国人なんて、ほんとに、いろんな意味で近いなっていうか、食事とか、人間関係のつくり方、先輩、後輩に対する関係、考え方みたいなものとか、すごく近いなというふうに思えるような機会というのもありました。だから、残念ながら、現在、日中関係も日韓関係も、必ずしも良くないという理解ではあるんですけれども、これは多分、第三国で会っている、日本人、韓国人、中国人とかは、結構仲いいと思うんですね。それは、極端な話、ニューヨークで国連という場であったとしてもです。全然、ヨーロッパとかで、全然関係ない形で会ってたとしてもですね。少なくとも、自国から中国や台湾を見たとき、もしくは、中国人が、中国から韓国や日本を見たときとは違う関係が確実にあって、自国にいるときは、それらの違いっていうものが非常に

見えてくるんですけど、海外にいるときは、どちらかというと、欧米の文化との違いがはっきりしていて、むしろ、韓国や中国との近さというか、シミラリティのほうが、もっと感じることができるんですよね。そんなような経験もできたのは、留学して良かったことなのかもしれません。

　ウォートン留学中に、フランスにある INSEAD に、Exchange student として、4カ月ほど行きました。フランスを何となく感じることができましたが、フォンテンブローという、パリから電車で1時間位のちょっとした森の中の街でした。学校は全て英語でしたが、街は、英語話せる人もいましたが、クリーニング屋のおじさんとか、多分話せるのですが、全然英語話してくれませんでした。私はフランス語、全然やってないんで、会話が通じないんですよね。スーパーとかも会話は通じないんですが、レジとか見れば、要は、幾らかなっていうの分かるんで、極端な話、話さなくても用は足りるんですけど、近所のクリーニング屋にはレジがなかったのです。だから、デジタルで数字が出てこないわけです。幾ら幾ら幾らって、多分、フランス語で言ってるんですけど、分かんないわけですね。書いてくれって言いたくても、書いてくれも分からないと。今思えば、事前に調べて、それ言えば良かったし、フランス語しゃべれる友達から聞いて、何を話せばいいのかとか、質問しておけばよかった。そんな、週に何回しか行かないクリーニング屋で、お金払えば別に済むような話を、そこまでやってなかったんですけど、やはり、英語、話せないのか話さないのか、微妙に分かんなかったですけど、そういう、全く英語が通じないエリアってあったわけですけど、それも全部じゃないんで、ある程度通じるなということも思いながら、自国の言葉を大事にする人たちの文化というのを何となく感じることもできたのは良かったんじゃないのかなというふうに思います。

　留学から戻り、三菱商事に戻りました。異文化っていう意味に関しては、マレーシア、ペトロナスっていう国営のガス企業があるんですけど、このペトロナスと三菱商事が、ジョイントベンチャーで組みまして、マレーシアのあるところに、ガスだきの火力発電を建てるというプロジェクトをやることになって、なぜか、プロジェクトマネジャーに、おまえやってこいみたいな話になって、行きました。

マレーシア人と日本人でやるのかなというふうに思ってたんですけど、結局、発電所を造るって、ほんとにいろんな人が関わってくるわけで、例えば、発電所のタービンは、アメリカ系の人が来ますとか、あと、そういった、技術的な設計、建設をしてるときにモニターしてくれる人はオーストラリア人ですとか、あと、建設するのは韓国の会社にやってもらいましょうとか、あと、タイの会社に基礎工事やってもらいましょうとか、結局、始めてみたら、ほんとマルチラテラルみたいな感じになって、会議やって、みんな英語できるんで、会議で困ったっていうことじゃなくて、会議の人数が多過ぎて困りましたみたいな感じと、あとやっぱり、それはビジネススクールのときと同じなんですけど、仕事の進め方とかが違って、僕らがいわゆるスポンサーだったんで、あとの人たちは、どちらかというと、ある種、業者に近い状況だったんで、あんまり文句は、正直出なかったんですけど、結構、彼らもストレスだったでしょうし、われわれもストレスだったんだろうなと思いながらも。

　やっぱり、ここでもまた飲みが出てきますが、昼間集中してやりながらも、夜はみんなで食事をしながらお酒を飲みながらとかすると、だんだん、「あれはこういう意味だったんだよ」みたいな話ができて、時間をかけてくると、「なるほど、こいつはこういうやつか」みたいなことが、やっぱり分かってくるわけですよね。なんか分かってくると、やっぱり仕事ってすごくやりやすくなってくるし、基本的には、やっぱり、ビジネス取りに行こうと、これ入札だったんで、他のコンソーシアムに勝たなきゃいけないわけですよね。

　だから、入札で勝つというのは、「いい製品を安く出す」という、一つの目標に向かって頑張りましょうっていうことで、僕がプロマネとして、まとめる能力があったのかどうかは分からないですけど、結構時間をかけて人間関係を構築していったので、いい感じのチームにはなったんだろうなというふうには思ってます。

　それはやはり、学生時代の国際会議の経験であったり、留学時代のいろんなチームをつくったりみたいな、マルチラテラルの中で、どういうふうに自分が振る舞うべきかとか、どんな人でも、一生懸命やってるやつには応援するわけですよね。誰がやってるかって、ある種、世界中、誰が見て

も明確なわけで、仕事なんか特になんですけど、すごくやってる人に対しては、みんながサポートの手を差し伸べてくれますし、何となく、みんながサポートしてるっていう形になったら、ある意味でのピアプレッシャーになるのかもしれないんですけど、ぼけっと見てたやつも、俺もなんかやんなきゃみたいな雰囲気になったりとか、なんかヒデのみたいな雰囲気になったら、何となくみんなもやってくれるみたいな形で、そういった多人数の、多人数多国籍の中でのプロジェクトっていうのをやってくっていうものは、結構、30代中盤から後半にかけて、そういう大きなプロジェクトに関わらしてもらったことが、留学したことで経験できたりしたんですよね。

　このマレーシアの入札は、僕は、小さいころからか、海外で仕事したいと思っていたことの一つの形であり、そのころは、本当に仕事が楽しくて楽しくてしょうがなかったですよね。

日米リーダーシッププログラム（USJLP）

　この10年以上の私の国際交流の中心となっている米日財団主催の日米リーダーシップ・プログラム（USJLP）に、2008・09年で参加して、その後は日本側の運営委員とか、日本側の代表をやっていました。このプログラム自体は、日本やアメリカの、将来リーダーになるような人々をそれぞれノミネートして、その人たちから選抜して、アメリカ1週間、日本1週間ですね、2週間かけて関係を作っていくプログラムで完全無料です。この様なプログラムで、いわゆるグラスルーツと言われる様な人間関係をつくってくわけです。ここでもやはり、今までやったことの延長線上で、色々できるのです。やはり、「人間関係つくるため」には、こちらのほうから相手の胸に飛び込んでいけばよいし、相手のことが分かれば相手もこっちを理解してくれやすくなります。飲み食いを一緒にして意見を交換すれば、ああ、いいやつだなとか思ったり、思われたりとかが起こるのです。それらは、日本で学生時代や社会人若手でやってきたことの似たようなバージョンです。相手によくすれば、相手からよくしてもらえるみたいなことで、

144

それは、日本人だけじゃなくて外国人にもできるんですよっていうことを、ほんとによく分かったという感じはしてます。

　このUSJLPは20年ぐらい続いてるプログラムです。第1期には河野太郎さんがいます。参加当時若手だった人も、立場が変わっていたりして、面白いことになりそうなプログラムであります。似たようなプログラムが世の中多くある中で続いているのは、端的にいえば、日米両国の過去の参加者（フェロー）の仲が良いからだと思います。「アメリカ人は日本人より結構クールだ」と思っていたのですが、実は全然そんなことなく、結構、夜な夜な飲んだり食べたりして仲良くなると、アメリカ人と雖も、心を開いてくれます。韓国や中国を例としたアジア人のベタベタ戦略っていうのは、日本にメンタリティーも近いんだろうなと思っていました。しかし、アジア以外の欧米の人たちも、やっぱり、仲良くべたべたしてると、結構仲良くなれますよっていうことが、ほんとにある種、自信を持って言える関係もできていきました。

　USJLPには、トランプ政権時代の政府の中心のメンバーもいますし、今のバイデン政権でもいます。QUADの会議をやってますが、われわれの知り合いも出てます。自分の知っている人が関与していることがあると、関心も湧きますし、将来どこかで本人と会ったとき「会場ではみんなどんな感じなんだ？」みたいな話したら、「こんな感じなんですよ」と問題ない範囲で色々と教えてくれます。世界で起こっていることも、当事者から話を聞けば、報道で間接的に知るのとでは、世の中に対する見え方っていうのも変わってくるのかなと思ったりもします。例えば、アメリカ人でアフガンに関わるようなお仕事やってた人がいるのですが、実態どうなのかと舞台裏とかを聞くことができると、世界情勢、たかがアフガニスタン、日本からいったら、こんな遠いところ、アメリカ人がいなくなろうが、ロシア人もいなくなったからアメリカ人もいなくなっちゃったし、どうなの？みたいな話ですけど、それの、僕らが映像で、アフガン、米軍撤退みたいなふうに思ってる部分と、実際撤退してるほうの、アメリカ軍で働いてる人の友人の話とか聞くと、やはりちょっとまた、自分の中での世界観っていうか、視野っていうものが広がることっていうのは、すごく感じる機会があります。

だから、課題だっていうのは、ある種、環境問題とか、既に、世界中な、グローバルな問題っていうのは既にキャプチャーされてるんで、何か、僕が新発見ってわけではないんですけど、それに対して自分がどの様に関わるかっていうものは、当然、考えてかなきゃいけなくて、そういうものに、考える要素っていうものが、他社に比べて、わが社の場合は、いろいろ、有形無形にあったりしますんで、海外のお友達と仲良くできる、仲良くしたいという思いを実現するという意味では、恵まれた環境で今も働いてるのかなというふうには思います。

そして現在

　現在の業務は、コーポレート系スタッフで、社内系業務がどうしても多くなり、海外との接点は減っていますが、幸い、Facebook や WhatsApp といった SNS で、時間や距離関係なく無料でコミュニケーションができるわけで、在外の友人とのやりとりは続けております。それで海外との「ご縁」は続いています。コロナ禍であっても keep in touch cost は非常に安いですし、コロナがひどかった2021年の２月や３月は、僕が Zoom 会議を頻繁に開催して、1人暮らしの人が外出出来ず心細い思いをしていました。それは、実はアメリカ側も同様だったようで、アメリカ側も Zoom の機会を設けると、「非常に元気出た！」みたいなことを言ってくれるのです。こういった時期は当然、日本人だけじゃなくて、海外の人も不安は一緒で、当たり前のことでも、共有できることが結構あったりします。この様ななんでもない動きで、また関係が深まったりするのだと分かったりしました。また、とあるご縁で、東北大学の特任教授（客員）もやらしていただいていますが、特任教授の講義としてやったときも、こういった、「運と縁が世の中を結構左右する」的な、抽象的な話も結構したのですが、学生には受けが良かったと学校側からはフィードバックを受けました。
　いずれにしろ、様々な方々の御協力がなければ、私もここまで来ることができなかったですし、国内だけではなく海外の事情を知ることで、多少、国内事情が悪いときでも、最悪海外でも出れば、どうにかなると思うこと

が出来る様になりました。

　私自身が、海外とのつながりがあるからこそ、今みたいな仕事もできますし、今後もそういうことをやっていきたいと思えるわけです。

おわりに

　このように学生時代から現在の社会人時代まで自分自身の異文化体験を振り返ってみましたが、とにかく「場数」こそ大事なのだと思います。国民性、文化、歴史観の違いなどは、当然異国の人との間にはあり、何が「適切な距離感」「快適な距離感」なのか、自分なりにものさしをもっておくべきだと思うのです。それがあっても個別に事情は異なるので、地雷を踏むことは避けられないことです。ただ、判断基準がないことには、調整もできません。幸い私は、幼少の頃から両方の祖父の影響を受け、海外に関心を持った結果、様々な機会を学生時代から持つことができ、それらの経験が現在の仕事や活動にも役立っていると思います。ネットなどの発展で世界は近くなる一方で、リアルの体験とバーチャルの体験の差異がなくなってきた感じもしますが、生身の人間を目の前にして、やりとりをした経験とネットを通じてした経験では僕は得られるものが全然違うと現時点では思っています。「Action First」こそがサバイブのヒントです。

柿本浩

はじめに

　筆者は、大学・大学院・社会人講座で異文化教育学を学んだ後、国内の某日系メーカーに勤務し、海外営業部門で、2カ国計約5年間の海外赴任を含め、約20年間、アジア・アフリカ地域を中心に計50カ国以上の国・地域の市場を担当してきた。

　異文化組織や海外のビジネスや課題解決を論じた研究や書物は数多あるが、異文化教育を学んだ者が、異文化のフィールドでビジネスを行い、異文化間の課題に取り組む当事者となり、その経験をレビューした事例は少ない。

　本稿では、異なる文化的背景を持つビジネスパートナーとのやりとりにおいて、筆者が直面した課題と解決の事例を挙げ、異文化教育学がどう活かされるかを、当事者視点から論考する。

限定

　筆者（両親日本人、日本生まれ日本育ち）にとって特に「異文化」である、海外への赴任時の事例を挙げ、直面した葛藤と（業務上の）課題への対処を取り上げる。ただし、一部の内容は、秘匿の関係上、および、記憶に依拠するため、事例の描写が大まかになる点は、読者に了解頂きたい。

　また、ここで取り上げる事例は必ずしも好事例ではない。多くの国で長期の海外赴任を繰り返し、困難な課題解決や輝かしい実績を積み上げられ

ている先達は数知れず、その経験を記した著書や記事も無数にある。筆者の経験はそれらに及ぶべくもないが、ここでの焦点は課題の大変さや成果・実績の偉大さ云々ではなく、筆者の視点から異文化教育学が現実の課題や葛藤の解決に活用できたと考えられる実体験とその自己分析にある。

取り上げた事例を振り返るに、恥ずかしさや至らない対応もあるが、課題解決の成功や失敗、そのどちらとも判断しがたい内容も含め、当時の事実や考えなどを当時のメモを辿りながらなるべくそのまま描いたつもりである。躓きや当惑など、独り暗中模索を強いられる異文化の現場（職場）の課題や葛藤に対して、異文化教育学がどのように活用され得るのか、という観点で参考にして頂ければ幸いである。

事例

背景

異文化教育学がビジネス上の実践において役立てられたと思う印象的な経験は、南アフリカ（以下、南ア）への長期海外出張とそれに続く駐在時の葛藤と課題解決であった。2ヶ月間の長期出張も、2年に亘る海外赴任も、筆者にとってキャリア上初の経験であった。

筆者は、入社後、日本の本社の海外営業部門で約6年間アフリカ市場を担当し、その後2年間中東を担当した後、アフリカ担当に戻り、南アに派遣された。派遣先は勤務先の会社の連結子会社で、アフリカ・サブサハラ地域を管轄するフロントオフィスであった。

現地のチームメンバーは、イギリス系南ア人の部長（GM）および秘書、同GMの直下にオランダ系南ア人（アフリカーナー）シニアマネジャー（SM）3名*、SMの直下に、同じくアフリカーナーのマネージャー（M）が1名、ウガンダ人SM**、インド系SM*、バンツー系（ズールー）M、アンゴラ人M**、ジンバブエ人M**、ルワンダ人M、カメルーン人M（各1名）という構成であった（*筆者赴任中に追加、**赴任中に退職）。

筆者は、GM直下で（各ラインに介在せず）部全体のプロジェクトを推

150

進する SM という立場であった。赴任前にフロントオフィス固有の課題と取り組む新規プロジェクト案のタスクをもって長期出張に臨み、プロジェクトの設計・アウトラインを描いて帰国。その後、本社と現地と合意を得、その実行と推進および課題解決を担い赴任した。

直面した葛藤

筆者が南アフリカ着任後、最初に苦労したコンフリクト（対立や葛藤も含む）は、配属直後の一部チームメンバーからの反発や疎外である。

プロジェクトは日本の本社側の肝煎りで、筆者はその導入にあたり、現地社長・南ア人上司の GM の了解を得て取り組みを開始したが、それに対して、当初強い反発を示したのが、アフリカーンス（SM）の J 氏であった。

同席する会議で筆者の提案や発言に対し、「意味がない」「できない」という直接的な不同意や非協力的なフィードバック、発言中に首を横に振る、冷笑する、あきれ顔でため息をつく等の露骨なジェスチャーを示す、必要な会議に筆者を招請しない、情報を共有しない等の無視や無関心が散見された。

J 氏はチームが管轄するサブサハラ地域の内、約半数の国々を担当し、4 人のマネージャーを部下に持つシニアマネジャーとしてチーム内でも発言力があるため、彼の反発や非協力は、プロジェクトの推進や進捗に支障をきたすだけでなく、他のメンバーの参画と士気にも影響すると考えられた。

筆者が J 氏に導入の目的・意義・期待される効果などをいくら論理的に説明しようにも、聞く耳を持たない態度から、非論理的な部分で承服できない（したくない）、別の背景や要因が想定された。 J 氏との関係を改善しなければ、プロジェクトを進めるのが難しい状況であった。

葛藤の要因

赴任前に筆者が本社で行ったフロントオフィスのカウンターパートへの

ヒアリング（個別面談）からは、本社とフロントオフィスの間の意思疎通の悪さや相互不信がうかがえた。本社側の上司や同僚の一部からは、フロントオフィスの相手が「基本動作が分かっていない」、（会議をやっても）「空回り」、（業務が）「煩雑でフォーカスできていない」、「勤怠がルーズ」、「全然ダメ」といった声がみられた（当時の聞き取り時のメモに基づく）。

　そこには、本社側（日本側）では当然の職能として期待される「基本動作」や（業務・論議上の）理解度に対するギャップと、それによるフロントオフィス側に対するネガティブな受け止めが見られる。また、それがフロントオフィスとのやりとりや言動に様々な形で表面化し、（一部メンバー間の）お互いの不信感や関係の悪化や偏見（ネガティブなバイアス）につながっていると推察された。

　この業務上の「基本動作」や「勤怠」（勤務時間管理）の期待値や求められる厳格さは、ある程度日本と南アフリカとの文化的な違いも関わると考えられた。業種や会社方針などによる違いや地域差・人種差もあるため一概には言えないが、概して日本の製造業が求める業務上の「品質」は相対的に厳しいと想定される。（品質担当の同僚とも見解は概ね一致するところであったが、国の法規やメーカーの内規により品質要求基準も違うため一般化はできない。）

　Ｊ氏の反応・態度と本社でのヒアリング結果も踏まえると、Ｊ氏の抵抗の背後に、筆者が持ち込んだ新規プロジェクトそのものへの不納得感や警戒のみならず、本社側の業務のやりかたや期待値に対する抵抗感やフラストレーションなどの筆者への投射、また新参者の筆者がＪ氏と同列のポジションで新プロジェクトを主導することへの不満や反発など、様々な心理的要因が絡んでいると想定された。さらに、このような既存のやり方に慣れたベテランが変革に対して保守的になりがちなことや、信頼や関係構築ができる前の外部者や新参者に対して向ける防御的あるいはネガティブな視線や警戒心は、文化の異同にかかわらず見られる自己防衛的な反応とも解された。

　一方で、議論のやりとり上のジェスチャーや、ネガティブなリアクションを直接的に呈示されることに、特に赴任当初、筆者自身が不慣れだったことも葛藤の要因になっていた。Ｊ氏の反応や態度に対して筆者が抱く見

方や葛藤には、文化や使用言語に付随するコミュニケーション上の特徴（言語的・非言語的な表現方法の差異など）や、お互い第二言語の英語を用いるもどかしさなどが深く関わっており、また、筆者自身が職場の会議のやりとりにおいて、相手の反応を過度に気にしがちともいわれる日本人的なマインド[1]も関わっていたに違いない。

こうした、いわゆる「カルチャーショック」は、異文化教育を学ぶ過程で、知識としてはわかっていながら、いざそのようなギャップに直面すると戸惑うという、「わかる」と「できる」の違いを如実に表している。本社にいて遠隔で時折やりとりをする上で感じる感覚と、日々直接対面でやりとりする感覚とのギャップとインパクトは、想定以上だったことが想起される。

葛藤への対処

J氏とのやりとりが膠着してプロジェクトが進まない状況に対し、J氏との関係の改善と、課題の取り組み方の改善とを、それぞれ併行して取り組んだ。

関係の改善

課題解決のための試行錯誤の一つは、関係の改善であった。まず筆者自身のことを相手に理解してもらうため、相手にも関心を寄せ、さまざまな形で公私両面からJ氏にアプローチを試みることであった。

例えば、オフィスで朝や退勤時に積極的に現地語（アフリカーンス）で挨拶をする。時折コーヒー片手に冗談を交えた雑談をかわす。J氏の担当する市場やビジネスパートナーの問題の大変さを慰め合う。悩みを打ち明ける。毎月のオフィス内の軽食会やトレーニング後の会食で話かける、休日にお互い得意でもないテニスに誘い出す、などである。

さらに、時折自主的に相手の業務を裏でサポートをしたり（データ提供

---

[1]　大渕憲一（1992）.「日本人とアメリカ人の対人葛藤」渡辺文夫・高橋順一（編）『地球社会時代をどう捉えるか —— 人間科学の課題と可能性』ナカニシヤ出版、pp. 34–35参照。

や本社の関係部署の人の紹介など）、J氏や現地メンバーの意見・提案を業務に取り入れて反映したり（ホワイトボード上にコメントを反映する、プロセスや評価基準を見直すなど）、相手を認めて受け入れる態度や行動を示すことを心がけた。

これらのアプローチは、相手にとって筆者を脅威・警戒の対象とみなさなくてよい、という認識をJ氏の中で醸成し、表面的でネガティブな関係を、より深くポジティブな関係に転化させるための試行錯誤であった。それは同時に、筆者自身がJ氏からどうみられていて、どう対応されることがJ氏にとって受け入れやすいアプローチかを探る試みであった。

傾聴と共感

筆者の反省として、当初直接的なネガティブな反応に筆者が当惑したこともあり、つい感情的に言い返すなど、不用意に困惑や葛藤が自分の言動に表面化させ、それが関係悪化に拍車をかけることもあった（抑制したつもりでも滲み出ていたこともあったと思われる）。

J氏の話に真摯に耳を傾け（相手と自分の）理解を確かめ、直ぐに言い返したり論破したりしたくなる衝動をこらえるには意識的な努力や成熟さ・度量のようなものが試される。白熱する議論やネガティブな反応を繰り返す相手とのやりとりの中で、傾聴時の「エポケー実習」[2]のように、沸き起こる自分の意見や判断を頭の中で「脇に置く」のは（知識としてその必要性を認識していても、ある程度のトレーニングを積んだ経験を持っていてもなお[3]）実践上容易なことではない。

傾聴には、傾聴する側にまず精神的・時間的余裕や感情の高揚を抑える能力も必要だが、一方、論議においては、同じ職場のメンバーとして自分の意見をきちんと伝え、論議を通じお互いの理解を高めることも必要である。「異文化シナジー」[4]のような統合的な解決法を見いだすには、冷静

---

[2] 渡辺文夫（2000）.「関係は本質に先立つか —— 異文化接触における統合的関係調整能力とその育成のための教育法」東海大学教育開発研究所（編）『コミュニケーション教育の現状と課題』英潮社、pp. 36-38参照。
[3] 筆者は異文化教育法について、上智大学および同大学院、同大コミュニティーカレッジ（研究コース）などで専門的かつ実践的なトレーニングを受けた。

なお互いの理解の確かめと活発でオープンな論議の両立が前提となる。

　理屈はそうだとして、論議の応酬上も、お互いの理解の確かめが不可欠だが、現実的には必要に応じてエポケー（判断留保）[5]を行うには、意識的な努力やリマインドが必要であった。できるだけ相手と向き合い、あきらめずに理解しようと努め、課題解決にむけて考えをすりあわせることに注力した。

　一方で、ある程度のところで見切りをつけ、上司や周りのチームメンバーを巻き込んでプロジェクトを動かすことは妥協せず期限内に進めねばならなかった。現地のほかのメンバーの意見も取り入れながらプロジェクトに取り組み、将来的にはそれを運用する現地メンバーが遂行していけるようにしなければならず、言語化や対話、計画・プロセス・進捗の「見える化」による「ベクトル合わせ」（共通理解）や「腹落ち」（納得感）の醸成も、試行錯誤を繰り返しながら図り、ことを前に進めていった。

　これらの筆者の意図や努力などが、実際にどこまで適切かつ効果的に対処できていたかはわからないが、関係改善の試行錯誤の繰り返しとプロジェクトの進捗に伴い、徐々にJ氏からも話しかけたり質問したりしてくるようになり、プロジェクトにも賛同して積極的に協働してくれるようになった。それはチームメンバーの参画やプロジェクトを進捗させる推進力ともなった。途中、共に研修や出張などで時間と場所を共有し、仕事上同じような悩みや困難を抱えつつ課題に取り組む中で、自然に打ち解けた面もあったと思う。

　なお、エポケー（判断留保）実習の手法が有効だった印象的な他の事例として、赴任前の上司や同僚に対する1対1でのヒアリング時や、（ズールー系およびカメルーン人）が職場で深刻な差別的対応を受けた怒りを筆

---

[4]　渡辺文夫（2000）．前掲書、pp. 41-42参照。
[5]　渡辺文夫（2000）．前掲書、pp. 36-37参照。エポケーは次のように解説されている。
　　「エポケーとは、現象学における認識の方法である。（略）認識していることが自らと離れて客観的に存在しているものと断定して判断せずに、絶えずその判断を括弧のなかに入れ、自らが活きる世界のなかで物や事象をより慎重に認識しようとすることをいう。そうすることにより自らがそうであるものと断定していた物や事象が、絶えず新たに意味づけられた姿で認識されるようになる。」

者に涙ながらに吐露してきたケースも挙げておきたい。その際、１対１の場をセットし、何でも話せる状況と雰囲気（ラポール）づくり、共感や自分のできるかぎりの理解を示す応対などを心がけて、モヤモヤした思いや考えの言語化を促し、相手の判断の再構成を絶えず促すことに集中することが有効であった。

課題の解決

　プロジェクトの進め方についても、Ｊ氏を始めメンバーの提案や意見を取り入れ、当初描いていたプロセスや計画に修正を加えた。推進するメンバーが取り組みやすいやり方にする工夫が必要だと判断した。本社側（日本側）の期待値が高く複雑過ぎるとみられた点については、評価基準の見直しやフォーマットの簡素化、トライアルから段階的にレベルアップをはかる仕組みの導入、OJTによる密着指導、基準変更や進め方についての本社側との交渉・調整を行った。

　他方、Ｊ氏と深く話すことによって、筆者自身の想定や受け止めが誤解と分かったこともあった。例えば、着任当初、課題の取り組みに必要な情報や会議に筆者が招請されていなかったのは、無視や疎外の意図ではなく、単にレポートライン上にない（並列していた）から招請は不要と考えていたことが判明した。

　筆者の勤務先（日本）では、情報共有のために、関連するチームやメンバーを会議に加えたり、メールでcc：で共有したりすることが「あたりまえ」（基本動作）になっており、そのような筆者の無自覚の習慣的なやり方との違いに気づかされた。そのような違いが異文化ではありえることは異文化教育学で知識として理解していても、いざ当事者となってそのギャップに直面したときに、無自覚に自文化の色眼鏡（準拠枠）で相手の反応や因果関係を曲解しまっていた事例といえる。相手の認識を自分の既成概念の枠組み（Etic）によるのではなく、相手の視点（Emic）で理解することの難しさを再認識するよい機会となった。

　会議招請や情報共有については、Ｊ氏（のみならず誰に対しても）自分が共有してほしい情報や招請してほしい会議をはっきり明示（意識的に言

語化）し、その目的や理由も共に伝えて依頼することにした。また、依頼に応じてくれたことへの感謝や、応じて良かったと思われるようなフィードバックを明示することや存在価値を認めてもらうよう対応することを心がけた。

　結果として、やがてこのＪ氏の反発や無視に悩まされることもなくなり、チームでプロジェクトに取り組み、タスクを完了して帰国することができた。その意味で、このプロジェクト遂行上の課題は解決できたといえる。（実際のプロジェクトの個別課題は、通常の業務同様、現地・日本側双方の関係者と課題リストを共有し、適宜サポートを得つつ解決を進めた。）

異文化教育学の活用

　この事例で取り上げた関係改善と課題の取り組み方の改善は、異文化教育学の基礎的研究の一つである、海外技術移転における技術指導上の対応や、異文化の相手とのやりとり上の課題解決のアプローチである「エポケー実習」「異文化シナジー」などを、筆者自身が現場で適用し、実践に活かした成果といえる（技術指導上の対応については、具体的には、「コミュニケーションの円滑化」「密着指導」「不断念・前進」など、『アジアの熟練』ほか異文化教育学の別書を参照されたい[6]）。

　その過程は、異文化教育学の学びを体得し、異文化のフィールドにおける課題解決上の効果を追認する経験の連続でもあった。

　ここで、異文化教育学の学びが活かされたと実感した点として、以下３点を挙げてみたい。

より確かな予見

　まず、異文化教育学を学ぶことにより、異文化のフィールドに飛び込む

---

[6]　渡辺文夫（1989）.「技術移転の心理学 —— 発展途上国における技術指導への認知的方略：大手自動車会社Ｇ社での事例的研究」尾高煌之助（編）『アジアの熟練 —— 開発と人材育成』アジア経済研究所．参照。

際に、自分がどのような問題や葛藤に直面するか、また、それに対してどのように対処すればよいか、を仮説的に想定することができる。

　異文化間の問題や葛藤については、異文化間コミュニケーションや異文化ショックに関連する学問分野など、関連する研究や情報も沢山あり、それらを参照することでも同じような予見や想定はできる。

　それに対して異文化教育学は、異文化間で直面する課題の具体的な解決手法や、その理論的な背景や知識、対処の実例やパターンも習得することができる。そのため、事前に自分が直面するであろう課題の予見に加え、それらにどのように対処すればよいかを想定し、こうすれば葛藤や課題をどうにか打開できるだろう、というある程度の指針や目処を立てることもできる。またその仮説的な心理的メカニズムや行動パターンが実際はどうなのかを確かめてみる、という仮説検証法的なアプローチで、課題や因果関係の理解を（ある意味科学的に）掘り下げていくこともできる。

　未知の国や文化に飛び込み、限られた時間やリソースで、ビジネス上のタスクを全うするためには、直面する様々な課題解決をいかに効率的かつ効果的に図るかが問われる。その上で、異文化教育学の知見は筆者にとっては、心強いガイドであり、またその場その時が勝負の判断や対処検討の拠り所でもあった。

より確かな視点

　異文化間にせよ、ビジネスが絡むにせよ、相手とのやりとりに問題がある場合、つい問題が相手に起因すると利己的な解釈をしたり、相手自体を問題とみなしたりすることにより、偏見や敵視などネガティブな見方や態度を強め、問題が膠着状態に陥り、課題解決が滞ることも少なくないと想定される。

　そのようなネガティブな態度のエスカレーションや問題の膠着化を防ぐには、相手と自分をとりまく状況や関係、その背景や様々な因果関係、自分自身を自省しつつ相手がどのようにこの状況や問題をとらえているのかを確かめ、相手の「理解の理解」[7]に努める、表層的なやりとりの裏や奥になにがあるのかをできるだけ慎重かつ冷静に見極めようとする態度とも

いえる。即ち、問題の焦点や視線をただ相手に向けるのではなく、相手と自分と関わる全体を、なるべくありのままに捉えようとする視点や姿勢といってよい。

それが自然にできる人もいるが、たとえ自然に対処できなくとも、異文化教育学の知見があれば、現実の課題や相手、様々な関係を意識的に捉え直すことによって、自己の限られた経験知だけに頼るのではなく（自己の経験や知見を否定するつもりはないが）、理論と実証研究に裏打ちされた、（おそらくは）より確かな視点やアプローチから現実の問題に切り込む事ができる。それは未知のフィールドで異文化間の葛藤に直面し、それを乗り越えていかねばならない厳しい状況下でこそ真価を発揮する。

膠着した状況や関係、自分の思い込みや偏見・誤解に対して、異文化教育学で学んだ当事者視点（Emic-Emic と言われる視点）やメタ、メタ・メタな視点[8]で自己を取り巻く状況を俯瞰し、自分のやりとり・態度を捉え直すことを（常にできていたわけではないにせよ）意識化・自省できたことは、さまざまな関係の改善、課題解決において有効だったと思う。

関係調整からの課題解決

文化の異同や職場の如何にかかわらず、組織（チーム）や相手との膠着した課題や葛藤は、多くの場合やりとりする相手との関係のあり方とそれをとりまく全体を慎重かつ冷静に見極めながら、相手と自分との「関係を

---

[7]　この「理解の理解」の大事さは本書の監修者である渡辺から学んだものだが、リファレンスとしては、村上泰亮（1992）『反古典の政治経済学（下）二十一世紀への序説』中央公論社．がある。村上は「異質と見えるものの間の理解」（p. 458）、「他の文化をわがことように体験しようとする「解釈学的姿勢」の必要性（p. 529）」を説いている。

[8]　メタ、メタ・メタの視点については、渡辺文夫（1994）．「異文化接触のスキル」菊池章夫・堀毛一也（編）『社会的スキルの心理学 —— 100のリストとその理論』川島書店、pp. 154-155参照。
　　Etic-Emic の視点については、渡辺文夫・菊池章夫（1980）．「Etic-Emic 論と異文化間心理学」『福島大学教育学部論集』32(3)、pp. 63-68．または、大坊郁夫・安藤清志・池田謙一（編）（1990）．『社会心理学パースペクティブ3　集団から社会へ』誠信書房、pp. 268-269参照。

統合的に調整する」ことで解決の糸口を見いだすことができる。

　異文化間でのやりとりの経験を重ねれば自分の知見や勘に頼った対処が通用することも少なくないが、経験が浅い場合や経験・知見が偏り独善に陥るリスクもある。

　闇雲な場当たり的対処や独りよがりの対処ではなく、基礎的な理論的研究に裏打ちされた実践的なスキルを身につけた上で、相手やとりまく状況に応じて対処の仕方を見直し、多角的なアプローチで試行錯誤を重ねた方が、異なる文化的な背景をもつ相手との関係のあり方をうまく調整し、より効率的・効果的に膠着した状況からの打開策を見出し易いはずである。

　大事なことは、知識やスキルをそのまま無理にあてはめるのではなく、あくまで状況に応じて慎重に試行錯誤や工夫、確かめを行いつつ、一つの知見やアプローチに固執することなく臨機応変に対処することであろう。

　うまくいかなければ自省し、違うアプローチを試みることで、意外な打開の兆しが見えることもある。また、それを繰り返すうちに、関係の調整が自然にできるようになり、やがてそれが異文化間の関係やビジネス上の相手との関係に限らず、様々な膠着した課題や葛藤状況の打開にかなり広く応用できることが分かるはずである。

ビジネス上の課題と相手との関係

　異文化教育学の実践において、その要となる考え方に「関係は本質に先立つ」[9]という表現があるが、ビジネスにおいては「課題解決は関係に先立つ」といえることも少なくない。

　人との関わりで成り立つのがビジネスである以上、相手とうまく関係を築けなければ課題解決は困難になりがちだが、一方で、関係に配慮するあまり課題解決を避けるようではビジネス自体がやがて立ち行かなくなる。

　ビジネス上の課題解決自体は、相手との関係の良し悪しとは別次元で求

---

[9]　渡辺文夫（2000）．前掲書、p. 43. あるいは、渡辺文夫（2002）．『異文化と関わる心理学 ── グローバリゼーションの時代を生きるために』サイエンス社、p. 64参照。

められる。関係が悪くても、課題が解決されることが、ビジネスの上では成り立つ。長期的にはビジネスパートナーとの良好な（少なくとも険悪でない）関係の構築が望ましいが、関係が良好であっても、あるいは関係を好転させても、課題が解決されるとは限らない。他方、ビジネス上の課題を相手と共に解決することを通して、結果として関係が改善されることもある。

　上記で取り上げた事例は、相手との関係が悪くて課題解決が進まず葛藤を抱えたケースであったが、同じく南ア駐在中の別の経験として、関係は悪くない他のチームメンバーが、やるべき業務を怠る結果、課題の進捗に支障をきたす事例もあった。

　その場合も、要因を安易に「文化の違い」や「相手のせい」と見なすのではなく、先述したように、自分と相手をとりまく全体やお互いのやりとりを慎重に見極めたりやり方を見直したりすることで課題解決を図るアプローチが、異文化教育学を活かす対処法といえる。

　例えば、筆者自身の伝え方が相手の理解につながっているか、どのように理解されているか、相手の「理解の理解」につとめ、きちんとできるようにするための条件（テクニカルな実力レベルやサポートの要否）を再確認し、できないことをできるようにする、やらないことをやってもらうようにする、逆に、やらなくてよいことをやめる、やり方を変えるなどの対処や工夫・改善を施すことができる。

　実際には、自分の説明や意図が期待したように伝わらず（理解されず）、心が折れそうになるほど途方に暮れたり、相手を責めたくなる気持ちになったりすることもあったが、ヒト（相手）に焦点を向けるのではなく、コト（課題自体）に向け、その改善のためになにができるか、そのためのボトルネックや課題を一つ一つ潰し込み、ある程度できるまで支援やフォローを行った。

　その作業は、「なにがどのようにわからないのか／伝わっていないのか」「できない・しない本質的な理由（理由の理由）はなにか」「相手が課せられたタスク上の指示や責務、規範や目的などをどう理解し、行動しているか」などを意識的に確かめ、仮説を色々な角度から検証する作業だったともいえる。同時にそれは、どこまで正しい解に行き着くかはわからな

い中で行う、大きな誤解や独善に陥っていないかの自己点検でもあった。

　振り返るに、その支援やフォローの中で、異文化教育学のアプローチやスキルを活用した取り組みは次のようなものだったと思う。

　できない要因やメカニズムを掘り下げて、個別密着指導やOJTを通じて相手の理解と行動の変化を見つつ（行動主義的アプローチ）、粘り強くできるようにしていく。相手が「やる意義」についてモヤモヤしている部分があればそれを「腹落ち」するよう理解の再構成をサポートする（構成主義的アプローチ）。あるいは、説明の仕方ややり方を相手の理解や解釈に合わせたり、意向・意見を取り入れたりして、お互いの考えや習慣にマッチするようなやり方に改善・昇華させる（異文化シナジー）、などである。

　この点、意見の食い違うパートナーと膝詰めで論議を繰り返し、その論拠や視点を冷静に見極めることで、意外な打開策を見いだせることもある。自分が正しいと思っていたやり方の押しつけや見方の固執がないかは、常に自己点検が求められる。筆者も最初は自分独りで考え抜いたプロセスでプロジェクトを進めようとしたものだが、チームのメンバーや、現地で契約していた第三者のコンサルタントの知見や協力を得ること等を通じて、進め方を調整・修正することが多くの場合で必要であり、有効だったと思う。

　また、そのような論議ややりとりの過程で、相手のことをより深く理解するのみならず、当初筆者が良いと思っていたチームメンバーとの関係や相手の態度が、実は表面的で本音は違っていたことや、異見・反発を押しとどめていたことがわかるケースもある。それを「エポケー実習」のアプローチで傾聴と共感によって表出・言語化させたり、密着指導や相手の困り事や育成のサポートをしたりする中で、相手とより深い信頼関係を築けたと思うに至ったケースもある。

　このようなケースは実際には稀だが、筆者が異文化間のビジネスに携わる上でやりがいや醍醐味を覚える得難い経験でもあったことを添えておきたい。

総括

　南ア赴任の渡航直前と渡航の機内において、これから現地のフロントオフィスで共に働くメンバーとどのようにプロジェクトに取り組むか、心構えを思いつくままに書き出したメモが手元に残っている。

A）「基本的には何とかなる」「人を大事に、人と共に誠実に、目の前のことをやり遂げていくこと　→　信頼＆ Respect　→　関係が結果へ」（＊矢印ママ）

B）「血の通った仕事をチームでするために」
　①　互いをよく知る。まずは自分を知ってもらう。
　②　課題をよくきく　→　優先順位と目標を自分達で立てさせる。（構成主義）
　③　やる意味と醍醐味を伝える　→　経験を語る。モデルと効果を示す。
　④　バランス・関係を大事に
　⑤　評価ポイント・基準、評価、納期　→　あるべき姿へ。（行動主義）

　今振り返るに恥ずかしさを覚える拙いメモではあるが、南アでの経験を自分が当時どのように捉えていたかを辿る上で、貴重な資料となった。
　ここには、当時、意識的に参考（拠り所）にしていた、異文化教育学の基礎研究で海外での技術指導上の効果的な方略として紡ぎ出された心がけ（「行動主義志向性」「相互関係志向性」や「行動の手がかりと評価の明示」など[10]）、構成主義・行動主義の視点など、異文化教育学のエッセンスを見いだすことができる。
　その一方で、任地でのプロジェクト遂行の成果や期待値に基づく評価・基準・納期といった客観的な「あるべき姿」があり、（プロジェクト着手以前、赴任以前の）現状とのギャップをどう埋め合わせていくか、パフォ

---

[10]　渡辺文夫（1980）. 前掲書参照。

ーマンス・成果をチームでどう上げていくか、という視点が対置されている。

　この対置は、即ち、未知なる異文化のフィールドでの課題解決や任務遂行にあたり、異文化教育学の関係志向のアプローチで臨み、構成主義的なアプローチでの達成を「理想」とする視点と、それに先立つビジネス上の課題解決、目の前に課せられたタスクを期限内にやり遂げる「理想」の視点との両立を、強く意識していた証でもある。

　繰り返しになるが、ビジネスにおいては、タスクの達成や課題解決が先立つ「目的」であり、ゴールでもあるため、異文化教育学のアプローチの活用による理想的な姿勢や対処は、その「手段」に位置づけられる。その意味で、本稿で取り上げた、筆者が直面した異文化のビジネスの現場での課題や葛藤解決の経験は、異文化教育学の活用が「手段」として有効だったことを示した事例といえよう。（異文化教育学がビジネス上の課題にあまねく有効ということではないが。）

　先の事例は、筆者が南アで経験した様々な葛藤や課題の一例に過ぎないが、その後３年間駐在した中国での経験も含め、海外部門20年間の職場経験を振り返るに、異文化教育学が活用できたと思う経験は数知れない。

　本稿では一つの事例から深く考察することを試みたために、紙面の都合上、異文化の関わる職場の様々な事例をとりあげることができなかったが、どのケースもそれぞれユニークである。いずれの異文化と関わる課題や葛藤に対しても、程度の差はあれ、自分なりに異文化教育学の学びやスキルをもって直面した課題に取り組み、膠着状況や葛藤を乗り越えてきた点では同じである。その意味で、筆者にとって、異文化教育学の学びは、海外や異文化の相手とビジネスをする上での礎や羅針盤になってきたと感じる。

　前にも述べたが、ビジネスは、文化の異同にかかわらず、人と人とのやりとりで成り立つ。また、人と人とが全く同じ文化的背景をもつ、ということは、同じ国や人種であっても（文化の定義にもよるが）厳密にはまず無いものだと思う。ビジネスも異文化も、さまざまなバックグラウンドをもつ人々が生き、交わる営みの中にあり、そこに様々なコンフリクトや課題が立ち現われる[11]。その対処の術の一つとして異文化教育学を位置づ

けることもできる。

その意味で、異文化教育学には、様々な背景をもつ相手や組織とのビジネスを通じて、また時にビジネスを越えて、人と人との間の自然発生的な葛藤や課題を解決し、「よりよく生きる術」としての活用の道が開けている。そういう学問であることを、筆者自身がこの振り返りを通して、あらためて再認識する結果となった。今後も異文化教育学の"道"を日々の実践の中で自分なりに活かせるよう修練を重ねていきたい。

異文化教育学を創始され、長きに亘り指導して下さった渡辺文夫名誉教授と、本稿執筆のきっかけを作ってくれた「渡辺ゼミ」出身の皆さんに感謝の念を込めつつ、この試論が、異文化に関わる研究をされる方や異文化と関わる仕事に携わられる方などの参考になることを願い、本稿の結びとしたい。

---

[11] この点、渡辺は、「コンフリクトに生の全体性が現れる」と題して、闘争の不可避や対立するものとの共存する様を論じた鈴木大拙の「相即相入」という言葉を紹介されたている以下も参照されたい。渡辺文夫（1993）.「地球社会時代のコンフリクト・マネジメント」渡辺文夫（編）『異文化間コンフリクト・マネジメント』現代のエスプリ308、至文堂、pp.9-10参照。

中尾元

はじめに

　異文化間能力（intercultural competence）は、アメリカなどでは戦後
の問題意識と深く結びついたテーマの一つです。例えば政府機関に多大な
予算がおり、理論や実証研究を含めて特定のプロジェクトの結果が白書
（white paper）にまとめられ公表されるなど、一定の存在感を見せるもの
です。異文化トレーニングのバファバファ（BaFá BaFá）やバーンガ
（Barnga）などの実践例に見られるように、教育だけでなく様々な分野で
応用・実践されるテーマです[1]。本チャプターでは、１．留学のきっかけ、
２．留学先での内容、３．経験からの異文化間能力の概念化を主たる構成
として、私の留学での経験を中心に振り返りながら、アメリカでの多文化
間カウンセリングの切り口から異文化間能力を考えてみたく思います。

留学のきっかけ

　話は遡りますが、「三つ子の魂」と言われるように、通った東京・杉並
の常盤ヶ丘幼稚園でモンテッソーリ教育を受けたこともあり、物事への興
味を探求する気持ちを尊重してもらった気がします。その後も、中学・高
校でものびのびとした環境に恵まれ、高校の時に短期留学でアメリカ・ボ

---

[1]　Greene Sands, R. & Greene-sands, A.（2017）. *Cross-cultural competence for a
twenty-first-century military: Culture, the flipside of coin*. Lexington Books.

ストンのアーリントン高校で学んだこともあり、海外に対する興味が強まりました。高校3年生時に毎週1回ほど、当時明星学苑の理事長であった故・斉藤和明先生（国際基督教大学名誉教授）から英語を個人教授いただき、学問の世界への関心も強くなったと記憶しています。

　大学は、2004年に上智大学の文学部教育学科に入学しました。大学3年で異文化教育のゼミに入ったのですが、その後どのような卒業論文を書くか悩みました。一番の転換点ないし、自分なりに自分のライフワークになると思ったのは、研究法の調査的面接法でした。卒業論文でも面接調査[2]をしたのですが、どのように人に接して話を聞くのかということ自体に技法や方法論があるというのを知り、留学する上での問題意識になりました。例えばカウンセリング心理学の分野では、開かれた質問（open-ended question）や相手が言っていることの要約、慎重な確かめなど様々な技法や思想が基本的な態度として論じられているのを知り、目を開かれました。心理学の理論は教科書だけの机上の理論だとどこか思っていたのですが、この技法を学ぶという視点は新しく、実践と研究が同じものだという風に感じました。研究が進めば、もちろん技法も進化していくし、技法のほうも、例えば熟練したセラピストなどは、本人も周りも仮に意識していなくとも、熟達した技術があり、それをもし研究が拾うことができたら、研究も進むだろうという相互作用の発想です。なので、技法と研究、応用と基礎というのは、実は同じもので、コインの裏表のようなものだと実感し始めていたのが、留学の背景です。このような方法論に興味を惹かれた上で、他の分野に比べるとカウンセリング心理学で留学する人はまだ多くないと判断し、このフィールドから異文化間能力を検討するニッチさを戦略的に考えたのです。

　大学を2008年に卒業した後、1年間上智の大学院に在籍しながら留学準備をし、2009年から2014年までアメリカに4年半ほどいました。留学の際は、TOEFL や GRE、志望理由書などの準備も大変でしたが、経済面での支えとして、大学院留学に特化をした文部科学省の奨学金（正確には、

---

[2]　その後の加筆・修正を経て、ライフストーリー研究を中心とした質的研究の枠組みとして出版されました。中尾元（2022）．『異文化間能力のライフストーリー的研究――日本の長寿企業経営者との対話』追手門学院大学出版会／丸善出版

日本学生支援機構：JASSO の給付型奨学金）の審査に運よく通ったこと
も大きかったです。奨学金をもらって留学すると、自分の関心事だけで研
究をしてはいけないという気持ちにもなり、社会意識の面でも良い動機付
けになりました。

留学先で ── 大学院でカウンセリングを学ぶ

　大学院は、アメリカ・ニューヨーク市にあるフォーダム大学の教育学大
学院の修士課程に入りました。場所としても、マンハッタンのコロンバ
ス・サークルという、ニューヨークの59丁目にあるリンカーンセンター・
キャンパスというところで、大都市型の暮らしになるわけですが、文化・
人種的にも多様な環境で、新鮮な経験が多かったです。一例として、マン
ハッタン自体は移民も多いので、外国語として英語を話す人も多く、日々
様々なアクセントや文化背景を持つ人たちと接触していたと思います。日
本でよく言われる「常識」や「慣例」、そして「みんな（が思っているこ
と）」などは考え方の一つに過ぎないと知るのに時間はかかりませんでし
た。
　大学院での学びは、コースワークと呼ばれるカリキュラムが明確に組ま
れているため、秋学期、春学期、場合により夏学期でも各4〜5個くらい
の授業を取り、Comp exam と呼ばれる卒業試験や、オプションで博士課
程で開講されていた研究セミナーを履修したりしました。日々、課題とし
て読んでいく論文やテキストの分量がとても多いのですが、その中で感じ
たことの一つは、アメリカはハンドブック作りがうまいと思ったことです。
私なりの解釈としては、人種や文化背景など、多民族で混成された社会と
いう状況が強いので、一つのテーマにしても、様々な意見や考えを持つ人
たちが日々接触しているため、勉強や研究の文脈でも、内容が「人それぞ
れ」になりがちなわけです。そのため、理論的な整理という側面も含めて、
ハンドブックはうまく統一した見解といいますか、何らかの基軸をつくる
のがアメリカはうまいと思っていました。別の言い方をすれば、留学のと
きのクラスメイトの話の仕方を見ていても、帰納と演繹の行き来をしなが

ら考えて話すのがうまいな、と思っていました。経験を抽象化して他の人にキーワードとしてボールのパスをするかと思えば、だれかの抽象度の高い考えであっても自分事として具体化してエピソードを話したりなど、いわゆるレトリックという分野の訓練だと思いますが、実感したことも多かったです。

留学中の学びの方法

　いま思い出しても冷や汗で、よく留学先のプログラムが受け入れてくれたと思いますが、留学先の初回のオリエンテーションでは、教授と筆談をしました。日常的な英語には問題なくとも、やはり高度に抽象的で専門的な用語、そして英語圏で教育を受けて育ったという社会文化的な背景を共有していることが当然とみなされている状況では、英語が閉じられた形で（英語を第二言語として話す人の存在がくすんでしまう感じで）会話が交わされていたと思います。そんな中、私なりに英語で学びを進め、アメリカで生活をしていくための方策を考えはじめました。

　まず考えたのは、その土地に生活している人たちの肌感覚や思考回路を少しでも吸収したいと思ったことです。前述したように、ニューヨークは外国人や、移民の人たちの寄せ集めの側面が目立つ場所なわけですが、同時に、人々が自分たちの価値観を深め、できることを伸ばし、何かを目指して活動している場所でもあります。私は、大学院の正規プログラムが始まる前に語学のコース（いわゆる ESL コース）に１ヵ月間通ったのですが、それだけでなく留学生のアソシエーションに頻繁に顔を出して知り合いを増やし、生活のための助け合いなどを含め、様々な交流をしていたと思います。専攻外の人と関わるのも重要で、同じ留学生として苦楽を共にした、MBA 専攻の台湾出身の陳敦儒氏（David）と出会ったのもこのような「脇道」ですので、視野は広くもつことも大事であると思います。

　当時、徐々に有名になりつつあった YouTuber の Ray William Johnson という人が、何人かの私の友人も住んでいた大学の裏側でリンカーンセンターの横のアパートに住んでいたこともあり、その人のチャンネルを通してアメリカ的なユーモアを理解しようとしたり、Outasight というアーテ

ィストの歌をよく聴いていたのを思い出します。これらは、大学院の勉強
も大事ですが、色々な人との交流を重視していた点と言えます。思えば、
留学生の友人どうしで、グランドキャニオンやラスベガス、ナイアガラの
滝やサンフランシスコなど、様々な土地にも旅行に行きました。

　住んだ場所にも偶然恵まれました。私は縁あってニューヨークのアッパ
ーウェストにある International House[3]（アイハウスと略称で呼ばれてい
ました）という寮に 3 年以上住むことができたのですが、大学院生だけで
なく様々な国の研究者や官僚たちがいました。入寮するために書類審査が
あったのですが、この寮に住んだことは人生で最良の選択の一つであった
と思います。

　さて、学びの方法の話に戻りますが、大学院のクラスでは、一日必ず一
回は発言をするよう自分に課しました。これはプレッシャーでもありまし
たが、以来自分のペースにもなっています。授業中に発言をする前提で話
を聞いていると、何を話そうかという視点で話を聞けますし、もちろん話
すことで自分の考えや認識が更新されることもあります。よく、話してい
るうちに新しいアイディアが浮かぶのと同型で、いわば話すという言語行
為により、それを自分自身が耳で同時に聞き、新しい認識を得ている形で
す。比喩的に、架空のトカゲが自分のしっぽの先が木に繋がっているとこ
ろを登っている図[4]がありますが、これは行為が自分自身の認識自体を
構成し、更新していく自己組織化（オートポイエーシス）という哲学の発
想です。

　留学中には、1985年に制作されたドキュメンタリー『OZAWA』[5]を観
て、指揮者・小澤征爾氏のエネルギッシュな在り方に感銘を受けたのも覚
えています。これはいまでは私のゼミや異文化間心理学の授業で学生とと
もに視聴し、ディスカッションをする教材です。一般的に Role model と

---

[3]　Weymans, W. (2015). At home abroad? International House New York and the
　　 Cité Universitaire in Paris: Cosmopolitan versus diasporic internationalism. In: K.
　　 Stierstorfer & F. Kläger (Eds.), *Diasporic constructions of home and belonging.*
　　 Berlin-Boston: De Gruyter, pp.279-295.
[4]　マトゥラーナ, H. & バレーラ, F.（管啓次郎（訳））(1997).『知恵の樹』筑摩書
　　 房
[5]　ドキュメンタリーの情報は下記です：https://www.imdb.com/title/tt0209215/

呼ばれますが、自分と同じような境遇の人のあり方や振る舞いから学ぼう
とする方法もあります。私の場合、フォーダム大学で身近だった Joseph
G. Ponterotto 教授には、私が質的研究のゼミを受講し、その後リサーチ
チームのメンバーに入れていただいた経緯からも、大御所でありながらエ
ネルギッシュでありつつ軽やかな姿勢から多くを学びました。特に、研究
チームで多文化的パーソナリティの質問紙調査をするために、許可を得て
大学の食堂の入り口でテーブルを設営し、アンケート調査を実施し、紙面
で多くの大学生から回答を回収したのは良い経験でした。少ない日は終日
ねばっても１〜２人しか参加者がいないということもありましたが、調査
というのは地道でありながら、着実にデータを蓄えていけば研究[6]にな
るという自信を得たのも事実です。

　とは言っても、日々の学びのなかには葛藤もあります。授業中に、クラ
スメイトが何を言っているかわからず、イライラしたことも記憶していま
す。現実ではそうでなくとも、外国語として英語をつかう人物に対して、
ネイティブが配慮がないように一方的に感じ、ストレスを感じていたわけ
ですが、自分がわからないときに、“Wait” と止めたり、わからないと意
思表示するのもハードルが高いわけです。もちろん、直接的ではなくとも
大きな辞書をみんなに見えるようにひき、周囲の気付きを高めていく方
策[7]も有効ですが、自分なりのヘルプを出す方法を見つける必要もあり
ます。

　語学の学びのなかでは、CNN や Al Jazeera といったニュースでの対談
やインタビュー特集の、特にインタビュアーや司会者が使用している英語
に注目していました。ある程度のフォーマルさを持ちつつ、対談をするモ
ードの英語や、インタビュアーが話題を仕切って論点を深めていく際の話
し方や使われている言葉は参考になりました。

---

[6]　結果は以下の論文です。Ponterotto, J. G., Fietzer, A. W., Fingerhut, E. C.,
Woerner, S., Stack, L., Magaldi-Dopman, D., Rust, J., Nakao, G., Tsai, Y-T., Black, N.,
Alba, R., Desai, M., Frazier, C., LaRue, A., & Liao, P-W. (2014). Development and
initial validation of the multicultural personality inventory (MPI). *Journal of
Personality Assessment, 96*, 544-558. DOI: 10.1080/00223891.2013.843181
[7]　渡辺文夫 (1991).『異文化のなかの日本人』淡交社

加えて、専門分野が同じ専門家にメンターになってもらうことも有効です。私の場合、学外の先生でしたが Mark E. Koltko-Rivera 先生という、ニューヨーク出身で岡山に数年間滞在した経験のあるアメリカ人心理学者にメンターになってもらい、英語だけでなく研究方法論や統計学の基礎を含め、大学院のレポートや論文の指導をしてもらいました。世界観（worldview）の心理学が専門で、カウンセリング心理学の博士号を持ち、マズローなどの humanistic approach の心理学が専門の心理学者でした。心理学だけでなく、歴史家でもあり、聖書にも精通しているため、いくつものテレビの歴史番組にも専門家として登場していた人でした。特に、アメリカ建国のときの歴史や社会事情、アメリカという土地で信頼を得て生きていく術について、多くのことを学ばせてもらいました。

　色々な方法論はあるにせよ、アメリカという社会で外国人として自分なりの目標を達成していくためには、次のような姿勢が大事であると考えていました。それは、新しい経験や学びに対して開かれており、経験したことのない新奇なものも取り入れようとする態度で、他者を否定しない「柔軟」な態度でありながらも、同時に自分が何者で、どんなことに価値を置き、何を重視し、社会のなかで何をしようとしているのかについては明確に他者に伝えられるよう「クリア」であることの重要性です。その意味では、自分にとって大事と思えるものには「逃したら次はない」くらいの気持ちで積極的に関与しておくことも大事でした。心理学者の Philip Zimbardo や Jerome Bruner と会って話をできたことなど、留学中の良い思い出の一つです。このような態度は、多文化的な状況でこそ問われると考えています。

　もちろん、精神的な健康も留学中は大事になってきます。留学のときの自分の日記を振り返りあらためて感じるのは、滞在先の生活の流動的な人間関係や、外国人という立場ゆえの様々な障壁に出会うこともあり、気持ちとして不安定になったり、自分自身の進路や進学のための資格試験、入学試験などに関して思い悩んだり、神経質になったりしたことも多い点です。いま見ても、あまり振り返りたくはない期間もあり、苦しい時期もあった一方で、日記をつけ続け気持ちを言語化することは精神衛生上も良く、また例えば Google Drive などでオンライン上で保存をしておけば、後か

らでも見返すことが容易です[8]。

　ならびに、クラスメイト同士が互いに勉強の調子はどうであるか尋ねたり、後述するインターンのための面接試験に呼ばれたかなどで気に掛け合ったりする間柄であると、社会的なサポートを実感でき、上記のような不安も少しはやわらぎ、前向きな（そしてよくすれば楽天的な）気持ちにもなれます。同様に、アメリカ人の友人で、日本の習慣やしきたりに単純に好奇心が強い人がいると、例えば日本の漫画を見せたり、YouTube で日本のコメディを見せたりしながら、どこかで自分の一部が肯定されたような感覚にもなったものでした。

留学先でインターン先を探す大変さ

　実際に心理カウンセラーとして働く経験を積む「インターン」制度は、修士課程を修了する要件としてカリキュラムに含まれていたのですが、肝心のインターン先は学生本人で見つけてくる必要があり、インターン先から内定を得るのには非常に苦労しました。もちろん、採用する機関側からすると、約２セメスター（約１年間ですが場合によってはそれ以上）、自らの機関の実際の患者等（カウンセリングでは、通常クライアントと呼ぶ）を診る立場の人間を採用するため、審査が厳しくなるのも当然です。留学生ゆえのハンディキャップと言っている暇もなく、自分が拠点としていたマンハッタンの内外で、インターン先を得るための面接を受け続けました。具体的には、マンハッタンのソーホー地区と呼ばれる Broadway-Lafayette street 駅近くのビル内のクリニックや、ウェストチェスターと呼ばれる地区の総合病院に至るまで、誇張ではなく50箇所以上出願をし、10箇所くらいから面接試験に呼ばれ、最後に１箇所から内定を得ました。

---

[8]　本稿では立ち入りませんが、五感にまつわる経験も本来は重要です。というのも、私にとっての異文化への入り口は、匂いで感じ取っていたように思います。いまでも、海外から書籍を取り寄せたときなどに、小包を開封した瞬間にもとの土地の建物や、あるいは海外の本に独特のインクや塗料の匂いが強く感じられるとき、自分がかつて初めて留学をしたときの渡航先での匂いやそれに伴った記憶を思い出します。

ブロンクスにある、アルバート・アインシュタイン医科大学でインターンができる運びとなったのです。

　このインターン先を得る奮闘の中から、経歴書（CV: Curriculum Vitae）は事細かに書いた方が良いという経験もしました。大学の卒論のときの、心理学の研究でありながら、ビジネスの分野でインタビュー調査をした内容により、最終的に内定を得る助けになったのです。これは、アインシュタイン医科大学からインターンとして派遣されるサウス・ブロンクスという地区のチャーター・スクールが、高校卒業資格を得てすぐに就職をする生徒の多い高校であったことからも、現場の必要性とのマッチが期待されたためで、嬉しい偶然でした。面接審査の中で、このようなマッチングの側面を、その後私の clinical supervisor（臨床の面での指導教員）になる Ken Wilson 先生は見逃さなかったのです[9]。

　先述したインターン先を得るための奮闘ですが、具体的には下記のようでした。例えば、面接試験のときはスーツで臨みましたが、面接がない普段の日からフォーマルな格好をしておくよう心がけました。ニューヨークのように、人の流れが活発な場所の特徴かと思いますが、インターンの応募先や関連する機関から、思いもしないタイミングで、突然に面接等の連絡があることに対応するためです。例えば、午前に出願書類一式をメールで送信し、お昼過ぎにゆっくりと大学に向かう日があるとします。そうすると、応募していた市内のクリニックなどから、午後一番に面接に来てくださいという旨の電話が来たりします。このとき、すでに大学に向かっている時であっても、授業の時間と重ならない範囲で都合をつけていかなければ、もう他の応募者に声がかかってしまいます。まさに、一分一秒を争うタイミングです。常に神経を張っている感じがして疲れますが、社会的な流動性の高い都市型の暮らしの特性かと思います。もちろん、速いだけでなく、応募先の面接官は書類の隅まで目を光らせて読むため、書類で使う用語や文章表現、言い回しなどにも苦慮しました。当然、面接での口頭

[9]　このインターンでの経験は、次の論文としてまとめています。Nakao, G. (2021). Cultivating the sense-of-the-other/sense of community: An autoethnographic case study of psychotherapy with high-risk, urban adolescents. *Current Urban Studies, 9*, 196-205. doi: 10.4236/cus.2021.92012.

表現も厳密に審査されるため、日々が真剣勝負でした。自分自身の関心や強みを表す言語的な表現が、どこまで第三者から見て正確かも準備のなかでは意識しなければなりませんでした。

インターンでの経験

　ともあれ、アルバート・アインシュタイン医科大学でのインターンのポジションを得て、かれこれ修士課程を修了したあとも含めると、大体2年ほどインターンをしていました。アルバート・アインシュタイン医科大学の母体は、アメリカで最初に創立されたオーソドックスのユダヤ系のイェシーバ大学なのですが、ユダヤ人の子弟が通う大学で、留学生はほとんどいない所でして、キッパーをかぶった男子学生や、結婚後には剃髪をしてかつらをかぶるという女子学生と一緒に席を並べて勉強しました。学校の文化としても特色があり、いわゆるジュダイズムのカルチャーは、議論好きで知られてもいますが、言葉や目に見えないものを大事にするとも感じました。音声や歌、そして聖典にしても口伝であるトーラーであり、文字ではなくて言葉伝いでやるため、視覚的には見えない世界を重視すると思いました[10]。

　アインシュタイン医科大学でのインターンは、実際には二箇所で行いました。一つは、ブロンクスのいわゆる地域医療（コミュニティクリニック）の性質を持った、大学に併設されたクリニックでのカウンセラーです。クライアントの多くは、例えばジャマイカなどからの移民の方で、何らかの経済的な困難を抱えている人も多く、1回カウンセリングをして、1ドルしか費用は取らないなどの、地域の需要のためのコミュニティ病院で、約1年間インターンをしました。もう一箇所は、同じブロンクスでもサウス・ブロンクスという地区で、アメリカ全土でも5本の指に入るほど治安が悪い場所で、チャータースクールという、通常の高校をドロップアウトをした生徒が通う、高校卒業のディプロマを取るための高校でスクールカ

---

[10]　私見ですが、目に見えない音声情報を重視するClubhouseはユダヤ文化的なプラットフォームであり、視覚情報を重視するYouTubeとはカウンターパートであると考えることができます。

ウンセラーを約1年やりました。この意味では、2カ所が、私のニューヨークのフィールドで、カウンセラーとしての実践の場所でした。インターン生は私のほかに2人のアフリカ系アメリカ人で、インターン中からすでにソーシャル・ワーカーの実質的な役割をブロンクスの地域医療で担っていた人や、インターン後に公衆衛生の分野でコロンビア大学の大学院に進学した人など、問題意識の高い人たちでした。先述したアイハウスという学生寮で出会った人たち同様、思考が柔軟で、新しい経験に開かれた態度（オープンな態度）を持っていたように思います。

　特に二箇所目のチャータースクールでは、最寄り駅の Longwood Avenue や Hunts Point Avenue という駅周辺が治安も悪く、路上でたかりに会うこともあるので、お金を渡してすぐに逃げることができるよう、常にポケットに1ドル紙幣を入れていました。チャータースクール自体は入り口に金属探知機もあり、銃やナイフなど危険物の持ち込みができないようになっているので安全でした。

　チャータースクールの特色としても、学校には職業訓練の側面もあり、家の修理や、レストランのフロアスタッフ、キッチンスタッフ（調理師）等の就業経験を高校生が在学中にできるプログラムが組まれていました。学校内では学生が全員アフリカ系やヒスパニック系の人たちだったので、顔だち一つとっても、アジア人に会いたいという感情を抱き、アジア人が恋しくなったのは、自分でも予想していなかった心理的な反応でした。関連して、少し感傷的な記憶ですが、ブロンクスからマンハッタンを眺めた人でないと、ニューヨークについては知っていない、と痛感したのを覚えています。サウス・ブロンクスの経済的・社会的に決して恵まれているとはいえない人たちの暮らしを間近で見聞きしながら、自分の「オフィス」（それは学校の中の体育倉庫を改築した場所でした）の窓からマンハッタンの摩天楼が黒い小さなシルエットに見える夕焼けを見たのを今でも覚えています。

　インターンの時も、ニューヨークで暮らす人々の生活感や世界観、考え方などを、できるだけ内側から捉えようと努めました。この時は Harpers magazine、Atlantic magazine、Readers digest などの雑誌にはじまり、ローカル紙を含めた新聞、地下鉄のフリーペーパー、Spectrum News

NY1 というニュース番組、ミュージカルの Rent など、ニューヨークにゆかりのある舞台作品も観ていました。このようにクライエントの日常や感覚を把握しようとすることは、スーパービジョンでも推奨されていました。興味深いことに、このような経験のためか少し自分自身の内省も進んでいたようで、当時の日記を振り返ってみても、「留学しているからアメリカ人の友人とつるみたいが、なかなか難しく、アジアの留学生どうしでつるんでしまう現実に対するジレンマ、もどかしさ等々の気持ちである」などの吐露や、「話す相手が英語のネイティブのときは『日本人』的なアクセントで、どこか控え目（reserved）な態度になる一方で、留学生どうしのときなどはスーパーバイザーの話すような英語の態度を借りておおらかに、リラックスし、ネイティブのマネをし、威信を借りて自分はしゃべっている感じである」などの記載があり、個人のあり方がいかに関係のなかで形作られているかを実感する内容です。同様に、外国人・留学生・アメリカ人・日本人・アジア人などの大雑把な区分けよりも、「自分サイドのサポートに回ってくれているか、それとも少し距離があるか」などといった人間関係の機微を考えるようにもなっていました。

　インターンでは大学や研究の権力性（power）についても感じることがありました。アルバート・アインシュタイン医科大学の一員として、地域のコミュニティセンター等で様々な研修にも参加できましたが、この大学機関はブロンクスという地域では権威なわけで、例えば研修の自己紹介の時などに、アインシュタインから来ましたと言うとどこか優越感のようなものを持てるわけです。ただこれも厄介で、これまで述べてきたような異文化接触の経験は重層的なわけです。上記のような言葉上のチャレンジなど様々ありますが、例えば外国人としてマイノリティーになる経験をしたと思えば、どこかですぐ権威としてのマジョリティーの意識がむくむくと上がってくるなど、複合的・重層的なものです。それ自体が自分自身の感情のコントロールも含め良い訓練であったと思います。

フィールドで感じた文化的な課題

　インターンでは先述した通り、スーパーバイザーという、臨床に特化し

た指導教官のような、カウンセリング専門の心理学者が指導者として付きます。てっきり初めは、そのスーパーバイザーがカウンセリングをするのを後ろで見たり、メモを取ったりするのかと思っていましたら、全然そうではなく、何人かのクライアントのリストを Excel で渡されまして、「じゃあ来週から、Gen はこの人たちにコンタクトをとって、この人たちに会ってカウンセリングしてね」という感じで、もうカウンセリングをしていく主体なわけです。例えばジャマイカから来た移民の方に、50分間狭いクリニックの部屋で対峙して、その人の生活上の困窮や悩みについて英語で相談に乗る状況です。周りには誰もいない状況で、はじめは一体どうやって関係を築いていこうかと、極限状況でした。一応料金も取るうえで正式なクライアントとして受け持つので、プレッシャーとも闘う日々でした。

　言葉のハードルもありましたが、一つの課題としてあったのは、自分は何者としてここにいるのかという、ある種実存的な問いでした。一体自分は何者としてここでカウンセラーとして移民の人たちと向き合えるのかという課題だったと思います。インターンを始めて１〜２ヵ月ぐらいで各クライアントなりの話し方や表現などが、外国語であってもパターンは見えてくるため、信頼関係を築いていくことや、何者として彼ら・彼女らと一緒に何かができるかのほうが重大なことでした。

フィールドの中での方略

　カウンセリングの技法の話が、ここで生きてきます。大学院のプログラムは、技法をもう嫌というほどたたき込む所だったので、それに助けられたと思います。言葉が完璧でなく、技法がうまくなくとも、カウンセリングで定式化されてきた技法に則ってやると、何とか事が進むという側面がありました。感情の反映（reflection of feeling）や開かれた質問（open-ended question）[11]など、はじめはぎこちなさもあったと思うのですが、鉄則を順守すると、クライアントがそれまで話していなかったことをしゃべってくれたり、言語化しづらかったことが言語化できて、いい意味でクライアントの感情が噴き出してきて、やはりクリニックなので、つらい経験を涙してしゃべることもあるわけで、そこに至るまでに技法によって助

けられたという部分があります。もちろんそのためには、実際のセッションを録音・録画し、時に文字起こしをし、後から分析・反省するという過程が重要です。ただつまるところ外せないのは、現象学のエポケー（判断保留）の姿勢で接することでした。相手と接する中で、自分の中に浮かんでくる考えや感想、良し悪しの評価などをいったん脇において保留する態度が重要で、言葉のやり取りだけの水準ではなく身体全体の姿勢が大事になります。これに追加的に、慎重な確かめの態度で相手に確認のための言葉を返すこともあります。このような姿勢に徹していると、仮に相手のことが完全に理解できなくとも関係は独立して成り立つということを体感できました。大学院の教育プログラムも、結局は手を替え品を替えエポケーの態度を学生が体得するように訓練していたと思います。もちろん言葉がすべてという文化もありますが、事態を動かすためには、言葉そのものではなく対人的な姿勢や、関係をどう動かすかが重要になると思いました。

　ここでの「相手が理解できなくても関係が成り立つ」ということで重要なのは、システムの観点です。システムとは、ここでは文化を含め、ある人の行動や考えの準拠枠になっている前提であったり、世界観を規定している大枠と考えて良いと思います。それで、相手に対して判断を保留する態度があると、私とクライエントとは本来別々の「システム」に生きている存在なわけですが、それぞれが自動的に動き始めるわけです。クライアントのシステムが、クライアントの中の何らかのものが、自動でどんどん動き始め、カウンセラー側のシステムも、それを見て、理解とは別の形で、どういうふうにそれを眺めているかという認識がどんどんアップデートされていくので、互いに独立的にシステムが進むと体得できた部分があります。

　換言すると、一般的にいわれる異文化理解とは異なるメカニズムがそこにあると体感しました。理解の枠組みでは、相手が話していることや行っ

---

[11]　大学院で使用したテキストは下記です。Corey, G. (2008). *Theory and practice of counseling and psychotherapy* (8th edition), & *Student manual for theory and practice of counseling and psychotherapy* (8th edition). Brooks/Cole; Capuzzi, D. & Gross, D. R. (2008). *Introduction to the counseling profession* (5th edition). Allyn & Bacon; Egan, G. (2009). *The skilled helper* (9th edition). Brooks/Cole.

ている意味が分かればそれで良しと済まされることが多いかと思いますが、カウンセリングで重要になるメカニズムとしては、それぞれのシステムが、各自なりの仕方でアップデートされ、クライエント本人の自己認識や自己理解が進むことです。ここでは、自己意識が進むと、自分で物事を決定することがより可能となり、ひいては自己実現に結びつくという発想があります。やはりカウンセラーのシステムとは別のシステムとして、クライアントのアップデートが進んでいく過程を考えることは大きな体験でした。詳述はしませんが、判断保留（エポケー）についての現象学や、構成主義[12]、そしていまここで立ち現われている（emerge; stand out）ものに目を向ける実存主義といった分野が三すくみで繋がっていると思います。

経験からの異文化間能力の概念化

　上記のような臨床経験を踏まえ、下記では異文化間能力について、自分なりの目的意識で抽象化してきた点を書きたく思います。
　1つ目は発達的な観点です。例えば、授業の中でのクラスメイトとのディスカッションで言葉が分からなくて困ることや、インターンの中で、言葉は理解できても、どんなニュアンスで言っているか分からないなど様々にありましたが、偶然にアメリカの絵本[13]を色々と見る機会がありました。絵本は、非常に文化的な比重が高いと感じたのです。いわゆる、どんな文化背景を持っているかという面でみると、ユーモアや漫画も同じかもしれませんが、絵本は教訓も含め、文化的背景が多分に盛り込まれていることに気が付きました。こんな絵本を読んで育って大人になって、もちろん、移民の人はもっと複雑な部分があるかと思いますが、こんな絵本を見て育ってきたら、それは当然こういう人間にもなるなという風に、少しだ

---

[12]　Jonassen, D. H. (1991). Objectivism versus Constructivism: Do we need a new philosophical paradigm? *Educational Technology and Research and Development*, *39*, 5-14.
[13]　一例に Eastman, P. D. (1961). *Go, Dog. Go!* Random House Books for Young Readers.

け冷静に感情的にならずにアメリカ社会を眺められる部分がありました。普段は人間の完成形しか見ていないわけですが、絵本を通して社会背景を横からみた経験です。

　2つ目は、先述したエポケー（判断保留）の態度です。インターンのトレーニングでも、スーパーバイザーから2つの側面が言われていました。1つは、事前にジャッジ（ちなみに英語のjudgeには、日本語でいう単なる判断だけでなく、価値としての良し悪しを測る側面もあります）をしない、相手がどんな人だろうかというような、presume（予測・予期）をしないで接するという意味の判断の保留です。もちろん自分自身の思考は決して止まらないので、考え自体を消したり否定したりすることはできないのですが、それでも一旦脇に置くといいますか、中ぶらりんにするという意味です。もう一つは、この事前にジャッジしないという点に加えて、例えば誰かが喋ったことに対して後からジャッジをしないという事後の判断の保留です。この事前事後の両方のノンジャッジメントがエポケーとしては大事だというのをフィールドの中ではよく実感していました[14]。

　異文化間能力の概念化について、3つ目は、日誌をつけることや異文化接触の事例を見知ることの大切さです。異文化トレーニングでは文化的覚知法という方法がありますが、それとも重なる部分で、異文化で自分の価値観と対照的な事例を知ると、それに驚くと同時に、いわゆる日本人一般やアメリカ人一般とは違う水準で、では自分はそもそもどのような価値観や前提を持っていたのだろうかという風に、ちょっと一歩下がって、自己省察ができる部分があると思います。その能力を完全に獲得することはありえず、常に目指されるべき姿や目標であるという意味でaspirational goalという言葉がありますが、同様に様々な事例や経験を検討していく姿勢は、異文化間能力の一つだと考えています。

---

[14]　エポケー自体は古代ギリシャ哲学の言葉であり、ヨーロッパ文明とも異なる地中海文明の系譜を持ちます。アナス，J. &バーンズ，J.（金山弥平（訳））（2015）.『古代懐疑主義入門 —— 判断保留の十の方式』（岩波書店）や、Husserl, E.（2015）. *Ideas.*（Routledge）を参照。

留学後の経験

　帰国後は、研究センターの技術補佐員やいくつかの大学での非常勤講師の職を経て、京都大学で博士号を取り、2019年から追手門学院大学で教えています。所属の経営学部のビジネス心理専攻では、学生のグループ活動などもある１〜２年生の心理演習の授業も楽しいですが、３〜４年生の文献講読や卒業研究のプロジェクトも、意欲の高い学生の新鮮な考えに触れられて、やりがいがあります。

　これまで、留学から本帰国をするタイミングなどでも、研究を続けることが絶たれそうなこともありましたが、振り返ってみれば、自分中心の視点ではなく、「この研究テーマが仮に生きている人間だとすると、この人物はどのように振る舞うのが最適だろうか？（物理的にもどういう文脈に身を置くべきだろうか？）」といった研究のアイディア視点で危機に対処したように思います。

　その後、研究者として国際的な交流も増えましたが、１日のうちで、複数の文化圏の人と関わると、自分のなかで微妙に異なる持ち味や態度の自分を、対人関係のなかで表現していることに気がつきます。例えば同じ日本文化やサブカル、心理学の話であっても、スペインのマラガ出身の人と話したあとに、中国出身の複数の人と話すと、相手のペースや雰囲気によってこちらの態度や話し方を自分なりに調整（少しゆっくり話すとか、時にロジックベースではっきりと話すなど）をしていることに気がつきます。もちろん、そのような態度や話の進め方の調整の前段階の探索のために、意識的でなくともエポケーの態度で臨んでいる自分もいます。そのうえで言えるのは、もちろん互いに常に変化をしているのですが、相手が文化的に心地よいあり方でいられるのを最大限に出させてあげられることが最大の異文化間能力ではないかということです。その点で資質とは固定的な特性ではなく、人との間での相互的（interactive）な行為なのだと感じます。

　もちろん、このような資質については、社会的な状況や立場が大きく関わってくると思います。つまり、相手の文化的あり方を相手が最大限取れるように尊重する態度について、自分が社会のなかで一般的にいわれる

「その国の人」（ホスト文化の人）であるか、他の文化への渡航者であるかによって異なる可能性です。これは、当該の状況で誰がいわゆる「外国人」とみなされているかという立場性（positionality）です。ホスト文化の人間の場合、あくまで自分の生活環境やリズムがある程度確立・保障されている可能性があり、そのうえで追加的に外国人を迎え入れる場合は気持ちのゆとりや、自分の文化的あり方をある程度保持してよいという心理的余白がある気がします。一方で、いわゆる「渡航者」や「外国人」（sojourner or expatriate）の場合、渡航先の文化や社会のなかに「入っていく」という要因が多く、生活や仕事のために重要な情報やリソースを包括的に収集しつつも、ネットワークを構築するため、社会的な基盤を作ること（安心感などの心理的基盤も含め）のための積極的な行動が一層求められるかと思います。能動的に社会的基盤を作る試行錯誤のなかで、社会の中で外国人ゆえの不利益を被ることもある一方、ネガティブなことを受けとめた上で気持ちのうえで処理することや、ヘマや失敗をしたと思っても、後でめげないレジリエンス（resilience：困難から立ち直る力）が重要とも感じます。

おわりに

　本稿は様々な経験に基づいて異文化間能力について論じました。異文化接触で問われる異文化間能力は様々な分野で重要であると思いますが、日本においてもカウンセリング心理の分野で本テーマ[15]がさらに論じられるべきとも思います。

---

[15]　多文化間カウンセリングの質的研究として、下記を参照ください。Nakao, G. (2022). Struggles and strategies of foreign-born counselors: A qualitative inquiry into Japanese counselors. In Mukai, Y., Pinheiro, K. U., Lira, K. T., Lira, M. T., & Takano, Y. (Eds.). Múltiplas faces de pesquisa japonesa internacional: integralização e Convergência [Multiple faces of international Japanese research: integration and convergence] (pp. 516-533). 1st ed., Campinas: Pontes Editores. (Download: https://www.ponteseditores.com.br/loja/index.php?route=product/product&product_id=1618)

映画監督の伊丹十三氏は、一時期精神分析に傾倒した経験からも、「自分に出会えない人生は、他者とも出会えない」という言葉を残しています。様々な形で自己意識を高めていくことは、色々な文化背景を持つ人たちとの回路を築いていくためのステップであると思います。

.

第13章　各事例に関する考察

中尾元

　これまでの３章から12章の各事例は、執筆者の分野や背景ともに多岐にわたるものであった。章立ての順番は、事例の読者にとっての読みやすさや内容的な関連性を重視して編成をしたつもりである。

　本章では、各氏の事例について編者が振り返りをしながら、各事例において特徴的と思われる文化的な課題や異文化間能力がどのようなものであるかを中心に考察を行いたい。なお、本章の分析は各事例の順番に沿いながら、Ponterotto, Casas, Suzuki & Alexander（2010）の手法を参考に、各事例の中から特に意味があると思われるものを抽出し、それぞれに対して一つの論を進める。いわば、編者の物語（ナラティブ）と各著者の物語とが交流するものである。次章の第14章では各事例の特徴に関して、事例の順番を再構成し、より抽象度を高めた形で異文化間能力の理論との統合的な考察を行う。

洪裕理氏の事例

　洪裕理氏の事例は、様々な異文化接触に関する経験と考えが端的に記されており、読者にとって事例を読み進める良い入り口になると思われた。まず、社会背景や日本国内でも様々な文化差があることを再確認できる。

　私が生まれた1987年から東京へ引っ越しをした1998年頃の時代背景としては、日本はバブルからバブル崩壊、韓国は軍事政権から民主化、IMFを経た時代だった。韓国ではIMF後に国を立て直すために、ITへの投資とエンタメ事業の強化を進めていった。韓国に初めて行ったのもこの

時期だったが、日本のコリアタウンとはまた違っていて異文化を感じた。

　同時に、人々や流行のあり方を、時代背景や経済の政策も含めて考える
視点は重要である。特に流行などは、自然に人々の「人気」だけで発生す
るものではないことを考えさせられる。

　　授業では、ほとんどの人が第二言語として英語を使うので、はっきりと
　　自分の意見を伝えなければ、伝わらない。

　留学に関しては、自分自身を明確にする必要性が述べられている。自身
が明快であるために考えていることについての深い理解も必要とされるで
あろう。同時に、デンマークのルームメイトの食生活についてや、本文で
も挙げられていた書籍『イスラームからみた世界史』を通して、自文化の
世界観と異なる世界観から物事を眺められるようになることは貴重な経験
である。本文中にあったように、読者は例えば羽田（2007）などを参照し
ながら、世界初の株式会社である東インド会社の歴史的背景や現在の影響
力について注目することもできる。
　インドネシアでの仕事についての記述では、「日本に住んでいると、宗
教や自分の信仰を話すことはあまりないが、インドネシアでは宗教が生活
の軸になっている」とあり、これは生活と宗教とが切っても切り離せない
ことの実感であろう。宗教と心理学については、Norenzayan（2013）な
どの論考が参考になる。
　洪裕理氏の幼少期の大阪から東京への引っ越しや、オランダへの交換留
学、そしてインドネシアでの勤務の経験は、本文の「異文化接触で大切だ
と思うこと」として最後に結実している。この4点の中でも注目できるの
は、人々には多種多様な考え方があるということへの「尊重」や「オープ
ンな態度」と同時に、自分自身の意見等についてはわかりやすく「明確」
である必要があるという両面を重視する態度である。他者に対してオープ
ンな開かれた態度を持ちつつも、自分自身のことを他者に伝える点につい
ては明確さ（一定の自律性）を持つことは、一見矛盾したあり方にも感じ
られるかもしれないが、異文化接触のなかでは重要な資質であると考えら

れる。この点については、他の事例や13章の統合的な考察でも触れたい。

　最後に、本文中でハイコンテクスト（high context）について言及があったので、その概要と留意点について簡単に触れたい。

　コンテクスト（文脈）への注目は、主にコミュニケーション分野で言われてきた。例えば Hall（1976）などは、コミュニケーションにおける文化的なコンテクストに着目をし、世界にある様々な文化を分類するために、「高コンテクスト（high context）」および「低コンテクスト（low context）」という概念を仮説的に提起した。Hall（1976）によれば、文化はひとと外界との間に高度に選択的な認知的スクリーンを提供する役割を持つとされる。例えば高コンテクストの文化になるほど、言語そのものではなくその会話がなされた状況や文脈、非言語行動（ジェスチャーや表情など）などに依拠するという。一方、低コンテクストになるほど、意味の伝達や解釈がコンテクストによってではなく、言語そのものに依拠するという。この前提として、高コンテクストの文化ではその共同体の成員が共通の情報を多く共有している点も想定されている。

　このような議論は、文化を論じる上で有用とされ幅広く使われる一方で、吉野（1997）などは注意点も論じている。すなわち、文化差を説明するためのコンテクストの説明は誇張されがちであり、コンテクストとは実際は社会的な規範である可能性もあり、人々の行動特性の型として説明することは難しいとしている。同様に、固定的かつタイプ分けの発想で文化を論じることは、特定の社会の同質性のイデオロギーやナショナリズムを強化しかねないとして注意も喚起している。

　同様にして、このような二項対立的な理論や説明は様々な分野でも使用されてきたが、あくまで文化のあり方や文化差を説明するための軸の一つに過ぎないという点がある。洪裕理氏の事例も示唆していたように、経済的な背景や宗教の要因など、様々な要素が、ひとの行動やあり方に影響を与えている。心理学の定義の一つに、「思考と行動の科学」（the study of mind and behavior）というものがあるが、ひとがどのような状況でどのように考え振る舞うのかを説明するための道具には様々なものを用いなければ、ひとの集合体としての社会の全体が説明できないと考えられる。

後岡亜由子氏の事例

　後岡亜由子氏の事例では、大学生時代の回想として書かれた「自分がやりたいことをぶれないでやる」という生き方についてや、「何事もポジティブに捉え行動する」という傾向とともに、他の人と何が「最良策」なのかよく話し合う姿勢がその後の人生においても活かされているように思われる。また、ノートを貸してもらうといったエピソードにもあるように、手助けが必要なときにそのことを他者に発信できたことも、結果的にそれまで留学先の学校に無かった学生同士の「横のつながりの交流を広げられた」ことに寄与したと考えられる。異文化間能力はともすると一人の人物の個人内の能力として考えられがちであるが、上記のエピソードから、複数の人々と互いに構築していく協働的な側面が見過ごせないことがわかる。

　後岡氏は、23年間のヨーロッパ生活を通して考えた異文化を生きる上で大切な事を7つのポイントにまとめているので、各点は本文の記載に譲るが、先にみた洪裕理氏の事例と通底していると思われる点について触れたい。それは異文化への興味や新しい経験へのオープンさや柔軟さと同時に、自分自身のことを伝えたり助けが必要な際に自分自身を明快に表現する両面性に関してである。この両面性について後岡氏の事例を通してみると、異なる文化を知ろうとする気持ちや物事を色眼鏡で見ない態度などは新しい経験へのオープンさ（open-mindedness）と考えることができる。同時に、必要な際に助けを求める明確さ（一定の自律性）と合わせて、学生同士のつながりや交流を作ったなどの側面は、率先して物事を進めていく傾向として社会的イニシアティブ（social initiative）の内容と考えることができよう。このような態度としての柔軟性（flexibility）やオープンさ（open-mindedness）、そして社会的イニシアティブ（social initiative）の観点から異文化間能力を考察した理論に多文化的パーソナリティ（multicultural personality: Ponterotto & Fietzer, 2014）がある。

　とりわけ、新しい経験へのオープンさと同時に、自分自身のことに関する明確さや一定の自律性を併せ持つ点について、中尾・内田（2018）は認

知的完結欲求と異文化間能力の関連の側面から質問紙調査を用いて量的分析を行っている。ここでの認知的完結欲求とは、「何らかの問題に対して確固たる答えを求め、曖昧さを嫌う欲求」（Kruglanski & Webster, 1996）と定義される傾向である。調査の結果、状況や他者の予測可能性に関しては一定の不確実性を許容する傾向を持ちつつも、自らの生活や決断に関しては曖昧さよりも確実さや明確さを求める傾向、の2点が異文化間能力と関わることが考察された。かつて Ruben（1976）は異文化間能力の理論（self-oriented role behavior）の中で、イニシアティブを取ることと周囲と調和的であること（initiating and harmonizing roles）の両方に対して柔軟であることを重要としたが、これまでみた両氏の事例はこの Ruben の内容に類した議論を示唆しているといえる。

　最後に、文化的な課題の一つとして次のような葛藤を挙げているため、あらためて見てみたい。

　　　一番の葛藤だったのは、どうやっても生粋のフランス人にはなれない自分の存在でした。どんなにフランス語力を洗練させても、ソルボンヌで博士号を取得しても、フランス人と比べて劣等感のような意識がとこかにありました。スイスに移り、ヨーロッパ生活も20年を越えた今、いい意味で肩の力が抜けています。違って当たり前、私は私でいいのだと思えるようになりました。フランス人やスイス人になる必要はなく、日本人としてヨーロッパで長年暮らしてきた独自の個性を持つ私でいれば良いのです。

　ここでは、渡航後のいくつかの段階において、当該文化圏における主要なメンバー（マジョリティー）のあり方に自己像を近づけられない葛藤が述べられていると思われる。もちろん、必ずしもマジョリティーのあり方でなくとも、留学や仕事で渡航した文化圏で見定める、自らが獲得する目標として設定をする「特定の文化的なあり方」と、現状の自己像との違いゆえの葛藤とも考えることができる。このような文化的なあり方の議論には様々なものがあり、一筋縄にはいかないが、この後の富取愛氏やフォルティエ明日香氏の事例とも共通したテーマであるためさらに検討を行う。

関連して、Holliday（2010）は文化的なあり方の考察のために社会の中での中心性・周辺性、そして権力について様々な言及をしているため、参考になろう。

富取愛氏の事例

　富取愛氏の事例では、「その道のプロフェッショナルが自分の分野でグローバルに活躍することをサポートしたい！」といった動機に裏打ちされた人材育成の事業創業に至る経緯が書かれている。人間関係を深める方略の一つとして、例えば「半年間のリーダーシップのオンライン研修では、初日に "Backstage Tour" というエクササイズ」をしている旨が書かれているが、これは本文中で留学時に英語ができてもコンテクスト（背景）がわからないと関係を深めることが難しかったこととも呼応する点として興味深いものである。

　事例についての時系列的な観点では、氏が現在も注力を続ける事業のルーツについて語られている。そして、文化を行き来した経験からも、中学生のときに受けた衝撃や「周りの空気を読んで」どのように周囲と接していくべきかを考えていた経験が書かれている。

　　私が20年以上にわたり、法人向けの人材育成の中でも特に「グローバル人材育成」に情熱を持ち続けているのは、幼少期に過ごしたドイツのインターナショナルスクールでの経験がルーツになっています。まだ西ドイツだった80年代半ば幼稚園の終わりから中学1年生の夏までをフランクフルトで過ごしました。

　　中学1年生の秋に戻ってきて、クラスメートに自分の率直な意見を伝えた時、「マナってワガママだよね。」と言われた時の衝撃は今でも鮮明に覚えています。そこで、私は日本で友達を作るためのサバイバルスキル、つまり周りの空気を読んで、どのように接したらみんなの輪に入って行きやすいかを身をもって学びました。もちろん、これは日本文化だけに

限らず、思春期という繊細な時期が大きく影響していたと思います。元々活発でオープンな校風だったので、それまでの自分の性格や態度をガラッと変えることなく、のびのびと生きながら、日本に合うようにうまくチューニング（調整）していくことを学びました。

　このうえで、文化的なあり方も含めて「自分とは何者であるのか」という問いに取り組むようになった記述は、印象的なものである。

　　自分のアイデンティティ探しに一番苦戦し、心が揺さぶられ、現在の自分を形作るきっかけをくれたのは大学時代です。

　　「私は私」と自信を持って貫ける強さに憧れながらも、「じゃあ私らしさってなんだろうか」「（みんなのように純粋に楽しめていない）私がおかしいのではないだろうか」ともがき、大学が居場所の全てだと感じ狭い世界に囚われていたので、周りと合わせながら「普通の仮面」をかぶって過ごしていました。「普通」からなるべく浮かないようにすることは、常に自分が他者のものさしで良いか悪いかの評価に晒されているようで、人の顔色や反応に過敏になっている時期でもありました。

　　当時の私は、「日本はこんなに素晴らしいよ！」と自信を持って伝えることができない情けなさと、自分は日本では「帰国子女（若干よそもの扱い）」、海外では「日本について語れない日本人」という中途半端な立場に、自分は一体何者なのか迷子になっていました。適応するまで悩ましい時期もありましたが、20歳という年齢で自分自身に向き合い、自分のアイデンティティについて深く考えるきっかけがあったことは、今では何事にも変えがたい経験です。

　今回の富取愛氏の事例がそのまま該当するかどうかの議論は別として、幼少期に過ごしたドイツのインターナショナルスクールとその後の日本での経験を考えると、文化的なあり方やアイデンティティに関する葛藤に関して参考になる概念に「サードカルチャーキッズ（third culture kids:

TCK）」がある。サードカルチャーキッズとは、両親の生まれた国の文化を第一文化、現在生活をしている国の文化を第二文化としたうえで、この２つの文化のはざまで、親の出身国や滞在先の国とも異なる文化や視点を身につけた人々のことを指す（ポロック ＆ ヴァンリーケン，2010）。独特な文化形成や社会との間での葛藤に特徴があるとされ、自分が何者であるかといったアイデンティティの形成についてどの文化を自らのものとするかに混乱が生じるともいわれる。そのうえで、これまでの事例のように、葛藤を経た後につまるところ「私は私でいいのだ」と思えるような形で、社会的なプロトタイプ（特定の型）というよりは個別的なあり方や、ひいては自分（たち）の文化を自身らで形成し受容していく過程の重要さが検討できる。

　同様にして、箕浦（2003）は、特に思春期の子どもの教室での対人コミュニケーション行動を中心としながら、特定の文化的パターンを内面化する時期に関して臨界期仮説を提起している。発達論的な観点が、人格形成だけでなく様々なテーマで重要な観点となることが示唆される。

　あわせて、文化的なあり方やアイデンティティに関する葛藤の議論は、後述する野田亜里香氏の「日本人」とは何かを考える事例に繋がるものである。また、自分とは何者であるかということを意識する「アイデンティティ」といったものが、そもそも単一的なものではなく、重層的なものである考察については、次のフォルティエ明日香氏の事例でも検討を行う。

フォルティエ明日香氏の事例

　フォルティエ明日香氏の事例は、先の富取愛氏とも同様に、直接的に該当するかどうかの議論は別として、事例の内容をもとに読者は自らがどのような集団に帰属しているかという意識や、自分は何者であるかを含むアイデンティティ、そして出身地という概念について理解を深めることができる事例であろう。

　　家庭内での言語環境は日本語色が強くなり、そのうちドイツ語をほとん

ど使わない状況となっていた。ドイツ語を使わなくなっていったことの要因の一つとして、兄弟が多かったこともあると考えている。兄弟間ではやはり学校での言語を使うことが多く、そのうちドイツ語で会話をすることすら困難になり、時間の経過とともにドイツ語はいつしか葬られてしまったのだ。

血は半分オーストリア人であり、生活様式や考え方等についても母親の影響をある程度は受けているはずではあるものの、基本的には、日本のどこの家庭とも変わらない衣食住で生活をし、"日本人"として育てられて来たと認識している。その方が子供であった私としても心地が良かったのだ。

　第一に、先に述べたサードカルチャーキッズの議論も関連するが、アイデンティティという概念について触れたい。というのも、アイデンティティ論や自己論は、社会科学の中ではともするとモダニズム（近代主義）や要素還元主義（reductionism）に位置づけられる発想として、固定的・内在的な発想となりがちであるため、慎重な議論が必要な概念である。
　このモダニズムを批判的に考察するポストモダニズムの観点では、アイデンティティとは個人に内在的でもなければ固定的でもなく、他者との関係性の中で構築される社会・文化的な産物である。そしてアイデンティティには、「わたし」を定義付ける主体のあり方が、他者との関わりの中で不断に再構成され反復される、「交渉の営み」を含むとされる。言い換えれば、「〇〇人は◇◇だ」（平行して「〇〇人であるわたしは□□だ」）といったような固定的な通念に出会う中で、そのような社会的なイメージとのせめぎあいのなかで「わたし」といった存在がどのように構築されていくのかを考えることができる。
　アイデンティティというものの複雑さ（complexities）については、Chen et al.（2008）やSparrow（2000）が端的に考察をしている。ここでは少し長い英文となるが、引用をしたい。

　I think of myself not as a unified cultural being but as a communion of different cultural beings. Due to the fact that I have spent time in different cultural environments, I have developed several cultural identities that diverge and converge according to the need of the moment (Sparrow, 2000, p.190).

編者訳：自分自身を統一された文化的存在としてではなく、異なる文化的あり方の交わりとして考える。これまで様々な文化的環境で過ごしてきたため、私はその時の必要性に応じて拡散したり収束したりするいくつもの文化的アイデンティティを育んできた。

　上記のような重層的・複合的な観点からの自己の考察や、様々な自己にまつわるイメージや語りの「間」に立ち現れてくるものを重視する立場に、バフチン（2013）や対話的自己論（dialogical self theory: Hermans & Gieser, 2014）がある。そして Sparrow（2000）のいう文化的な環境という観点ではもちろん居住する場所も鍵になると思われるが、異文化で生きる経験をあくまで人生計画の一部と考える、長期的な視点（あるいは経験や現状を相対化する視点）を持つことも重要と思われる。

　　そんなロンドンでの日々であったが、「イギリス」という、我が家にとっては完全に第３国になるような国に長居する意図は元々なかった。夫と私の「グローバル」という環境での職務経験値を上げるための訓練期間としてとらえており、３年から５年程の滞在期間を予定していた。

　第二に、出身地という概念についても触れたい。一般的に言われる、ある人にとってどこが出身地（ホーム）であるかという問いかけは、Klläger & Stierstorfer（2014）にも論じられているように、どこかの場所やコミュニティに対して固定的な帰属感（sense of belonging）を持つという観点よりも、ホームを構築する（home-making）という観点が現代の人々の実情にあっているのであろう。いわゆるカルチュラル・スタディーズやポスト・コロニアリズムといった領域で様々に議論されてきた内容である。

　同時に、現代においていくつかの土地に生きるということの意味につい

196

ては、従来型の固定的なアイデンティティや出身地（ホーム）という観点がすでに成立しないことを、Madison（2009）が「帰属の終焉（the end of belonging）」という象徴的な言葉で表現している。どこかの場所に関する帰属感や、移動することにまつわる元の場所への喪失感は、「自分とは何者であるか」についてその都度気付いていく（築いていく）作業と常に往復をしながらなされるとされる。グローバル化の現代において、ともに生きる人々によって構築されていくという発想が、様々な人々が様々な土地で重層的なあり方として生きる現状を考えるのに寄与すると思われる。

　フォルティエ明日香氏の事例で第二に特徴的なのは、異文化接触を経るなかで、「自分とは何者であるか」という視点よりもむしろ「自分は何をしたいのか」という観点から自己形成が行われていった過程が如実に書かれている点である。その意味では、仕事でのキャリアアップといった具体的なことも含め、自己形成の観点は異文化間能力の議論とも密接に繋がると思われる。このような意識付けには、ひとや出来事を問わず、一回の出会いであっても自分の人生に意味を与えるといった実存主義的な「出会い（encounter）」（Yalom & Leszcz, 2005）の観点も関連してくるであろう。

　　英語さえ話せれば、あらゆる国や文化の人々とコミュニケーションがとれるのだ！と、英語という言語が持つ魔力に感銘を受けたのだった。そして、とにかく英語を学びたい、世界を見たい、異文化に触れたい、世界の人々と交流したい、という強い気持ちが芽生え、成長とともにそれが確固たる"私の人生"のターゲット、ヴィジョンとなっていったのだった。

　　実はこのホームステイが大きな人生の方向転換のきっかけともなったのだった。（中略）
　　日本文化についてのプレゼンをしに行っていた。その経験を通し、自分は学校の先生に向いているかもしれない、いや、子供たちの成長を見守る学校の先生になりたい！と強く感じるようになった。

　　自分はやはりこうして違った文化を発掘し、体験することに興味がある

のだ！英語以外にもこんなに惚れ込んでしまうような言葉があったとは！街の雰囲気や人々のあり方も何と素敵な！と、とにかくパリという街とフランス語という言語に瞬く間に魅了されてしまったのだった。

　上記では語学の観点だけでなく、異なる文化を「発掘」するという関心が表現されている。単なる抱負（aspiration）だけではなく、異文化で生きていくことのできる手段を見出すことは強い動機付けになるとともに、心理的な自己効力感（self-efficacy）とも関連するであろう。Ponterotto（2010）は異文化における資質と自己効力感についても検討をしている。
　また事例後半での仕事の文脈において、「私はというと、アジア人女性ということで、まさにマイノリティー中のマイノリティーであった」という記述がある。このように、社会の中での中心性・周辺性にまつわる葛藤を経験しつつも、それを打破するためにMBAで学んでいき、その過程で「気付き」を得ていく過程は特筆に値するであろう。下記で引用する方略的な思考は事例の中でも中心な考察であるとともに、深く知ることや気付きが重要と考える心境に至る過程自体が異文化間能力のあり方として重要と思われる。

　　そんな悔しくもすぐにはどうにもならない状況をいかに打破できるか、どうしたら自分も彼らと同じ土俵にたってビジネストークができるか、どうしたら同等に扱ってもらえるか、と考えた時にまず脳裏に浮かんだのが、MBAであった。

　　各科目の授業から得られる知識量や質が圧倒的に優れているのは言うまでもないが、それよりも、学生同士のコミュニケーションを通じて学ぶ各国についての知識や思考、生活様式こそが、実際のグローバルビジネスの場において役に立っているように感じる節が多くある。人々の行動パターンや発言を観察することにより、各文化圏において、おおよそ、どのようなコミュニケーションスタイルが好まれ、敬遠されるのかがわかってくる。また、お互いに対する理解が深まると自然と親近感が湧いてくるものだ。そのようなわけで、特にグループワークは大変有意義で

あるように感じていた。

　あらゆる国出身の多様なバックグラウンドを持つ人々との交流を通して
強く感じたことは、文化や伝統、宗教がある程度人々の行動様式や考え
方を規定するものの、個人を深く知れば知るほど、我々は同じようなこ
とに感動し、喜び、悲しみ、怒り、悩む人間であるということだ。一旦
その「気づき」が得られると、その後のコミュニケーションが圧倒的に
スムーズになる。相手を一人の人間としてリスペクトし、思いやりの心
を持って接すれば良い関係性を築くことができる、という、同じ文化圏
の人同士と同様の感覚で関係を築けばいいのだ。

　国際的なビジネスのなかで、文中にあるように他にもいた「独占販売権
を要求した同業者や比較的名の知れた商社」ではなく氏の会社が選ばれた
理由は、「"『同じ言語』を使ってコミュニケーションがとれるから"、"安
心／信頼できそうだから"、ということ」であり、文化を超えた信頼に最
終的に結実したのであろう。

野田亜里香氏の事例

　野田亜里香氏のコラムの冒頭では、「海外帰国子女という人生の中で、
一番カルチャーショックを乗り越えなければならなかったのは日本国内で
過ごす時だった」という印象的な記述がなされている。端的に語られた内
容から、これは一般的にいわれる社会の画一性や「普通さ」といった同調
圧力によるためかもしれないと考えを進めることができよう。かつて丸山
眞男は「日本には他者がいない」という言葉を残したが、コラムのタイト
ルでも使われているように、「日本人」という言葉の持つ同質性について
理解を深めることができよう。
　また氏の事例は、個人の経験が、その人物が生きる環境によってどのよ
うに異なって意味づけられるかをよく表していると思われる。本文中の
「自分の故郷と呼べる場所に戻っても、『帰国子女』という枠組みに位置付

けられ、普通の日本人とは違う考え方や行動が問題視され、私自身"日本人らしくない日本人"というアイデンティティに葛藤した」とあるように、本人にとっては同じあり方や行動であっても、社会の枠組みやラベルによって全く異なる意味付けがなされる。

　氏の事例は、近代国家の枠組みの国名を付した「〇〇人」という概念がどのような意味を持つのか、改めて考えさせられる論考である。これに関しては、「日本人性」（青木，2022）などの用語で研究がなされている内容について、特に社会学や記号論（semiotics）等でいわれる「無徴（unmarked）」と「有徴（marked）」という概念について触れたい（それぞれ、無標・有標とも言われる）。

　無徴（unmarked）とは、正しいか誤っているかは別としてもそれが社会のなかでの標準的な姿（よくある姿）と考えられているために、説明としての「しるしがない」という意味である。例えば近年は使い方も変化してきている可能性があるが、「医者」という言葉と「女医」という言葉がある。「男医」とは言わずに「医師」が使われるのは、医師はおおむね男性であるという（ステレオタイプ的な）認識が前提としてあるためであり、それゆえに無徴化されている表現であるといえる。一方で、有徴（marked）とは、ここでいう「女医」という表現のように、「女性の医師」という「しるし付き」により、男性の医師「ではない」という表記があえてなされている表現である。言語上の表現形態だけでなく、人々が共有している前提が表記に現れている点が重要である。

　このような観点では、「日本人」という言葉も無徴化された言葉であると考察することが可能である。多様な習慣や文化実践がある一方で、あたかも普遍的で固定的な姿が標準的と想定されてしまう点について留意が必要であると検討することができよう。

　　集団主義的な考えも根付いている日本社会の中で、変な日本語を話し、日本の常識もよく分からず、日本人の行動に反してしまう私は、"日本人"ではないという疎外感を強く感じていた。

　そのようななか、氏が長く教育を受けたインターナショナルスクールに

おいては、「グループワークやディベートが盛んな授業の中で、自分とは違う考えを持つ他者の存在を知り、相手との関係を客観視しながら考えや感情をコントロールできた」とされる。これは学校の風土としても、一般化ではなくあくまで個別の個人の存在に注目することが貢献していると思われる。

　このような観点で事例を見ると、無徴・有徴とはアイデンティティという概念に関連するものとして、個人の生涯において変遷を辿る可能性がある。すなわち小学校低学年の頃は、周囲が個別の各人の特徴を見る観点でも、「アフリカから来た亜里香ちゃん」という有徴としての表現で呼称がなされていた。そして学年が上がるにつれ、周囲からの「日本人」としての同質性の力が増したように思われ、これは無徴化の過程ともいえる。（それゆえ本文にあるように、そこに当てはまらない場合に"日本人"ではないという疎外感を持つこととなる。）そして、大人になった後では"日本人らしくない日本人"としての有徴化に戻ったと解釈をすることもできる。

　最後に、本文中で「集団主義」が言及されていたため、対とされる個人主義とともに簡単に背景と特徴について触れたい。

　個人主義（individualism）および集団主義（collectivism）とは、Kluckhohn & Strodtbeck（1961）の論考をもとに、Hofstede（1991）や、Triandis（1995）などによって概念化されたものである。個人主義とは、個人の達成や動機付け、選択や感情などを集団におけるそれらよりも重視し、個人の目標を集団の目標よりも優先させる傾向（内田，2016）であり、自らが所属する集団からある程度分離した存在として自身のアイデンティティを考える傾向（Smith, Fischer, Vignoles, & Bond, 2013）として概念化されてきた。Hall（1976）によれば、低コンテクストのコミュニケーションが特徴的とされる。一方で集団主義とは、集団内での協調性や調和、集団全体としての達成や動機付け、選択、感情を個人におけるそれらよりも重視し、集団の目標を優先させる傾向（内田，2016）であり、自身のアイデンティティに関しては永続的な集団への帰属意識によって特徴づけられるとされる（Smith, Fischer, Vignoles, & Bond, 2013）。Hall（1976）によれば、高コンテクストのコミュニケーションが特徴的とされる。このような議論

は、前述したコンテクストと同様批判もあるが、社会に対する考察の一助になるであろう。

橋爪麻紀子氏の事例

　橋爪麻紀子氏の事例では、下記引用部で表現されるように、サステナビリティという概念を文化的な多様性のあり方も踏まえて考察した点が大きな示唆を持つものである。

　　　国や地域、企業、時代など、個人が置かれた状況や文脈によって、経済・社会・環境に対する認識は異なる（中略）。だからこそ、異なる文化背景をもつ人々のサステナビリティに対する認識は、それぞれに異なるはずだ。

　「グローカル」という言葉がある。グローバルとローカルを合わせた造語である。グローバル化（グローバライゼーション）は、地球（グローブ）の規模で物事が影響をしあい、物事が進むこと等を意味している。ローカル化（ローカライゼーション）は、それによりネガティブなニュアンスが発生しかねない点を踏まえ「エリア」という言葉が使われることもあるが、おおむね「地域化」を意味し、グローバル化に連動する形で地域の特色が出たり、グローバル化に対して独特な反応をすることを意味している。グローバルとローカルに本来的に優劣関係はない。上記を踏まえると、文化を考慮したサステナビリティの視点は、「グローカル」の言葉の通りグローバル化とローカル化を調整する視点で世界をみる点で、大きな意味を持つ。

　補足的ながら、一方のグローバル化だけをとっても、現象は単純ではない。Mann（2004）が指摘しているように、世界中の様々な場所で異なった現象が起こっているため、グローバル化とは globalizations という複数形で考えられるべきであり、現象を見る際にもヘーゲル的な観念論の立場と、マルクス的な唯物論の立場とが並列的に可能である。この観点からは、

202

サステナビリティという概念も、物理的・経済的な環境だけでなく、人々の意識といった観念的な要素とも関連する形で様々な文化のあり方に根差す必要があると考えられる。このために、物事の担い手（actor）という視点から、「誰が、誰に、どのように関与」することで物事が生じているのかを考える発想も問われる。

> サステナビリティのことを考えることは、これまで当たり前だと思っていたビジネス慣習や快適な生活が、地球環境や異なる文化背景にある人々や、将来世代の人々の犠牲の上に成り立っていることを知ることが始まりだからだ。

「犠牲」という言葉は強い示唆を持つ。Freire（2018）が述べているように、人々にとっては社会構造的に犠牲が発生することに気が付かないこと自体が問題の可能性がある。Freire（2018）の *Pedagogy of the oppressed* という書名の oppressed という言葉の解釈として、「社会的な抑圧」を受ける人々を意味する oppressed と、ひとが何かを無意識下に押し込んで気が付かないでいる「心理的抑圧」の oppressed がかけ言葉になっている。その意味では、課題を課題として向き合うための人々の意識化（conscientization）が重要になってくる。

また、本文中表1の「関係性別にみたサステナビリティの諸課題」によって、様々な問題を「関係性」といった観点から整理できる。これは、社会的な問題から身近にある問題まで、関係性の視点から構造的に検討することである。これは橋爪麻紀子氏が冒頭で述べていた、「物事を俯瞰し、相対的に捉え、その構造を理解しようとするアプローチ」の具体的な例であろう。関連して、唐突に思われるかもしれないが、古代から演劇では、主人公である「プロタゴニスト（protagonist）」と、その敵対者である「アンタゴニスト（antagonist）」とが二項対立的に劇のなかで登場し、物語のなかで何らかの問題が発生することで話が進むという構成の仕方がある。サステナビリティを考えるうえでも、もちろん二項対立の図式が常に有効とは限らないにせよ、物事が錯綜する場合に図表で整理されたように利害関係者の関係性を整理することは重要であろう。

最後に、サステナビリティを考える際に、教育プログラムや何らかの社会的実践が単発で終わることなく、持続可能であるという視点も重要となろう。本文でも述べられているように、「組織や個人のサステナブルな行動変容を促す」といった視点は、教育などの実践的な分野で一層重要になる。何らかの教育実践や社会活動がなされても、それが単発の試みとして終わってしまうと、持続可能な試みにならない恐れがある。後継者や、現場の実践者が育っていかなければ、何らかの実践はプログラムとして継続されないためである（その意味では、成功した実践例は、利害関係者同士がうまくかみあい、全体のシステムとしてみても成立していると思われる）。このような活動自体のサステナビリティを考えるために、「人を育てる人を育てる」といったキーワードで表現が可能な、後継者育成ができるひとを育成する視点のトレーナーズ・トレーニング（trainer's training: TT）や、場の継承が重要と思われる。このような連続性の視点は、何かを世代を超えて持続する視点としても求められる。Sarli & Phillimore（2022）は、移民二世などを中心に、異文化間能力の世代を超えての考察をしているが、個人だけの切り口で資質を終わらせない観点は重要であろう。

青木オリガ（織雅）氏の事例

　物事を知るということや分ける（それによって分かる）ということについての考察は、伝統的な哲学の分野でもカント以来の認識論があるが（黒崎，2000）、青木オリガ（織雅）氏の事例で第一に特徴的なのは分析に外延（denotation）と内包（connotation）という枠組みを用いたことであろう。これは外延的意味と内包的意味として対になっている枠組みである。具体例は本文に譲るが基本的な定義としては、「外延」とは言葉や特定の概念が指し示す対象や具体的な対象物を意味している。例えば、「哺乳類」の外延はヒト、ウマ、カモノハシ等である。一方の「内包」とは言葉や記号によって括られる、対象に共通な性質や概念内容である。例えば「哺乳類」の内包は、胎生で肺呼吸をすることなどの性質が挙げられる。

ひとは多かれ少なかれ概念操作をして生きている。そのため、外国語習得に代表されるような語学力とは別の次元で、ひとがどのような認知のフレームワークで情報処理をしているかをメタに考える立場は、異文化接触の場面も含め複雑な現象を構造的に把握していくことに役立つ。これらの議論とも関連して、記号論（semiotics）の分野やロラン・バルトも外延・内包を論じている。前述したポストモダニズムに関する Easthope & McGowan（1992）や Barry（2009）に詳しい。

　第二に、青木オリガ（織雅）氏の事例の中で使用されている概念について、関連の深い他の理論とも照らし合わせることで、読者はより理解を深めることができるであろう。一例としては、文中で使用されている「国民性」である。この用語（あるいは民族性）は、渡辺（1991a）が述べているように研究者間でも様々な議論があり、捉えどころがない点もあり、今後さらなる研究が必要となる概念である。例えば異文化間の葛藤の検討などで国民性の論点を用いると、実際上は個人や組織によって改善ができないことに原因を求めることになり問題解決の方策に繋がりにくいなどの理由で、一層の慎重な使用が求められる用語である。もちろん、先述した異文化間能力の文脈でも特性論的な発想は可能であるが、「文化的 DNA」といった目を引くタイトルを冠した Bains（2015）などでも、固定的かつ決定論的な国民性という概念ではなく、文化の特徴をいくつかの次元（dimension）に分けて分析する手法が取られている。

　ここでの次元とは、厳密には「文化の次元（cultural dimensions）」として提起された理論である。もともとは Hofstede, Hofstede & Minkov（2010）が、特定の文化の特徴を記述する際に、前述した個人主義・集団主義の程度の次元や、人々の不確実性の回避（uncertainty avoidance）の傾向の次元、そして権力・格差（power distance）の次元など、6次元の指標を用いたことが背景にある。同様の発想で Meyer（2016）も、国際ビジネスにまつわる文化論のなかで、社会におけるコンテクストの高低や人々の評価（フィードバック）の伝え方、説得の仕方、そして時間感覚など、8つの軸で文化の特徴を検討している。すべての次元を一度に同時に使用することはしないにせよ、このような「次元」の発想でマトリックス図を組み立てていくことは、特定の社会・文化を記述する際に有効と思わ

れる。

　第三に青木氏の事例で特徴的なのは、「冷たい血」として表現された内容である。これは、「冷静さ」を意味するロシア語が、直訳的には「冷たい血」を意味することについてである。ともすると日本語では無関心さなどの冷たいニュアンスに聞こえるかもしれないが、筆者の青木氏によれば、原義には悪いイメージはなく、落ち着いて行動できることなどを表現する際に使われる言葉とされる。思ったことや感じたことを、咄嗟に口に出すのではなく、少し考えてからにする傾向とされる。このような傾向を今後の研究として進めていく観点では、異文化間能力のレビューの判断保留の項目でも触れた反応抑制（response inhibition）の検討が可能である。異文化間能力の測定に関連させて、ストループ課題やGo/Nogo課題、そしてフランカー課題などの行動指標を用いた実験が鍵となろう。同様に、神経科学の分野において事象関連電位（ERP: event-related potential）で反応抑制の傾向をみた研究（Bialystok, Craik, Green, & Gollan, 2009; Luk, Anderson, Craik, Grady, & Bialystok, 2010; Moreno, Wodniecka, Tays, Alain, & Bialystok, 2014など）などが参考になる。

　第四に、青木氏の事例で殊に特徴的なのは、宇宙開発・探査の分野を交えた考察である。これは青木氏がロシア語の教師として様々な関係者と接してきた経験の一端を示すものである。

　例えば宇宙飛行士同士の異文化接触の課題や資質については、ミッション遂行上の環境や対人関係の密接さからもその重要性が窺えるが、心理学分野からの検討はまだ多くない。例外的に、クルー同士の長期ミッション中の異文化接触の課題について論じたKraft, Lyons & Binder（2003）や、国際的な協力関係構築の重要さを論じたNASAのBadri Younes氏のプレゼンテーション[1]がある。そのうえで重要なのは、単純にチームワークを高めるという視点だけでなく、チームメンバー同士の関係性が築かれた状態であれば、認知的資源（cognitive resource: Fiedler, 1986）をより重点的にミッションの内容に割くことができるという点である。このよう

---

[1]　https://www.nasa.gov/pdf/696854main_Pres_International_Cooperation_in_Space.pdf

な組織心理学的な観点が、ミッションの難易度・重要度が高まるほど問われるといえる。

　青木オリガ（織雅）氏の今回の考察は議論の皮切りであるとしても、異文化間能力ないし異文化調整能力の枠組みを関連させて宇宙飛行士のあり方について考察をしたのは、世界初（狭義には、宇宙初か）といえるであろう。本文中にも書かれている宇宙飛行士の若田光一氏が、先述した「冷静さ」といった資質を生かしながら、ロシア人飛行士とアメリカ人飛行士との間をとりもち「和」を保つ役割を担った事例は、多くの示唆に富んでいる。人類にとっての宇宙を、身近な対人関係の視点から地球と結びつける意味でも、今後もさらなる研究が重要になると思われる。

白井圭以子氏の事例

　白井圭以子氏のコラムは、「粧業品などを扱う多国籍企業での勤務経験や、学生時代から外国人との交流を多くしてきた」経験に基づくものである。第一に特徴的なのは、「多国籍で様々な文化が混在する環境下で実力を発揮する人々に共通の態度がある」という視点である。異文化間能力の特性論（「海外タイプ」の議論）に関連して、人々の「共通の態度」を考える切り口は、異文化接触を考えるうえでの重要な論考である。

　伝統的に知能検査などに代表される計量心理学（psychometrics）の分野では、個人内の様々な能力や知性に共通する因子を考える研究として、古くは Spearman（1904）の一般知能因子（general intelligence: g 因子、g factor とも呼ばれる）がある。定量的な検討も交え、一個人の様々な能力が集約された要因を想定する構成概念である。事例で言われるような人々の間での共通性をみる視点だけでなく、このように個人内の共通因子を検討する視座は、多様な資質の基礎を考える点で有効となろう（ちなみに、異文化間能力のレビューで紹介をした文化的知性［CQ］は、この知能研究の枠組みにも一部を依拠している）。近年では、次の飯田竜一氏の事例でみる「流動性知能」と「結晶性知能」などの区分けを g 因子のなかで検討する取り組みや、知性をいくつかの階層で分ける Cattell-Horn-

Carroll（CHC）理論（Flanagan & Harrison, 2012）など、知能研究は進展を見せている。もちろん、白井圭以子氏が考察をしているように、人々の内的な側面だけでなく、「多国籍なメンバーが実力を発揮できる環境は何か」といったひとの環境に目を向ける視点も欠かせないものである。

　第二に、異文化間の資質として白井圭以子氏が要約をしている３点は、① 人として信頼できる人物であること、② 異なるものへの寛容さと楽しむ視点を持つこと、③ 適度な好奇心と自分の態度ややり方を相手に合わせて調整すること、である。

　異文化間能力という言葉に代表されるような資質は、ここで端的に挙げられている通り、突飛な能力ではないことが多い。氏が書いているように、多国籍チームの責任者たちは、「共通善のようなものがあり、人として懐が深く部下への配慮や感謝を忘れず」にいる態度を持っていたとされる。これは編者の研究職の文脈での個人的な述懐であるが、国際的に活躍し組織で重要な立場にいる人々ほど、他者と仕事をするうえで大切になってくる、きわめて基本的な仕事上の手続きや心掛け、態度のようなものを、徹底的に遂行していると実感したことがある（もちろん、様々な例外も多い）。例えば、メールの返信といったやりとりにはじまり、国際的なイベントにおける自身の部下への配慮や、明快に会議での進行を進めるなど、いわゆる「筋が通って」おり、細かい仕事であってもぬかりがないことが多かった。さまざまな業界で求められる基本的な資質に立ち返ることが問われるとともに、あくまで新しい経験や異文化を楽しむ態度も、異文化間能力の下地の一つとして重要であろう。

飯田竜一氏の事例

　飯田竜一氏の事例では、グローバル MBA プログラムでの留学の経験を中心に、氏の考え方やものの見方がどのように深まっていったかの一端に触れることができる。事例では、先の白井圭以子氏へのコメントでも触れた計量心理学（psychometrics）の見方を引き継ぐ形で、読者は知性（intelligence）というものについて学びを深めることができる。

第一に計量心理学の知見を借りれば、「完全にはじめて見る問題や課題を解く能力」は「流動性知能（fluid intelligence）」と呼ばれ、「一度身につけた知識や技術で問題や課題を解く能力」は「結晶性知能（crystal intelligence）」と呼ばれる（cf. Cattell, 1987; Groth-Marnat, 2009）。先の g 因子の中の二大分類である。事例でもあったように、MBA で履修をするカリキュラムは非常に厳しいことで知られ、在学中に様々な理論や事例を学ぶことが説明されていたが、一体それによってどのような能力が鍛えられているか読者は問うこともできる。例えば、理論を学ぶことは、ひとが物事のフレームワークを把握する力や、一つの説明の仕方が他の現象にも当てはまる場合の感覚を養っていると解釈することができよう。一方で、上記に依拠すれば理論・事例の学びは「流動的知性」を養成し、それまで遭遇したことのない課題に対応する力を培っているとも解釈できる。本文中でも「小さな違いが大きな違いを生む（同様のトピックについては Gladwell, 2002も参照）」という表現があったが、見識（insight）を積んでいくことは長期的には大きな違いを生むのであろう。

　第二に、知性についてまた別の角度からの分類として、収束的思考（convergent thinking）と拡散的思考（divergent thinking）という分類がある（Guilford, 1956; Gladwell, 2008）。収束的思考とは、すでに知っている情報やいくつもの可能性の中から論理的に思考・推論を進め、唯一の正解に到達する思考形態であり、具体的にはレーヴン漸進的マトリックス（Raven's Progressive Matrices）などで測定される知性の側面である。一方で、拡散的思考とは、すでに知っている情報などを様々な方向に考えをめぐらせ、多種多様な発想や解決策などを生み出していく思考形態である。これは、創造性とも関連性が検討されている知性の側面である。具体的に、「レンガの使い方をできるだけ多く考えなさい」などの問いで測定することができ、正解は一つではない。このような知性のあり方の視点から、先に述べたような MBA が鍛えている内容について検討することができよう。

　第三に、プログラムで学ぶなかで「相対的な視点」を持つに至ったことが事例では語られ、同時に内容的に突き詰めた、高度な内容であったことも如実に書かれている。

世界的に認められている理論を徹底的に２年間勉強することで、経営学で基礎となっている原理原則を学ぶことができます。世界的に共通に理解されている理論を理解できたことは、自信になりました。教授陣はもちろんのことクラスメートたちもすでに成功者ばかりです。彼らでさえ苦労しながら勉強していました。そういうのを見ているときに、彼らでさえもつらいと感じるのだなと、自分の中の相対観みたいなのができたのは良かったです。

例えば、名物の財務戦略の授業があります。教授はノーベル経済学賞の選定委員をしているスウェーデン大学の教授でした。生徒は金融の専門家といわれるような人がたくさん参加しているのですが、８時間以上私のグループでも議論して、出した結論が全くの見当違いであった時に、その金融の専門家たちさえも絶句している姿がありました。リーダーシップや人事の授業もあるのですが、中身は人事が見ても、大変レベルの高いものでした。

　ここでは「相対観」という言葉が特徴的である。異文化経験はいわゆる常識などから一旦離れ、物事を俯瞰して相対的に眺める経験とも関連が深いことが推察できるが、このような「相対的な思考（relative thinking）」を持つことは異文化間能力に資すると考えられる。実際、事例のなかでの日本のメンバーシップ型の雇用形態の長所・短所についての俯瞰的な言及について考えると、グローバル MBA 留学を経たことで、もちろんトピックにもよるであろうが、物事をひとまわり大きな枠組みからみるメタ認知を獲得している可能性がある。

MBA は経営学修士ですので、経営やビジネスにおける理論を体系的に学ぶことで基礎的な共通言語を習得しているにすぎません。そのため、MBA を取得するだけでは実際のビジネスの問題に対応できるようにはなりません。実際に組織の中で成果を出すためには、経験に基づくビジネススキルも当然重要です。経験に基づくスキルに加えて経営に関する共通言語を持つことで、様々な企業や職業において"互換性"を持つこ

とになります。つまり悪く言えば取り換えが可能ですが、よく言えば企業からすると外部調達が可能であり、個人も仕事が見つけやすくなるわけです。

　さらに、ここで語られているような、MBA という資格によってひとが移動する（会社を移ることも含む）ことがもたらす影響について考察をしたい。「互換性」という表現に象徴されるように、人々が引っ越しなどの土地の移動だけに限らず、勤め先や人間関係を変える程度の高さは、人類史などの視点を交えた研究で広義に「流動性（mobility）」と表現される。そのうえで、このような流動性が高まることで、前述をした個人主義の傾向が高まる可能性や、次に示すような「感情表出」の程度が高くなる可能性がある（cf. Rychlowska et al., 2015）。ちなみに、この議論は個人差の水準を超えて、社会的な単位で考える点で、社会論といってもよい。またここでの個人主義とは、前述のように個人の達成や動機付けなどを集団のそれらよりも重視する点や、自らが所属する集団からある程度離れた形で自らのアイデンティティを考える点、そして低コンテクストのコミュニケーション様式などに特徴づけられるものである。

　そのうえで、特に流動性と感情表出については、下記のような説明が可能である。

　人々の流動性が低く、互いに同じような社会背景や前提を共有する割合が高い場合は、習慣や価値観、信条、そして行動の意図を人々が共有しているケースが多い。そのため、対人関係における不確実性が低く、人々は互いに暗黙の了解（implicit understanding）で社会的なやりとりが可能であり、明確な（explicit）な意思を発信する必要性は低い。いわゆる「察し」が可能な状態や「空気を読む」などのコミュニケーション様式である。一方で、社会的な流動性が高い場合は、上記とは逆の状態であり、社会背景や前提の異なる者同士の接触の機会が高いケースが多い。そのため、対人的な不確実性が高く、そのため言語的なやり取りも含めて明示的な意思の発信や、感情表出（emotion expressivity）の高さが必要となる。言葉が通じにくいときなどに、身振り手振りをするような例も該当するであろう。MBA だけに限らないが、このように専門性を有する人間を含めた

人々の移動が社会のなかで顕著になっていく場合、組織のあり方が変化し、ひいては社会の文化的土壌も変化する可能性が推測できる。

　最後に、あくまで本事例に関連した論点の紹介に留めるが、Kerr（2018）は国際的な移住（migration）や異文化接触の経験といった背景が、社会における企業家精神（entrepreneurship）やリーダーシップ、イノベーションの風土、そして心理的な自律性（autonomy）に寄与することを論じている。異文化接触の経験は、単に効率的に情報を処理していくだけでなく、自らで構成した考えを社会に発信し、協同していくための知性とも関連が深いことが推察できる。飯田氏も言及しているように、リーダー層に共通したふるまいとしての「共通言語」を身につけていく観点でのMBA の位置づけは、次にみる大橋英雄氏の事例での共通項の発想とも重なってくるであろう。

大橋英雄氏の事例

　大橋英雄氏の幼少期からの海外への関心は、事例本文で書かれているように両方の祖父たちの存在が大きい可能性が考察されている[2]。このような生育環境を含めて資質をみる発達論の観点は、重要な視点の一つである。

　このような背景も踏まえ大橋英雄氏は、異文化間で関係を構築していくことについて、大学生のときに国際会議を組織・運営した経験や、MBA取得のためにアメリカに留学をした経験、そして商社の一員として国際的に仕事をしている経験に関連をさせて、下記のように述べている。下記の引用は、それぞれの時期の経験に対応するものである。

　　学生が、オブリゲーションを感じてやってるような感じではなくて自主
　　的にやっていました。APEC 加盟国の学生を呼んで、貿易テーブルとか、

---

[2]　本文に記載のある父方の祖父である大橋英吉氏については、大橋（1986）などの回想録により人物像や当時の時代背景などが検討できる。

212

経済テーブルとか、人権テーブル等3つぐらい、小委員会をつくり、それぞれディスカッションするという、学生なりに本物志向でやりました。夜はみんなで酒を飲んで、馬鹿話をするみたいな感じでしたが、結局、仲良くなるみたいなところに関しては夜の部であったりするわけです。いろんな国の人たちが来たわけですけど、最終的には、細かい、風土、文化の違いはありますが、同じぐらいの世代ですし、同じようなことを勉強してますし、同じような音楽をやっぱり聴いているので、「結構仲良くなるのは難しくないんだな」みたいなことも、そのとき肌感覚的には思いました。

特に、アメリカとかにいると、自国にいるときは、日本も韓国も中国も東南アジアの国々も、全然違うという感じなんですけど、やはり、アメリカで長く生活をしていると、アジア同士、特にやっぱり韓国人なんて、ほんとに、いろんな意味で近いなっていうか、食事とか、人間関係のつくり方、先輩、後輩に対する関係、考え方みたいなものとか、すごく近いなというふうに思えるような機会というのもありました。だから、残念ながら、現在、日中関係も日韓関係も、必ずしも良くないという理解ではあるんですけれども、これは多分、第三国で会っている、日本人、韓国人、中国人とかは、結構仲いいと思うんですね。それは、極端な話、ニューヨークで国連という場であったとしてもです。全然、ヨーロッパとかで、全然関係ない形で会ってたとしてもですね。少なくとも、自国から中国や台湾を見たとき、もしくは、中国人が、中国から韓国や日本を見たときとは違う関係が確実にあって、自国にいるときは、それらの違いっていうものが非常に見えてくるんですけど、海外にいるときは、どちらかというと、欧米の文化との違いがはっきりしていて、むしろ、韓国や中国との近さというか、シミラリティーのほうが、もっと感じることができるんですよね。そんなような経験もできたのは、留学して良かったことなのかもしれません。

「アメリカ人は日本人より結構クールだ」と思っていたのですが、実は全然そんなことなく、結構、夜な夜な飲んだり食べたりして仲良くなる

と、アメリカ人と雖も、心を開いてくれます。韓国や中国を例をしたアジア人のベタベタ戦略っていうのは、日本にメンタリティーも近いんだろうなと思っていました。しかし、アジア以外の欧米の人たちも、やっぱり、仲良くべたべたしてると、結構仲良くなれますよっていうことが、ほんとにある種、自信を持って言える関係もできていきました。

　大橋氏の経験に対する考え方や意味付けとして特徴的なのは、「違い」と「同じ」を同時に見るものの見方である。このような発想は、「外見として現われているものは異質と思われていても、その根底に（無意識的に）潜んでいる共通の構造に着目する」という観点で、構造主義的な考え方ということができる。
　ここでの「構造」とは、現代思想で論じられてきた内容である。「構造」とは「要素と要素間の関係とからなる全体であって、この関係は、一連の変形過程を通じて不変の特性を保持する」ものとされる（レヴィ゠ストロース，2008; Lévi-Strauss, 2013）。このうえで構造主義は、一見異なる「こと」や「もの」でも、変換可能な「構造」として見ると、同じである可能性が多くあることを主張している（渡辺，2018）。
　ここでの異なる体系間での「変換（transformation）」や「不変」の概念に関して、比喩的な説明を見てみたい。図5は、文化人類学者レヴィ゠ストロース（2008）が用いた説明で、レヴィ゠ストロース & エリボン（2008）や小田（2000）で挙げられている、トムソンの魚の座標変換と呼ばれるものである。図からわかるように、一見異なる魚であっても、座標軸

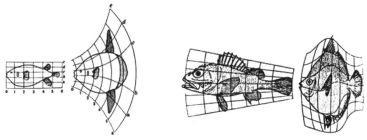

図5　魚を比喩とした構造の模式図（レヴィ゠ストロース，2008より改編）

を伸ばしたり縮めたりする操作により対象物を変換（transform）させることによって、違いとして見えるものと不変と考えられるものとに同時に目を向けることができる。魚の形だけでなく、ひとの顔などでも同様の操作を行うことが可能であり、レヴィ゠ストロース以前から存在するヨーロッパの伝統的な考え方の一つとされる。あくまで関係性優位な発想として、次に紹介をする柿本浩氏の関係論の事例とも併せて検討をすることができよう。

　補足的な内容として、大橋氏は文化的な背景を異にする人と時に踏み込んだ話をするなかで、特定の話が相手の「地雷を踏む」かどうかを見極めるという表現で説明をした内容がある。これは、その時々でどこまで踏み込んだ話ができるかはあくまで感覚的なことや経験則によるとしつつも、例えば現代史や国際関係史の話などで、互いに感情的にならずに踏み込んだ話ができると相手との関係が深まる、といった内容のことである。上記のような構造主義的な発想の具体的な方略として、特徴的な点である。これは異文化間能力として、長寿企業の経営者の構造主義的な認識について検討した中尾（2022a）との類比で考察ができる。

　　2021年の２月や３月は、僕が Zoom 会議を頻繁に開催して、１人暮らしの人が外出来ず心細い思いをしていました。それは、実はアメリカ側も同様だったようで、アメリカ側も Zoom の機会を設けると、「非常に元気出た！」みたいなことを言ってくれるのです。こういった時期は当然、日本人だけじゃなくて、海外の人も不安は一緒で、当たり前のことでも、共有できることが結構あったりします。この様ななんでもない動きで、また関係が深まったりするのだと分かったりしました。

　同様にして、共通の経験などに着目した見方は、情報通信技術（ICT: information and communication technology）が発展した現在の対人的なやりとりにも該当する部分がある。グローバル化や技術革新が進むことによる世界の多様化と並列して、人々の経験の共通性に目を向けることの重要さが考えられる。

柿本浩氏の事例

　柿本浩氏の事例で特徴的なのは、日系メーカーの一員として海外赴任をするという文脈において、渡辺（2000; 2002）の論じてきた「統合的関係調整能力」を中心とした異文化教育学がどのように現場の課題解決に有効かを検討した点である。事例としての背景にはじまり、異文化で働くなかで遭遇した葛藤や、考えうる葛藤の要因、葛藤への対処、そして関係の改善といった一連の観点を切り分けて論じている点も、有効な考察であろう。そのうえで、判断保留（エポケー）の手法や関係調整の考え方で課題解決に臨むことが有効な方略になることを具体的に展開しているといえる。

　　異文化のフィールドでの課題解決や任務遂行にあたり、異文化教育学の関係志向のアプローチで臨み、構成主義的なアプローチでの達成を「理想」とする視点と、それに先立つビジネス上の課題解決、目の前に課せられたタスクを期限内にやり遂げる「理想」の視点との両立を、強く意識していた証でもある。

　上記のように本文にあるように、特にビジネスの文脈においては、異文化教育学での構成主義などの視点と、仕事上のタスクを期限内で達成するという特定の（時に外的な）指標に則する視点との両立が重要になるという考察がある。同様の考察は、「総括」にある「南ア赴任の渡航直前と渡航の機内において、これから現地のフロントオフィスで共に働くメンバーとどのようにプロジェクトに取り組むか、心構えを思いつくままに書き出したメモ」にも集約されている。すなわち、「優先順位と目標を自分達で立てさせる」といった構成主義的な発想で各人が仕事の意味付けをすることを重視すると同時に、「基準、評価、納期」といった基準を用いて目標を達成していくことの両立である。

　この両立に関連して、本文中で「課題解決は関係に先立つ」という命題が提起されている。これは、「関係が良好でも課題が解決されるとは限ら

216

ない」という意味で、重要な問題提起である。そもそも「関係は本質に先立つ」（渡辺，2000）という命題は、実存主義のサルトルの言葉である「実存は本質に先立つ」になぞらえたものであるが、柿本氏はビジネスの文脈での課題解決という目標のなかで、「関係」がどのように位置づけられるかを相対化したとも考えることができる。（巷での）異文化に関連したいくつかの分野では、ともすると研究に基づかない形で、本来的にその可能性や意味内容を検討しなければならない「他者理解」などの用語が容易に使用されていることがみられる。その意味で、柿本氏の議論は、他者理解よりもまずは関係構築を志向する関係志向性の議論をビジネスの文脈で再検討した点で、他者理解のパラダイムから2周ほど議論が深まっていると思われる。

　同様にして、異なる類のものを同時並列的に行っていく点については、下記のように判断保留（エポケー）についても語られている。

　　「エポケー実習」のように、沸き起こる自分の意見や判断を頭の中で「脇に置く」のは（知識としてその必要性を認識していても、ある程度のトレーニングを積んだ経験を持っていてもなお）実践上容易なことではない。傾聴には、傾聴する側にまず精神的・時間的余裕や感情の高揚を抑える能力も必要だが、一方、論議においては、同じ職場のメンバーとして自分の意見をきちんと伝え、論議を通じお互いの理解を高めることも必要である。「異文化シナジー」のような統合的な解決法を見いだすには、冷静なお互いの理解の確かめと活発でオープンな論議の両立が前提となる。

　これは判断を保留するというエポケーのモードと、意見を伝えたり議論をしたりするモードとの切り替えや、必要な際の両立の難しさについての考察である。直接的な関連は別として、異なった種類の思考モードの切り替えに関しては、Kahneman（2011）のいう「システム1・システム2」も参考になろう。「システム1」とは、自動的に高速で働く思考のモードで、感覚的・無意識的なものである。例として、突然聞こえた音の方角を感知するなどの働きである。一方、「システム2」とは、困難な知的活動

にしかるべき注意を割り当てる意識的・合理的な思考の過程を含むもので、熟慮的で論理的なものである。例として、物事を比較検討する際の思考である。異文化接触に関連させれば、思ったことや感じたことを即座に返答する行為はシステム１に近く、判断保留のエポケーの態度は、判断を下したり意見を示すことを保留し慎重な確かめの態度を持つ点で少なからずシステム２に近いであろう。このように、自分自身の異なる思考のモードを自らがどのように操縦（navigate, handle）しているかを考えること自体が、自らへの気付きを高めることに寄与するであろう。そしてこのような自らへの気付きは「メタな視点」とも関連してくるであろう。先に異文化間能力で述べた、状況に応じて自己のあり方等を切り替える（frame-switching）観点からすると、モードを器用にスイッチすることは一応の最適解といえる。ただ仮に難しい場合でも、その状態自体を自覚できていることは自己意識の点で重要であろう。このことは、例えば社会的な文脈における怒りなどの感情の扱いについても同様である。自らの怒りなどの強い感情と向き合う観点では、感情を即座に打ち消すことや抑圧することよりも（そしていわゆる「気持ちを切り替える」ことよりも）、ひとまず「いま自分はどのように怒っているか」に注意を向けることが一種のメタ認知や自己意識を高めることに寄与するであろう。

　最後に、冒頭で触れた仕事上のタスクを達成するという特定の指標について、本文でも言及のあった「関係性」や「行動主義」を関連させて考えたい。ここで論じうるのは、技術移転における指導のなかで、仕事上の計画の明示化や物事の理由の明示、行動促進のための環境づくりや、上司として相手の行ったことが良かったか悪かったかをはっきりと伝達することなどが異文化間能力として重要となる（渡辺, 1989; 1991a）点との関連である。この観点からは、仕事上のタスクを達成するための指標は、働く人々から独立した（外的な）指標という側面だけでなく、繰り返し評価（そして評価の理由）を伝える側面にも重きを置いて検討できると思われる。もとより渡辺（1989; 1991a）の研究では、このように指導のなかで相手の行動が適切であったかどうかサインを明示していくことや、自らの指導上の行動の効果を知るために、自分と相手との関係の変化に目を向けた「関係重視の認識の仕方」が重要とされた。この関係重視の見方は、物事

の随伴性（contingency）をみる「行動主義」がもとになっている。先述の文化の定義でも、Skinner（1969）の「行動を引き起こし、維持する社会的強化の随伴性（contingencies of social reinforcement）」を文化とする見方に触れたが、規範や基準が不確実な状況で関係を構築し、仕事上のタスクを達成していくために、このような物事の随伴性（contingency）の見立てが一層重要になると思われる。

中尾元の事例

　最後に、編者自身の事例を自己省察（self-reflection）の観点から振り返りたい。編者はこれまで、社会が混迷する状況下では、外国という意味の異文化に限らず、前提や背景の異なる人々といかに関係を築くかの視点が重要と考え、研究を進めてきた。特に近年、経済的な分断だけでなく、社会的な人間関係の断絶をいかに食い止めるかということが重要であると考えてきた。

　本文でも述べたように、他者との共存のための態度として、「判断の保留（エポケー）」がますます重要になっている。これは、他者や外界からの何らかの情報に対して、性急な良し悪しの判断を差し控える態度であり、自身の認識を固定せず絶え間なく留保し、自分が認識しているものを慎重に確かめようとする姿勢（渡辺, 2000; 2002; Watanabe, 2005）である。この姿勢は、ピュロン（紀元前360年頃から紀元前270年頃）によって実質的に創始された哲学の流派や、現象学と呼ばれる現代思想の系譜に立つものである。対面の接触が少なくなる現在のリアルとバーチャルの融合時代（中尾, 2021a）でも、関係構築のための姿勢が一層問われている。

　このような問題意識のもと、いくつかの概念について振り返りたい。第一の論点は、判断の保留（エポケー）についてである。編者がアメリカ滞在中に学んだ現象学の方法論は、デュケイン学派（the Duquesne School）に位置するものである。この流派は、心理学の研究法として現象学を活用する Amedeo Giorgi や Clark Moustakas らを含む。van Manen（2014）は、古代ギリシャからフッサール、そして現代に至る系譜に加え、

エポケーの詳細な検討を行っている。このようなエポケーの態度が対人的にどのような機能を持つかは今後さらなる検討が必要であるが、下記のような方向性の議論が可能である。

　一つ目は、判断保留をする側は、カウンセリングの技法でいう反映的な聴き方（reflective listening）を果たしている点である。クライエントにとって、カウンセラーの態度自体が全体的な環境や雰囲気作りに関与しているが、クライエントが話しているうちに（厳密にはクライエントが自分が話すのを自分で聞きながら）頭が整理されるのは、自らの経験の意味が再構成され、物事の意味付けの明確化や感情などの言語化が徐々にできるためであろう。本文でも触れたように、狭義には情報の交換を意味するコミュニケーションや、他者の理解といった観点とは異なる次元で、判断保留の態度は異なるシステムをそれぞれ独自的に更新（update）すると考えられる。そしてシステムに関与している人々の認識も刷新される。

　二つ目の視点として、上記の相互作用のメカニズムのために、単純な情報の「入力・出力」の発想ではなく、システム論（Bertalanffy, 1969）の発想や、開放系・閉鎖系、そしてオートポイエーシス（自己組織化）をはじめとした複雑系（河本, 2000; Varela, Thompson & Rosch, 2017）の理解が重要になる点である。とりわけ、精神過程が再帰的（recursive）な決定の連鎖を必要とすることなどを論じたベイトソン（2022）についての学びや、オートポイエーシスの見地から「行為と認識」とが不可分であることを、対人的な相互作用を通して経験することが問われる。

　関連して、意味の再構成や内省が促される点について、いわゆる独り言との違いも重要である。単に一人で思索をして自己探求をするのではなく、他のひとと共にいる社会的（social）なモードのなかで、他者からの反映的（reflective）な聴き方を受けることにより、対人間で行き来する情報の拡散性がある程度少なくなることによって、話し手の省察や再構成が促されると思われる。社会的でありつつも、情報の拡散性の低さにより焦点化が可能となり、話し手の意味づけの解像度が高まると考えられる。

　最後に、本文中で触れた話をするときの態度についての自己意識についてである。本文で「話す相手が英語のネイティブのときは『日本人』的なアクセントで、どこか控え目（reserved）な態度になる一方で、留学生ど

うしのときなどはスーパーバイザーの話すような英語の態度を借りておおらかに」話していたという点である。この点については、社会的な関係性からの言語について考察が役立つ。例えば Bakhtin（1986）は、「言葉は本来的に誰かに向けられたものである」という点で、言葉の addressivity（宛名性・宛先）を論じている。明示的な言葉だけでなく非言語的なメッセージも含まれる対人的なやり取りにおいては、意図せずとも社会関係を何らかの形で示唆する象徴や印（マーカー）が多分に含まれる。このような観点と方法論については、Kendall & Wickham（1999）や Willig（1999）などのディスコース分析と呼ばれる領域を参照されたい。伝統的なエスノグラフィーだけでなく、エスノメソドロジーやアクティブ・インタビューの手法の活用も可能である（Holstein & Gubrium, 1995; Silverman, 2017）。

12の事例の締めくくりに

　ここまで挙げてきた各事例について、分析のなかで取り上げたもの以外にも様々な検討が可能であろう。前述したように、質的研究の転用可能性（transferability）の観点から、読者は自身なりに事例の文脈を自らの境遇や状況にひきつけて考えていただき、読者なりの解釈をすることを推奨したい。各事例の人物たちに限らず、これまでみてきたような様々な経験や資質を持つ多くの人々が、それぞれの持ち場において一定の役割を担うことにより、諸問題を抱えた社会の現実を動かすことが可能になると思われる。

第Ⅲ部　総合考察

中尾元

　総合考察では、これまでの各事例で得られた概念の抽象度を上げ、異文化間能力の様々な理論等に結びつけて考察を行う。下記では事例の順番を再構成し、テーマごとのまとまりで検討を行う。これは、第13章で得られた知見を、第Ⅰ部の異文化間能力の諸理論やフレームワークの中に位置づける形で、検討を行うものである。

　本章の構成は、編者が作成した下記の統合的モデルにあるように、「特性論」「関係論・行為論」「帰結論」の３部構成である。なお、本章の議論は第13章で取り上げた分析をすべて含むわけではないが、これは重要度が低いためではない。本章では、既存の異文化間能力との照らし合わせのなかで、比較的概念化がしやすいものを一部とりあげるに過ぎない。

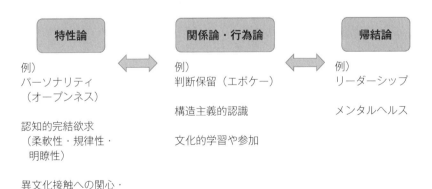

図6　理論と事例とに基づいた、異文化間能力の統合的モデル

統合的モデルの構成

　編者が作成したモデルの下敷きには、先述した Ang & Van Dyne（2008）や Deardorff（2006; 2009; 2017）、Deardorff & Arasaratnam-Smith（2017）、そして Leung & Cheng（2014）のモデル等がある。これらのモデルでは、パーソナリティ要因や文化的要因の含まれる活動・行動への参加や行動の程度、そしてリーダーシップやポジティブなメンタルヘルスなどの一般的な（文化を含まない）要因などが異文化間能力との関連のなかで論じられている。とりわけリーダーシップは、「一般的な仕事のパフォーマンス」などの傾向とも関連が深い。例えば渡辺（1991a）は、海外経験などによって異文化間での資質が高まったと思われる人ほど一般的な物事に対しても「メタレベルでの認識が深まる」ようになり、一般的な物事の認識としても、自分や相手のものの見方や行動を一歩離れてみることができるという考察をしている[1]。下記では、統合的モデルの「特性論」「関係論・行為論」「帰結論」の各まとまりを順に考察する。

特性論のまとまり

　異文化間能力の特性論の立場（cf. Leung et al., 2014）は、異文化接触の状況において典型的にみられる行動を方向づける、個人の持続的な特徴を強調する立場といえる。事例と照らし合わせると、第一に特徴的なオープンネスは、新規的な経験に対しての興味や開かれた態度を概ね指している。異文化接触への関心も含め、「関係論・行為論」に挙がっている、文化的

---

[1]　これに関連して、文化的要因と一般的態度との関係性を考えるうえで、一般的な対人傾向が特殊な対人状況における傾向に反映されるという social microcosm（社会的な縮図）といった議論もある（Yalom & Leszcz, 2005）。般化や感情の転移（transference）等も含めると、異文化接触での態度と一般的態度との関連性については、今後さらなる考察が必要である。

な要素が含まれた広い意味での学びの機会に積極的に参加する態度にも繋がると考えられる。このような傾向は、これまでの研究では異文化接触での不安や不確実な状況を検討していくうえで重要な項目とされる（e. g., Ang & Van Dyne, 2008）。異文化での滞在ないし異文化接触に対して、自分ごととして何らかの意味を見出した上で関与しているかが関わるためである。このような学びの機会への価値付けや、自分の生活や仕事にとって異文化経験をする必然性について、Vancouver Index of Acculturation（VIA: Ryder, Alden, & Paulhus, 2000）などの質問紙尺度での調査がさらに求められる[2]。

　第二に特性論として特徴的なのは、認知的完結欲求である。以下では定義や一般的な傾向、文化に関連した議論、そして事例の分析でみた「柔軟性」や「規律性」（明瞭性）の両方を併せ持つ点についての知見に触れる。

　認知的完結欲求は、「何らかの問題に対して確固たる答えを求め、曖昧さを嫌う欲求」と定義できる（cf. Kruglanski & Webster, 1996）。これはKruglanski & Webster（1996）によって概ね２つの下位概念（１. 早急に答えや解決策を求め、決断を求める動機、２. 獲得した一定の知識枠組みを維持し、一度獲得した答えと矛盾する新たな情報に対しては抵抗をする動機）で構成されている。

　文化的要素と関連する知見としては、この認知的完結欲求が高い個人ほど情報処理の際にステレオタイプにより頼りがちになり、新しい情報を得た場合でもステレオタイプを修正することに抵抗を感じる傾向が強いとされ（Kruglanski & Webster, 1996）、他者の行動の原因付けの際にもあくまで自文化で優勢な帰属方法（ethnocentric attribution）を行いやすいと言われている（Chiu, Morris, Hong, & Menon, 2000）。

　また異文化接触の過程に関連する数少ない先行研究としては、認知的完

---

[2]　異文化への意味付けについては、ひるがえって人の出身文化との関係も関与すると思われる。すなわち、自文化への満足や親和性であり、「もともとの自分の文化的な在り方にどれほど満足しているか」という観点である。自我心理学の立場からは、自文化での在り方がどれほどegosyntonic（自我親和的）あるいは egodystonic（自我異和的）かで、異なる文化での生活等を求める動機付けに違いが生じると考えられる（cf. Freud, 1914）。本研究のスコープに留まらないので簡単な言及に留める。

結欲求の高い移民の人々ほど新たな文化圏に順応していく過程で人々との社会的接触で回避的な対処行動を取りがちで、ホスト文化の人々との接触もより低下することが報告されている（Kosic, 2004）。同様に、海外駐在者に対する調査でも、仕事上の適応や職業上の満足度とは関連が見られなかった一方、認知的完結欲求の高さは社会的適応の低さや、様々な文化的要因に気付くことのできる文化的感受性（cultural sensitivity）の低さとの関連が報告されている（Nicholls, Rothstein, & Bourne, 2002）。あわせて、認知的完結欲求の高い留学生は低い留学生に比べて、海外で学ぶ中で心理的な苦痛をより多く経験するという知見が得られている（Kashima & Loh, 2006）。ただ当然のことながら、移民や駐在員、そして留学生に該当する人々の文化的な背景等を十把一絡げに検討できないはずであるので、研究上の課題も多い。同様に、そもそも異文化間能力は、「異文化適応」や「順応」よりもより抽象的な次元で、様々な異文化の意見や価値、態度の衝突にどのように対処や統合をし、関係を構築していくかの態度を問う構成概念である。そのため、適応と異文化間能力とは異なる水準のものであり、例えば「適応感になやむ」ことは「相手との関係が悪い」ことを必ずしも意味しない可能性がある（渡辺, 1983; 1987; 1991a）。むしろカルチャーショックを受けていたり、不適応感を感じていたりする場合のほうが相手文化の人々のことを考え良い仕事をし、互いの存在を否定しない良い関係が築けていた事例（渡辺, 1983; 1991a）もある。認知的完結欲求の役割を考えるうえでは、あくまで独立的に機能する異文化間での関係性をどのように見定めるかが問われる。

　認知的完結欲求の定義に立ち戻ると、意味的に反対になる概念として、曖昧さへの耐性（tolerance of ambiguity: TOA）があげられる（Iannello et al., 2017）。例えば曖昧さへの耐性が低い人ほど、心理的な頑なさや二分法的思考、権威主義や自民族中心主義的な傾向を持つとされる（Frenkel-Brunswik, 1949）。研究の知見としては Nishida（1985）の留学生を対象とした調査により、曖昧さへの耐性が比較的高く、新規的な環境や不確実な状況に対して不快感をそれほど多く経験していない人ほど、自らの異文化体験に対してより心理的な肯定感を持っていたとされる。しかしながら、Furnham & Ribchester（1995）や鈴木・桜井（1999）によれば曖昧さへの

耐性の概念化や測定に関しては研究者間で同意が得られていない問題もある。

　このように限られた知見かつ課題もありながら、新しい情報を獲得する際の態度やステレオタイプ、そして新たな文化的要因に対応をする文脈で人々と社会的接触をどのように行うかなどの点で、認知的完結欲求が一定の役割を果たしていることが窺える。

　第三に特徴的な点は、「柔軟性」と「規律性」（明瞭性）といった一見背反する態度を同時に併せ持つことが異文化間能力と結びついている可能性である。これは事例でみた、異文化への興味や新しい経験へのオープンさや柔軟さと同時に、自分自身のことを伝えたり自身が助けが必要な際に自分自身を明快に表現する傾向のことである。先述の Ruben（1976）では、規律性やイニシアティブをとることと同時に他者と調和的なあり方の両方を持つこと（initiating and harmonizing roles）の両面性が異文化間能力で問われると示唆されていた。この点については、異文化接触のなかで経験されうる（個人内の体験も含め）複雑さを受けとめる態度（Lloyd & Härtel, 2010）として考察ができる。すなわち、これまでの異文化間能力の研究では柔軟性（flexibility）が多くの研究で言われてきたが（Spitzberg & Changnon, 2009）、単純な柔軟性だけでなく、規律性や明瞭性との関連を事例を交えて検討できたことが示唆に富んでいる。なお、「柔軟性」は、あくまで特定の自己のあり方を軸に他のあり方に変わりうる性質を強調する場合、「可変性」という言葉での表現が可能となる。英語での用語の表現においても changeability や variability、そして malleability などがあるが、各用語のニュアンスについては Wain & Sherring（2021）などが参考になる。同様に、このような人々の「可変性」のあり方は、当該の社会で支配的なあり方との距離や関係によっても影響を受ける。Holliday（2010）は、文化的なあり方の考察のために社会での中心性・周辺性について言及をしている。

関係論・行為論のまとまり

　次の関係論・行為論で特徴的なのは、判断保留（エポケー）や構造主義的認識をはじめとして、「関係性」といった概念を中心に資質をみる見方である。以下では、判断保留（エポケー）を軸にいくつかの議論をみたい。

　判断保留（suspension of judgement: Husserl, 2012; Watanabe, 2005; Yu & Chen, 2008)」への着目は、異文化間能力の類型のなかでは「実際に取りうる行動としての能力（capability)」の立場に位置している。渡辺・山内（2011）によれば、エポケーの態度の要は、「自分の中にある条件を脇に置き、確認し、相手の気持ちを確かめる」ことであり、「自分の中に生まれる考え、思い、感情などを意識的に一旦保留し、脇に置き、さらに相手の内的世界を理解しようと努める」態度である。例えば会話のなかで話を聞きながら自分の中で湧き上がってくる考えを一旦脇におき（保留し）、相手の言っていること等を慎重に確かめる姿勢を継続することである。人間性・実存主義的カウンセリング心理学（humanistic-existential approach）の非指示的アプローチや構成主義を応用したものであり、人々の深層に迫るために有効な技法である。この観点で、認識の仕方としての関係論と具体的な行為論とが結びついている。

　前述のように Triandis（2006）は、異文化で他者と関わる際に民族性の情報のみから判断をせず、十分に個人の性格特性や背景情報を考慮に入れることが重要としており、判断の保留が異文化間能力の中で最も重要な要因であると述べている。これは、他者からの何らかの情報に対して早まった（とりわけ良し悪しといった価値に関する）判断を差し控えることが重要な能力となる見立てである。同様に、外界からの新しい情報に対して、性急な判断を下すことを差し控えることにより、偏見や思い違いによる誤解を低減することが理論的に示唆されてきている（Byram, 1997; Caligiuri, Noe, Nolan, Ryan & Drasgow, 2011; Yu & Chen, 2008)。

　上記のような背景と照らし合わせると、本書でみた関係志向性や判断保留に関連する事例は、これまで異文化間能力の分野でいくつか理論的に言

われてきた内容の考察を深めることに寄与すると考えられる。

　あわせて、判断の保留の機能に関しては、新規情報の包括的な把握だけでなく、対人間で他者がどのような意味合いで何を伝えようとしているのか、相手の意味付けや行動の意図、そして理由を慎重に知ろうとする態度（cf. 同型の帰属［Triandis, 1994］も含む）からも考察ができる。このような検討は、もともとの現象学（So, 1999）の系譜だけでなく、人々の主体的な意味の構成を重視する構成主義（Jonassen, 1991）や、意味づけに関わる人間性・実存主義的心理学（humanistic-existential psychology: Benjamin, 2008; Fancher & Rutherford, 2016; Rogers, 1957）の系譜からあらためて検討が可能である。

　渡辺（2000; 2002）や Watanabe（2005）は、「関係は本質に先立つ」という命題に象徴されるような関係志向性に関する議論のなかで、関係志向性と判断保留との関連について考察を行っている。すなわち、(1) 関係優位の考え方をもっていた人ほど、異文化にて充実感を持って働いていたという調査結果をもとに、「さまざまな事柄の『関係』の在り方を良く観察する」（ないし関係をうまく調整する）ことが異文化への対処に有効であるとし、その上で、(2) 自分や相手の価値観や感情に囚われず、価値判断を行わない「判断の保留」によって冷静に対応ができることを論じている。関係優位の認識の枠組みのなかに、どのように判断保留が位置付いているかを示す議論の一つである。

　上記の点を踏まえたうえで、判断を差し控える傾向に関連する認知的な特徴について Detweiler（1975; 1978）の認知的複雑性（cognitive complexity）の議論をみてみたい。これはあくまで、関係論の枠組みで判断保留を検討していくための今後の研究の方向性を示唆するものである。

　すなわち認知的複雑性の議論は、ひとの認知の特徴をその広さや容量の観点で考えるものである。特に、認知カテゴリーの広さ（category width）とは特定の認知のカテゴリーにどれだけ多様な内容が入りうるかの分量を意味している。例えば、掃除具という認知カテゴリーにどれだけ多様な対象物が入りうるかを考え、下敷きなども掃除具にできなくはないと考えることなどである。そのうえで、判断を差し控える（withhold judgment）傾向のある個人ほど認知カテゴリーが広いとされ、それによ

り可能な限り広い見地から物事の説明をしようとする傾向があるとされる（Detweiler, 1975; 1978）。関係志向性の枠組みでの判断保留については、この理論の「判断を差し控える人ほど認知カテゴリーが広い」という議論に類する形で、判断保留と一般的な傾向としての関係志向性との関連を検討できると考えられる。

　さらには、特定の認知のカテゴリーにどれだけ多様な内容が入りうるかを一種の創造性と考えれば、創造性と多文化的なアイデンティティや異文化接触の経験との関連を検討してきた一連の研究（Lu, Hafenbrack, Eastwick, Wang, Maddux, & Galinsky, 2017; Steffens, Gocłowska, Cruwys, & Galinsky, 2016）との接合が可能である。

　上記の Detweiler（1975; 1978）の議論を敷衍すれば、今後の検討すべき方向性を次の2点のように定式化できる：(1) 異文化接触の状況においては、利用できる情報をできるだけ包括的に取り入れようとする認知的な方略の側面も含めた「関係志向性」の機能の検討が今後求められる。(2) 同時にそのような幅広い情報探索の際には、自らが慣れ親しんだ文化的価値による判断を一旦差し控える「判断保留」が、自らの判断に影響を受ける形で外界からの情報を誤解・歪曲する状態を回避するために、一定の役割を果たしているかどうか検討が求められる。

　補足的に、これまでの関係志向性とは異なる関係性の認知傾向として、文化心理学においては日常における物事への注意の向け方や認知スタイルについて視覚刺激などを用いた研究が行われてきた（cf. Heine, 2010; 2015; Nisbett, 2003; Nisbett et al., 2001; Norenzayan, Choi, & Peng, 2007）。これはそもそもは、分析的および包括的思考（analytic vs. holistic thinking）という枠組みを用いて北アメリカと東アジアの文化的背景の相違点を説明しようとする一連の比較文化的な研究である。しかしながら、この分野で使用されてきた測定尺度（例えば Analysis-Holism 尺度：Choi, Koo, & Choi, 2007）を活用することで、文化心理学と異文化間心理学を接合する形で、人々の認知スタイルが検討できよう。実際、異文化間能力の文化的な調整（cultural tuning: Leung & Cheng, 2014）のモデルでは、異文化において新たな情報を学習し他者と協同的に関わるなかで、より包括的に情報を取り入れる観点で関係志向的な認知傾向の効果が検討されている。

帰結論のまとまり

　事例で示唆された内容と共通して、Ang & Van Dyne（2008）は異文化間能力が高いことの帰結の一つとして、リーダーシップの高さや主観的健康（subjective well-being, general health）の高さを論じている。直接的な異文化接触の場面だけでなく、異文化間能力の帰結としてこれらのテーマをさらに検討することが求められる。また、統合的モデルのなかで、特性論と関係論・行為論、そして帰結論とが双方向の矢印で配置されているのは、上記のような帰結論の内容が最終的な到着地点というよりは、他の要因に影響を与える循環的なモデルとして検討するためである。先述したようなシステム論的な循環的な発想で、異文化間能力の様々な側面が相互作用する可能性が検討できる。

　最後に、これまで検討をしてきた諸要因を踏まえて全体をみれば、異文化間能力は外的なものをインストール（install）すれば済むものではなく、自身に浸透（instill）させながら自身の経験との相互作用のなかで醸成していくものと考えられる。同様にして、異文化間能力は何らかの単一の資質（competence）ではなく、あくまで複数の能力や条件、諸要因が揃うことにより有効な状態（competent）になるといった観点が有効と思われる。すなわち異文化間能力は、本研究の知見として挙げられたようないくつか資質が必要条件（necessary conditions: Rogers, 1957）として揃うことで、環境との関わりの中での一連の体制（自己組織的なシステム：self-organizing system）として機能する観点が可能である。

今後の課題

　異文化接触の経験や異文化間能力、そして事例の概念化（case conceptualization）の関連については、異文化トレーニングの観点からWeatherford & Spokane（2013）などが参考になる。この観点では、経験

第14章　理論との統合的な考察 | 233

による変化だけでなく、教育や訓練によって異文化間能力の育成ができると考えられる（cf. Ang & Van Dyne, 2008）。とりわけ、自分自身や自らの前提（ないし前提の前提）となっている文化的な規範や価値観、世界観に対して気付きを高める文化的覚知法（culture awareness training）などの異文化トレーニングの分野（cross-cultural training: Bhawuk & Brislin, 2000）との接合が一層求められる。このような視点から、統合的モデルの「特性論」「関係論・行為論」「帰結論」の各まとまりを、教育的・臨床的支援の文脈からさらに検討することが重要となろう。

　ここまでみたように、異文化間能力には様々な理論やフレームワーク、そしてモデルがあり、同時に事例によってさまざまな葛藤や方略の軌跡をみることができる。このような理論と事例との対話的な考察が今後とも求められる。

終わりに

　2022年9月28日にジャカルタで開催されたインドネシアの14の国立大学の連合体が主催する「パンデミック後の科学技術のSociety5.0を通してのイノーベーション」をテーマとした国際学術会議に基調講演者として招待された。講演の中ではDX（デジタルトランスフォーメーション）を駆使してリアルタイムに刻々変化する新たな状況に対処する能力がSociety5.0では要求されるが、その能力は異文化間能力と同質のものであることを述べた。

　この国際会議を取り仕切った大学、インドネシア国防省の管轄にあるUniversitas Pembangunan Nasional Veteran Jakarta の 総 長 Dr. Erna Hernawati, Ak, CPMA, CA は、主催された夕食会の席で異文化間能力研究とその能力を育成する教育は、多民族によって構成されるインドネシアの統合にも役立つ、と話された。

　このように様々な可能性が異文化間能力研究とその育成の教育的実践にはある。この文脈において理論研究と実際の体験の統合を試みた本書は、歴史的に大きな意味を持つ。

2022年10月17日

渡辺文夫

謝辞

　本書の出版に際して、追手門学院大学の研究成果刊行助成制度による助成を受けました。申請手続きや審査等の過程を含め、ご尽力いただきました関係者諸氏に感謝を申し上げます。

　新曜社の塩浦暲氏と編集担当の方には、編集だけでなく、書籍の企画の段階からさまざまにお世話になりました。こころより感謝申し上げます。

　また、本書の構想からお世話になりました、監修者の渡辺文夫先生に感謝申し上げます。同時に、各事例の執筆者の各氏や関係者の方々には、お忙しいなか本書のためにご協力をいただき、感謝申し上げます。

　また私事ながら、編者にとっても家族の理解とサポートがなければ、本書は実現しませんでした。妻である純子と息子である仁に感謝いたします。

執筆陣を代表して

2022年10月

中尾元

引用・参考文献

Abbe, A., Gulick, L. M. V., & Herman, J. L. (2007). Cross-cultural competence in army leaders: A conceptual and empirical foundation. *Study Report 2008-01: United States Army Research Institute for the Behavioral and Social Sciences.* 2522 Jefferson Davis Highway, Arlington, Virginia 22202-3926.

Ang, S., Van Dyne, L., Koh, C., Ng, K. Y., Templer, K. J., Tay, C., & Chandrasekar, N. A. (2007). Cultural Intelligence: Its Measurement and Effects on Cultural Judgment and Decision Making, Cultural Adaptation and Task Performance. *Management and Organization Review, 3*(3), 335-371. http://dx.doi.org/10.1111/j.1740-8784.2007.00082.x

Ang, S. & Van Dyne, L. (Eds.). (2008). *Handbook of Cultural Intelligence: Theory, measurement, and applications.* New York, NY: Sharpe.

Ang, S., Rockstuhl, T., & Tan, M. L. (2015). Cultural intelligence and competencies. *International encyclopedia of social and behavioral sciences, 2,* 433-439.

青木香代子 (2022). 「日本人性」異文化間教育学会（編著）『異文化間教育事典』明石書店，p. 32.

アンサリー，タミム（小沢千重子訳）(2011). 『イスラームから見た「世界史」』紀伊國屋書店

Arasaratnam, L. A., & Doerfel, M. L. (2005). Intercultural communication competence: Identifying key components from multicultural perspectives. *International Journal of Intercultural Relations, 29*(2), 137-163.

Arasaratnam, L. A. (2016). Intercultural competence. *Oxford Research Encyclopedia of Communication.* DOI: 10.1093/acrefore/9780190228613.013.68

Arasaratnam-Smith, L. A. (2017). Intercultural competence: An overview. In Deardorff, D. K. & Arasaratnam-Smith, L. A. (Eds.). *Intercultural competence in higher education: International approaches, assessment and application.* Routledge.

Arasaratnam-Smith, L. A., & Deardorff, D. K. (2022). *Developing intercultural competence in higher education: International students' stories and self-reflection.* Routledge.

Asante, M. K. (2000). *The Egyptian philosophers: Ancient African voices from Imhotep to Akhenaten.* Chicago: African American Images.

Bains, G. (2015). *Cultural DNA: The psychology of globalization.* Wiley.

Bakhtin, M. (1986). *Speech genres and other late essays.* Austin: University of Texas Press.

バフチン，M.（桑野隆（訳））(2013). 『ドストエフスキーの創作の問題』平凡社

Barry, P. (2009). *Beginning theory: An introduction to literary and cultural theory* (3rd edition). Manchester University Press.

ベイトソン，G.（佐藤良明（訳））(2022). 『精神と自然 —— 生きた世界の認識論』岩波文庫，岩波書店

Benjamin, L. T. Jr. (2008). *A history of psychology: Original sources and contemporary research* (3rd edition). Wiley-Blackwell.

Bennett, J. M. (1986). A developmental approach to training for intercultural sensitivity. *Intercultural Journal of international relations, 10*(3), 179-196.

Berry, J. W. (1969). On cross-cultural comparability. *International Journal of Psychology, 4,* 119-128.

Berry, J. W. (1997). Immigration, acculturation, and adaptation. *Applied Psychology: An International Review, 46,* 5-68.

Berry, J. W., Poortinga, Y. H., Segall, M. H., & Dasen, P. R. (2002). *Cross-cultural psychology: Research and applications* (Second, revised edition). Cambridge University Press.

Bertalanffy, L. von, (1969). *General System Theory.* New York: George Braziller.

Bhawuk, D. P. S., & Brislin, R. W. (2000). Cross-cultural training: A review. *Applied Psychology: An International Review, 49*(1), 162-191. http://dx.doi.org/10.1111/1464-0597.00009

Bialystok, E., Craik, F. I. M., Green, D. W., & Gollan, T. H. (2009). Bilingual minds. *Psychological Science in the Public Interest, 10,* 89-129.

Breakwell, G. M., Smith, J. A., Wright, D. B. (Eds). (2012). *Research methods in psychology* (4th edition). Sage.

Brinkmann, S. (2017). *Philosophies of qualitative research (Understanding Qualitative Research).* Oxford University Press.

Bruner, J. S & Goodman, C. C. (1947). Value and Need as Organizing Factors in Perception. *Journal of Abnormal and Social Psychology, 42,* 33-44.

Burr, V. (2015). *Social constructionism.* Routledge.

Byram, M. (1997). *Teaching and assessing intercultural communicative competence.* Clevendon: Multilingual Matters.

Caligiuri, P., Noe, R., Nolan, R., Ryan, A. M., & Drasgow, F. (2011). Training, developing, and assessing cross-cultural competence in military personnel (Technical Report 1284). Arlington, VA: U. S. Army Research Institute for the Behavioral and Social Sciences. (DTIC No. ADA559500).

Cattell, R. B. (1987). *Intelligence : Its structure, growth, and action.* Amsterdam: North-Holland.

Chen, S. X., Benet-Martinez, V. and Harris Bond, M. (2008). Bicultural Identity, Bilingualism, and Psychological Adjustment in Multicultural Societies: Immigration-Based and Globalization-Based Acculturation. *Journal of Personality, 76,* 803-838.

Chiu, C., Morris, M. W., Hong, Y., & Menon, T. (2000). Motivated cultural cognition: The impact of implicit cultural theories on dispositional attribution varies as a function of need for closure. *Journal of Personality and Social Psychology, 78,* 247-259.

Choi, I., Koo, M., & Choi, J.A. (2005). *Measuring holistic versus analytic thinking style.* Unpublished manuscript, Seoul National University, Seoul, Korea.

Choi, I., Koo, M., & Choi, J. A. (2007). Individual differences in analytic versus holistic thinking. *Personality and Social Psychology Bulletin, 33,* 691-705.

Cole, M. (1996). *Cultural psychology: A once and future discipline.* The Belknap Press of Harvard University Press.

Creswell, J. W. (2007). *Qualitative inquiry and research design: Choosing among five approaches* (2nd edition). Thousand Oaks, CA: Sage.

Creswell, J. W. & Poth, C. N. (2018). *Qualitative inquiry and research design: Choosing among five approaches* (fourth edition). Thousand Oaks, CA: Sage.

Davies, J. (2019). *The making of psychotherapist: An anthropological analysis.* Routledge.

大坊郁夫・安藤清志・池田謙一（編）（1990）.『社会心理学パースペクティブ3　集団から社会へ』(pp. 268-269) 誠信書房

Deardorff, D. K. (2006). The identification and assessment of intercultural competence as a student outcome of internationalization at institutions of higher education in the United States. *Journal of Studies in International Education, 10(3),* 241-266.

Deardorff, D. K. (Ed). (2009). *The SAGE handbook of intercultural competence.* Thousand Oaks, CA: Sage.

Deardorff, D. K. (2017). Developing and assessing intercultural competence: A lifelong journey. *Journal of Intercultural Communication, 20,* 27-39.

Deardorff, D. K., & Arasaratnam-Smith, L. A. (2017). *Intercultural competence in higher education: International approaches, assessment and application.* Routledge.

Detweiler, R. (1975). On inferring the intentions of a person from another culture. *Journal of Personality, 43,* 591-611.

Detweiler, R. A. (1978). Culture, category width, and attributions: A model-building approach to the reasons for cultural effects. *Journal of Cross-Cultural Psychology, 9*(3), 259-284. https://doi.org/10.1177/002202217893001

Dinges, N. (1983). Intercultural Competence. In Landis, D. & Brislin R.W. (Eds.) *Handbook of intercultural training,* Vol. 1 (pp. 176-202). Pergamon Press, .

Durt, C., Fuchs, T. & Tewes, C. (Eds.) (2017). *Embodiment, Enaction, and Culture: Investigating the Constitution of the Shared World.* Cambridge, MA: MIT Press.

Earley, P. C., & Ang, S. (2003). *Cultural Intelligence: Individual interactions across cultures.* Stanford, CA: Stanford University Press.

Easthope, A. & McGowan, K. (Eds.). (1992). *A critical and cultural theory reader.* University of Toronto Press.

Fancher, R. E. & Rutherford, A. (2016). *Pioneers of psychology* (Fifth Edition). W. W. Norton & Company.

Fiedler, F. E. (1986). The contribution of cognitive resources and leader behavior to organizational performance. *Journal of Applied Social Psychology, 16,* 532-548.

Flanagan, D. P. & Harrison, P. L. (Eds.). (2012). *Contemporary intellectual assessment: Theories, tests and issues* (3rd edition). Guilford Press.

Freire, P. (2018). *Pedagogy of the oppressed* (the 50th anniversary edition). Bloomsbury USA Academic.

Frenkel-Brunswik, E. (1949). Intolerance of ambiguity as emotional and perceptual personality variable. *Journal of Personality, 18,* 108-143.

Freud, S. (1914). *On Narcissism: An Introduction.* In J. Strachey et al. (Trans.), *The Standard Edition of the Complete Psychological Works of Sigmund Freud, Volume XIV.* London: Hogarth Press.

Fuertes, J. N. & Ponterotto, J. G. (2003). Culturally appropriate intervention strategies. In G. Roysircar, P. Arredondo, J. N. Fuertes, J. G. Ponterotto & R. L. Toporek (Eds.), *2003 Multicultural counseling competencies: AMCD* (pp. 51-58). Alexandria, VA: American Counseling Association.

Furnham, A. & Bochner, S. (1986). *Culture shock: Psychological reactions to unfamiliar environment.* New York, NY: Routledge.

Furnham A. & Ribchester, T. (1995). Intolerance of ambiguity: A review of the concept, its measurement and applications. *Current Psychology: Developmental, Learning, Personality, Social, 14,* 179-199.

ガーダマー，ハンス゠ゲオルグ（池上哲司・山本幾生（訳））(1977).「V 真理と方法」O．ペゲラー（編）『解釈学の根本問題』(pp. 171-227)，晃洋書房

Gamst, G., Liang, C.T., & Der-Karabetian, A. (2011). *Handbook of multicultural measures.* Sage.

Geertz, C. (1973). *The interpretation of culture.* New York: Basic Books.

Gergen, K. J., Josselson, R., Freeman, M. (2015). The promises of qualitative inquiry. *American Psychologist, 70,* 1-9.

Gerring, J. (2007). *Case study research.* Cambridge: Cambridge University Press.

Gladwell, M. (2002). *The tipping point: How little things can make a big difference.* Back Bay Books.

Gladwell, M. (2008). *Outliers: The story of success.* Back Bay Books.

Govindarajan, V. & Gupta, A. K. (2001) "Building an Effective Global Business Team" *MIT Sloan Management Review,* July.

Groth-Marnat, G. (2009). *Handbook of psychological assessment* (5th edition). Wiley.

Grusec, J. E., & Hastings, P. D. (2007). *Handbook of socialization: theory and research.* Guilford Press.

Gudykunst, W. B. & Hammer, M. R. (1983). Basic training design: Approaches to intercultural training. In Landis, D. & Brislin, R. W. (Eds.) *Handbook of intercultural training,* Vol. 1. (pp. 118-154), Pergamon Press.

Guilford, J. P. (1956). The structure of intellect. *Psychological Bulletin, 53,* 267-293.

Hall, E. T. (1976). *Beyond Culture.* New York: Doubleday.

羽田正（2007）.『東インド会社とアジアの海（興亡の世界史）』講談社

Heine, S. J. (2010). Cultural Psychology. In S. T. Fiske, D. T. Gilbert, & G. Lindzey (Eds.), *Handbook of Social Psychology* (pp.1423-1464), John Wiley & Sons.

Heine, S. (2015). *Cultural psychology* (3rd edition). W. W. Norton & Company.

Hermans, H. J. M., & Gieser, T. (2014). *Handbook of dialogical self theory.* Cambridge University Press.

Herskovits, M. J. (1948). *Man and his works: The science of cultural anthropology.* New York: AA Knopf.

Holland, D. & Lave, J. (Eds.) (2001). *History in person: Enduring struggles, contentious practice, intimate identities (School of American Research Advanced Seminar Series).* School for Advanced Research/Sar press.

Holliday, A. (2010). *Intercultural communication & ideology.* Sage.

Holstein, J. A. & Gubrium, J. F. (1995). *The Active Interview (Qualitative Research Methods).* Sage.

Hofstede, G. (1991). *Culture's consequences: Comparing values, behaviors, institutions and organizations.* Thousand Oaks, CA: Sage.

Hofstede, G., Hofstede, G. J., & Minkov, M. (2010). *Cultures and organizations: Software of the mind.* McGraw-Hill.

Husserl, E. (2012). *Ideas: General introduction to pure phenomenology.* Routledge.

Iannello, P., Mottini, A., Tirelli, S., Riva, S., & Antonietti, A. (2017). Ambiguity and uncertainty tolerance, need for cognition, and their association with stress. A study among Italian practicing physicians. *Medical education online, 22*(1), 1-10. doi.org/1 0.1080/10872981.2016.1270009

一階こころ（2013）．『国際教育を受ける生徒の多文化的自己観と文化的知性（CQ）に関する心理学的研究』関西学院大学文学研究科総合心理科学専攻，修士論文

石黒広昭（2010）．「第3章　実践としての文化 —— 文化に対する社会歴史的アプローチ」石黒広昭・亀田達也（編）『文化と実践』（pp. 107-158），新曜社

石黒広昭（2013）．「実践される文化 —— こどもの日常学習過程における大人との協働」河野哲也（編）『知の生態学的転回3　倫理 —— 人類のアフォーダンス』（pp. 237-265），東京大学出版会

黒崎政男（2000）．『カント『純粋理性批判』入門』講談社

Jonassen, D. H. (1991). Objectivism versus constructivism: Do we need a new philosophical paradigm? *Educational Technology Research and Development, 39*(3), 5-14.

Kahneman, D. (2011). *Thinking, fast and slow.* Macmillan.

Kashima, Y. (2000). Conceptions of culture and person for psychology. *Journal of Cross-cultural psychology, 31,* 14-32.

Kashima, E. S., & Loh, E. (2006). International students' acculturation: Effects of international, conational, and local ties and need for closure. *International Journal of Intercultural Relations, 30*(4), 471-485.

Kawachi, I., & Wamala, S. (2007). *Globalization and health.* New York, NY: Oxford University Press.

河本英夫（2000）．『オートポイエーシス2001 —— 日々新たに目覚めるために』新曜社

Kealey, D. J. & Ruben, B. D. (1983). Cross-cultural personnel selection criteria, issues, and methods. In Landis, D. & Brislin, R. W. (Eds.) *Handbook of intercultural training,* vol. 1 (pp. 155-175), Pergamon Press.

Kealey, D. J. (1996). The challenge of international personnel selection. In Landis, D. & Bhagat R. S. (Eds.) *Handbook of intercultural training* (2nd edition). Thousand Oaks. CA: Sage, 81-105.

Kendall, G., & Wickham, G. (1999). *Using Foucault's methods.* Sage.

Kerr, W. R. (2018). *The gift of global talent: How migration shapes business, economy & society.* Stanford Business Books.

北山忍（1998）．『自己と感情 —— 文化心理学による問いかけ』共立出版

Kläger, F., & Stierstorfer, K. (2014). *Diasporic constructions of home and belonging.* De Gruyter.

Kluckhohn, F., & Strodtbeck, F. (1961). *Variations in value orientations.* Evanston, IL: Row, Peterson.

Koltko-Rivera, M. E. (2000). The worldview assessment instrument (WAI): The development and preliminary validation of an instrument to assess world view components relevant to counseling and psychotherapy (Doctoral dissertation, New York University, 2000). *Dissertation Abstracts International, 61*(04), 2266B. (UMI Microform No. 9968433)

Koltko-Rivera, M. E. (2004). The psychology of worldviews. *Review of General Psychology, 8*(1), 3-58.

Kosic, A. (2004). Acculturation strategies, coping process and acculturative stress. *Scandinavian Journal of Psychology, 45*, 269-278.

Kraft, N. O., Lyons, T. J., & Binder, H. (2003). Intercultural crew issues in long-duration spaceflight. *Aviation, space, and environmental medicine, 74*(5), 575-578.

Kroeber, A. L., & Kluckhohn, C. (1952). Culture: A critical review of concepts and definitions. *Papers. Peabody Museum of Archaeology & Ethnology, Harvard University, 47*(1), viii, 223.

Kruglanski, A. W., & Webster, D. M. (1996). Motivated closing of the mind: "Seizing" and "freezing." *Psychological Review, 103*, 263-283.

Lave, J., & Wenger, E. (1991) *Situated learning: Legitimate peripheral participation.* Cambridge: Cambridge University Press.

Leung, K., Ang, S., Tang, M. L. (2014). Intercultural Competence. *The Annual Review of Organizational Psychology and Organizational Behavior, 1,* 489-519.

Leung, K. & Cheng, G. H.-L. (2014). Adaptability and intercultural interaction in the work context: A cultural tuning perspective. In David Chan (Ed.)., *Individual adaptability to change at work: New directions in research* (pp.156-174), Routledge, New York: NY.

レヴィ—ストロース, C. (大橋保夫 (編) ／三好郁朗ほか (訳)) (2008). 『構造・神話・労働 (新装版)』みすず書房

Lévi-Strauss, C. (2013). *The other face of the moon.* Harvard University Press.

レヴィ—ストロース, C. & エリボン, D. (竹内信夫 (訳)) (2008). 『遠近の回想 増補新版』みすず書房

Lincoln, Y. S. & Guba, E. G. (1986), But is it rigorous? Trustworthiness and authenticity in naturalistic evaluation. *New Directions for Program Evaluation, 1986:* 73-84. https://doi.org/10.1002/ev.1427

Linton, R. (Ed.). (1945). *The science of man in world crisis.* New York: Columbia University Press.

Lloyd, S. & Härtel, C. (2010). Intercultural competencies for culturally diverse work teams. *Journal of Managerial Psychology, 25,* 845-75.

Lock, A. (2010). *Social constructionism: Sources and stirrings in theory and practice.* Cambridge University Press.

Lu, J. G., Hafenbrack, A. C., Eastwick, P. W., Wang, D. J., Maddux, W. W., & Galinsky, A. D. (2017). "Going out" of the box: Close intercultural friendships and romantic relationships spark creativity, workplace innovation, and entrepreneurship. *Journal of Applied Psychology, 102*(7), 1091-1108. http://dx.doi.org/10.1037/apl0000212

Luk, G., Anderson, J. A., Craik, F. I., Grady, C. L., & Bialystok, E. (2010). Distinct neural correlates for two types of inhibition in bilinguals: Response inhibition versus interference suppression. *Brain and Cognition, 74,* 347-357.

Madison, G. A. (2009). *The end of belonging: Untold stories of leaving home and the psychology of global relocation.* Createspace Independent Pub.

Mann, M. (2004). *Globalizations: An introduction to the spatial and structural networks of globality.* Unpublished discussion paper. (URL: http://www.sscnet.ucla.edu/04F/soc191f-1/globalizations.pdf)

Markus, H. R., & Hamedani, M. G. (2007). Sociocultural psychology: The dynamic interdependence among self systems and social systems. In S. Kitayama & D. Cohen

(Eds.), *Handbook of cultural psychology* (pp. 3-39). The Guilford Press.

Markus, H. R., & Kitayama, S. (1991). Culture and the self: Implications for cognition, emotion, and motivation. *Psychological Review, 98*(2), 224-253. http://dx.doi.org/10.1037/0033-295X.98.2.224

Matsumoto, D. & Hwang, H. C. (2013). Assessing cross-cultural competence: A review of available tests. *Journal of Cross-Cultural Psychology, 44*, 849-873.

Matusov, E. (2022). Sociocultural positivism: Critical evaluation in three research vignettes. *Culture & Psychology*, 1-27. https://doi.org/10.1177/1354067X221114131

Meyer, E. (2016). *The culture map: Decoding how people think, lead, and get things done across cultures*. PublicAffairs.

箕浦康子（1984）．『子供の異文化体験 —— 人格形成過程の心理人類学的研究』思索社

箕浦康子（2003）．『改訂増補版 子供の異文化体験 —— 人格形成過程の心理人類学的研究』新思索社

Moreno, S., Wodniecka, Z., Tays, W., Alain, C., & Bialystok, E. (2014). Inhibitory control in bilinguals and musicians: Event related potential (ERP) evidence for experience-specific effects. *PLoS ONE 9*(4): e94169. doi:10.1371/journal.pone.0094169

村上泰亮（1992）．『反古典の政治経済学（下）二十一世紀への序説』中央公論社

村本由紀子・村上史朗・内田由紀子・田中共子・結城雅樹・長谷川尚子・山口裕幸・余語真夫（2006）．「心理学研究における "文化" 概念の多様性とその有効性」『日本心理学会第70回大会論文集』*70*(0), WS049-WS049.

Murdock, E. (2018). *Multiculturalism, identity and difference: Experiences of culture contact (Palgrave Politics of Identity and Citizenship Series)*. Palgrave Macmillan.

Nakao, G. (2016). Interpretive phenomenological analysis (IPA) of foreign-born counselors in the United States: Multicultural counseling competence of Japanese counselors. *International Journal of Psychology, 51*, 289.

Nakao, G. (2021). Cultivating the Sense-of-the-Other/Sense of Community: An Autoethnographic Case Study of Psychotherapy with High-Risk, Urban Adolescents. *Current Urban Studies, 9*, 196-205. doi: 10.4236/cus.2021.92012.

Nakao, G. & Uchida, Y. (2021, July). Cultural similarities and differences in intercultural competence: Theory and empirical findings. Paper presented at the 32th International Congress of Psychology (ICP), 18-23, July 2021, Prague, Czech Republic.

Nakao, G. (2022). Struggles and strategies of foreign-born counselors: A qualitative inquiry into Japanese counselors. In Mukai, Y.; Pinheiro, K. U.; Lira, K. T.; Lira, M. T.; Takano, Y. (Eds.). *Múltiplas faces de pesquisa japonesa internacional: integralização e Convergência [Multiple faces of international Japanese research: integration and convergence]* (pp. 516-533). 1st ed., Campinas: Pontes Editores. https://www.ponteseditores.com.br/loja/index.php?route=product/product&product_id=1618

中尾元（2019a）．「異文化間能力の前提，資質の類型と実証的課題 —— これまでの枠組みと今後の展望について」『異文化間教育学』*50*, 111-123.

中尾元（2019b）．「パーソナリティと認知的特性からみた異文化間能力」京都大学大学院人間・環境学研究科博士論文

中尾元（2021a）「リアル・バーチャル融合時代の現実感覚・行動・文化変容 —— あなたはパソコンの前で『嘔吐』するか？」『Consultant』（一般社団法人建設コンサルタンツ協会協会誌）290号 , 28-31.

中尾元（2021b）.「ライフストーリー研究の方法論 —— 認識論（epistemology）として
の人文×社会科学の交差点」『人文×社会』 *1*(1), 125-137.

中尾元（2022a）.『異文化間能力のライフストーリー的研究 —— 日本の長寿企業経営者
との対話』追手門学院大学出版会

中尾元（2022b）.「異文化間能力」異文化間教育学会（編著）『異文化間教育事典』
(pp. 178-179), 明石書店

中尾元・内田由紀子（2018）.「曖昧さへの耐性の観点からみた異文化間能力とは？ 認
知的完結欲求と文化的知性尺度を用いた検討」ポスター発表, 日本社会心理学会第59
回大会

奈須正裕（2017）.『「資質・能力」と学びのメカニズム』東洋館出版社

Newman, S. P. (2003). The psychological perspective: A professional view. *Heart, 89*,
ii16-ii18.

Nicholls, C. E., Rothstein, M. G., & Bourne, A. (2002). Predicting expatriate work
attitudes: The impact of cognitive closure and adjustment competencies.
International Journal of Cross-cultural Management, 2, 297-320.

Nisbett, R. E. (2003). *The geography of thought: How Asians and Westerners think
differently...and why*. New York: Free Press.

Nisbett, R. E., Peng, K., Choi, I., & Norenzayan, A. (2001). Culture and systems of
thought: Holistic vs. analytic cognition. *Psychological Review, 108*, 291-310.

Nishida, H. (1985). Japanese intercultural communication competence and cross-
cultural adjustment. *International Journal of Intercultural Relations, 9*, 247-269.

西日本新聞社（編）（2017）.『新移民時代 —— 外国人労働者と共に生きる社会へ』明石
書店

Norenzayan, A. (2013). *Big gods: How religion transformed cooperation and conflict*.
Princeton University Press.

Norenzayan, A., Choi, I., & Peng, K. (2007). Perception and cognition. In S. Kitayama
& D. Cohen (Eds.), *Handbook of cultural psychology* (pp. 569-594). New York:
Guilford.

大渕憲一（1992）.「日本人とアメリカ人の対人葛藤」渡辺文夫・高橋順一（編）『地球
社会時代をどう捉えるか —— 人間科学の課題と可能性』(pp. 34-35) ナカニシヤ出版

小田亮（2000）.『レヴィ＝ストロース入門』筑摩書房

大橋英吉（1986）.『回想八十年 思ひ出すままに』大日本印刷株式会社印刷

恩藤孝次（2008）.『言ってることなんかわからなくても、英語は話せる！』サンマーク
出版

Pike, K. (1967). *Language in relation to a unified theory of the structure of human
behavior* (2nd edition). The Hague: Mouton.

Ponterotto, J. G. (2010). Multicultural personality: An evolving theory of optimal
functioning in culturally heterogeneous societies. *The Counseling Psychologist, 38*,
714-758.

Ponterotto, J. G., Casas, J. M., Suzuki, L. A., & Alexander, C. M. (Eds.). (2010).
Handbook of multicultural counseling (3rd ed.). Sage.

Ponterotto, J. G., & Fietzer, A. W. (2014). Multiculturalism and adjustment. In V.
Benet-Martínez & Y.-Y. Hong (Eds.), *The Oxford handbook of multicultural identity*
(pp. 300-331). Oxford University Press.

Ponterotto, J. G., Utsey, S. O., & Pedersen, P. B. (2006). *Preventing prejudice: A guide for counselors, educators, and parents* (2nd edition). Thousand Oaks, CA: Sage.

ポロック, D. C., & ヴァンリーケン, R.（嘉納もも・日部八重子（訳））(2010). 『サードカルチャーキッズ —— 多文化の間で生きる子どもたち』スリーエーネットワーク

Ramstead, M. J. D., Veissière, S. P. L, and Kirmayer, L. J. (2016). Cultural affordances: Scaffolding local worlds through shared intentionality and regimes of attention. *Frontiers in Psychology, 7*: 1090. doi: 10.3389/fpsyg.2016.01090

Robson, C. (1993). *Real world research*. Oxford: Blackwell Publishers.

Rogers, C. R. (1957). The necessary and sufficient conditions of therapeutic personality change. *Journal of Consulting Psychology, 21*(2), 95-103. http://dx.doi.org/10.1037/h0045357

Ruben, B. D. (1976). Assessing communication competency for intercultural adaptation. *Group & Organization studies, 1*(3), 334-354.

Ruben, B. D. (1989). The study of cross-cultural competence: Traditions and contemporary issues. *International Journal of Intercultural Relations, 13*, 229-240.

Rychlowska, M., Miyamoto, Y., Matsumoto, D., Hess, U., Gilboa-Schechtman, E., Kamble, S., Muluk, H., Masuda, T., & Niedenthal, P. M. (2015). Heterogeneity of long-history migration explains cultural differences in reports of emotional expressivity and the functions of smiles. *Proceedings of the National Academy of Sciences of the United States of America, 112*(19), E2429-E2436.

Ryder, A. G., Alden, L., & Paulhus, D. L. (2000). Is acculturation unidimensional or bidimensional?: A head-to-head comparison in the prediction of demographics, personality, self-identity, and adjustment. *Journal of Personality and Social Psychology, 79*, 49-65.

斉藤勇（2005）.『図説心理学入門　第2版』誠信書房

斉藤耕二（1993）.「アカルチュレーションの心理学」中西晃（編）『国際教育論』創元社

Sandberg, J. (2000). Understanding human competence at work: An interpretative approach. *Academy Management Journal, 43*, 9-25.

Sarli, A., & Phillimore, J. (2022). The intercultural competence of second-generation individuals: Knowledge gaps and steps forward. *International Journal of Intercultural Relations, 88*, 11-21.

佐藤方哉（1976）.『行動理論への招待』大修館書店

シャイフェレ, E.（1981）.「比較文化の解釈学」梅原猛・竹市明弘,（編）『解釈学の課題と展開』(pp. 187-231), 晃洋書房

Shenton, A. K. (2004). Strategies for ensuring trustworthiness in qualitative research projects. *Education for Information, 22*, 63-75.

新村出（編）(1998).『広辞苑』第5版, 岩波書店

Silverman, D. (2017). How was it for you? The Interview Society and the irresistible rise of the (poorly analyzed) interview. *Qualitative Research, 17*(2), 144-158.

Simpson, J. A. & Weiner, E. (Eds.). (1989). *The Oxford English dictionary, Second Edition* (20 Volume). Clarendon Press.

Skinner, B. F. (1969). *Contingencies of reinforcement*. Printice-Hall.

Smith, P. B., Fischer, R., Vignoles, V. L., & Bond, M. H. (2013). *Understanding social psychology across cultures: Engaging with others in a changing world* (2nd edition). Sage.

So, R.（1999）. Husserl, Edmund In Audi, R.（Eds.）*The Cambridge Dictionary of Philosophy*（2nd Edition）. Cambridge University Press.

Sparrow, L. M.（2000）. Beyond multicultural man: Complexities of identity. *International Journal of Intercultural Relations, 24*（2）, 173-201.

Spearman, C.（1904）. 'General intelligence,' objectively determined and measured. *The American Journal of Psychology, 15*（2）, 201-292.

Spencer-Rodgers, J., Srivastava, S., Boucher, H. C., English, T., Paletz, S. B., & Peng, K.（2007）. The dialectical self scale. Unpublished data, as cited in Spencer-Rodgers, J., Peng, K., Wang, L., & Hou, Y.（2004）. Dialectical self-esteem and East-West differences in psychological well-being. *Personality and Social Psychology Bulletin, 30*, 1416-1432.

Spitzberg, B. H.（1989）. Issues in the development of a theory of interpersonal competence in the intercultural context. *International Journal of Intercultural Relations, 13*, 241-268.

Spitzberg, B. H. & Changnon, G.（2009）. Conceptualizing intercultural competence. In Deardorff, D. K.（Ed）. *The SAGE handbook of intercultural competence*（pp. 2-52）. Thousand Oaks, CA: Sage.

Steffens, N., Gocłowska, M. A., Cruwys, T., Galinsky, A.（2016）. How multiple social identities associate with creativity. *Personality and Social Psychology Bulletin. 42*（2）, 188-203. doi: 10.1177/0146167215619875

Storti, C.（1990）. *The Art of crossing cultures*. Intercultural Press.

鈴木公基・桜井茂男（1999）.「認知的構造欲求尺度作成の試み」『筑波大学心理学研究』*21*, 135-140.

鈴木公基・桜井茂男（2003）.「認知的完結欲求尺度の作成と信頼性・妥当性の検討」『心理学研究』*74*, 270-275.

鈴木智子・阿久津聡・竹村幸祐・浜村武（2012）.「日本語版弁証法的自己観尺度（Dialectical Self Scale）の開発」『日本社会心理学会第53回大会』p. 292.

竹内謙彰（1999）.「レディネス」中島義明ほか（編）『心理学辞典』有斐閣

Taylor, E. W.（1994a）. Intercultural competency: A transformative learning process. *Adult education quarterly, 44*（3）, 154-174.

Taylor, E. W.（1994b）. A learning model for becoming interculturally competent. *International Journal of Intercultural Relations, 18*（3）, 389-408.

Thornton, R.（1988）. 'Culture: A Contemporary Definition' In E. Boonzaier & J. Sharp（Eds.）, *South African keywords: The uses and abuses of political concepts*, Cape Town: David Phillip.

Triandis, H. C.（1972）. *The analysis of subjective culture*. New York: Wiley.

Triandis, H. C.（1994）. *Culture and social behavior*. McGraw-Hill.

Triandis, H. C.（1995）. *Individualism and collectivism*. Boulder, CO: Westview Press.

Triandis, H. C.（2006）. Cultural intelligence in organizations. *Group & Organizational Management, 31*, 20-26.

内田由紀子（2016）.「第14章　文化」北村英哉・内田由紀子（編）『社会心理学概論』ナカニシヤ出版

Van der Zee, K. I., & Van Oudenhoven, J. P.（2000）. The Multicultural Personality Questionnaire: a multidimensional instrument of multicultural effectiveness. *European Journal of Personality, 14*, 291-309.

Van der Zee, K. I., & Van Oudenhoven, J. P. (2001). The Multicultural Personality Questionnaire: Reliability and validity of self- and other ratings of multicultural effectiveness. *Journal of Research in Personality, 35,* 278-288.

Van der Zee, Karen I. & Brinkmann, U. (2004). Information exchange article: Construct validity evidence for the intercultural readiness check the multicultural personality questionnaire. *International Journal of Selection and Assessment, 12*(3), 285-290.

Van Manen, M. (1990). *Researching lived experience: Human science for an action sensitive pedagogy.* Albany: State University of New York Press.

Van Manen, M. (2014). *Phenomenology of practice: Meaning-giving methods in phenomenological research and writing.* Walnut Creek, CA: Left Coast Press.

Varela, F. J., Thompson, E., & Rosch, E. (2017). *The embodied mind: Cognitive science and human experience* (revised edition). The MIT Press.

ヴォーン, S., シナグブ, J., & シューム, J. S.（井下理（監訳）／田部井潤・柴原宜幸（訳））(1999).『グループ・インタビューの技法』慶應義塾大学出版会

Wain, A., & Sherring, A. (2021). Changeability, variability, and malleability: Sharing perspectives on the role of change in time-based art and utilitarian machinery conservation. *Studies in Conservation, 66*(8), 449-462.

Ward, C. (2004). Psychological theories of culture contact and their implications for intercultural training and intervention. In D. Landis, J. Bennett, & M. Bennett (Eds.), *Handbook of intercultural training* (3rd ed.) (pp. 185-216). Thousand Oaks, CA: Sage.

Warnick, J. E. & Landis, D. (2015). Introduction and rationale for this book. In J. Warnick E., & D. Landis (Eds.), *Neuroscience in intercultural contexts* (pp. 1-30). New York, NY: Springer.

渡辺文夫 (1983).「異文化間関係論・序」「文化と人間」の会（編）『異文化との出会い』(pp. 70-85), 川島書店

渡辺文夫 (1987).「異文化教育とその問題点」「文化と人間」の会（編）『異文化とのかかわり』(pp. 37-66), 川島書店

渡辺文夫 (1989).「技術移転の心理学 —— 発展途上国における技術指導への認知的方略：大手自動車会社G社での事例的研究」尾高煌之助（編）『アジアの熟練 —— 開発と人材育成』アジア経済研究所

渡辺文夫 (1991a).『異文化のなかの日本人 —— 日本人は世界のかけ橋になれるか』淡交社

渡辺文夫 (1991b).「国際人養成のための異文化への教育的ストラテジー」高橋順一・中山治・御堂岡潔・渡辺文夫（編）『異文化へのストラテジー —— 国際化の時代と相互発展』川島書店

渡辺文夫 (1993).「地球社会時代のコンフリクト・マネジメント」渡辺文夫（編）『異文化間コンフリクト・マネジメント —— 地球社会時代を生きぬくために』現代のエスプリ308 (pp. 9-10), 至文堂

渡辺文夫 (1994).「異文化接触のスキル」菊池章夫・堀毛一也（編）『社会的スキルの心理学 —— 100のリストとその理論』(pp. 154-155) 川島書店

渡辺文夫 (1995).「心理学的異文化接触研究の基礎」渡辺文夫（編著）『異文化接触の心理学 —— その現状と理論』(pp. 79-96), 川島書店

渡辺文夫 (2000).「関係は本質に先立つか —— 異文化接触における統合的関係調整能力

とその育成のための教育法」東海大学教育開発研究所（編）『コミュニケーション教育の現状と課題 —— コミュニケーション教育フォーラム '99』英潮社

渡辺文夫（2002）．『異文化と関わる心理学 —— グローバリゼーションの時代を生きるために』サイエンス社

渡辺文夫（2018）．「生きのびるための教育としての異文化能力育成」『ドイツ語教育』*22*, 6-13.

渡辺文夫・菊池章夫（1980）．「Etic-Emic 論と異文化間心理学」『福島大学教育学部論集』*32*(3), 63-68.

渡辺文夫・山内宏太朗（2011）．「調査的面接法」高橋順一・渡辺文夫・大渕憲一（編著）『人間科学研究法ハンドブック（第 2 版）』(pp. 139-150)，ナカニシヤ出版

Watanabe, F. (2005). *Relationship Precedes Essence.* Retrieved from http://digital-archives.sophia.ac.jp/repository/view/repository/00000005127（2022年 8 月20日アクセス）

Weatherford, R. D., & Spokane, A. R. (2013). The relationship between personality dispositions, multicultural exposure, and multicultural case conceptualization ability. *Training and Education in Professional Psychology, 7*(3), 215-224. http://dx.doi.org/10.1037/a0033543

Webster, D. M., & Kruglanski, A. W. (1994). Individual differences in need for cognitive closure. *Journal of Personality and Social Psychology, 67*, 1049-1062.

Wertsch, J. V. (1991). *Voices of the mind: A sociocultural approach to mediated action.* Harvard University Press.

Whaley, A. L., & Davis, K. E. (2007). Cultural competence and evidence-based practice in mental health services: A complementary perspective. *The American Psychologist, 62*, 563-74.

White, R. W. (1959). Motivation reconsidered: The concept of competence. *Psychological Review, 66*(5), 297-333.

Willig, C. (Ed.). (1999). *Applied discourse analysis: Social and psychological interventions.* Open University Press.

Willig, C. (2013). *Introducing qualitative research in psychology.* McGraw-Hill Education.

World Commission on Environment and Development (1987). *Our Common Future.*（邦題『我ら共有の未来』）Oxford University Press.

Yalom, I. D., & Leszcz, M. (2005). *The theory and practice of group psychotherapy* (5th edition). Basic Books.

山岸みどり・井下理・渡辺文夫（1992）．「『異文化能力』測定の試み」渡辺文夫（編著）「国際化と異文化教育」『現代のエスプリ299』至文堂，201-214.

山岸みどり（1995）．「異文化間能力とその育成」渡辺文夫（編著）『異文化接触の心理学 —— その現状と理論』川島書店

山岸みどり（1997）．「異文化間リテラシーと異文化間能力」『異文化間教育』*11*, 37-51.

吉野耕作（1997）．『文化ナショナリズムの社会学 —— 現代日本のアイデンティティの行方』名古屋大学出版会

Yu, T. & Chen, G. M. (2008). Intercultural sensitivity and conflict management styles in cross-cultural organizational situations. *Intercultural Communication Studies, 17*(2), 149-161.

遊川和郎（2007）．『中国を知る —— 巨大経済の読み解き方』日本経済新聞出版社

編著者略歴 （執筆順）

中尾元（なかお げん）

1985年東京生まれ。上智大学卒。フォーダム大学大学院修了（MSEd）。アルバート・アインシュタイン医科大学カウンセラー・インターン等を経て、京都大学大学院修了。博士（人間・環境学）。2019年より、追手門学院大学経営学部にて教鞭を執る。専門は、異文化間心理学、多文化間カウンセリング、異文化教育。とりわけ、文化変容や異文化間能力、メンタルヘルス、サブカル研究、そして研究方法論等を研究テーマとしている。

洪裕理（ほん ゆり）

1987年兵庫県生まれ。在日コリアン4世。上智大学総合人間科学部教育学科卒。オランダロッテルダムビジネススクール交換留学。卒業後パナソニック電工株式会社（現パナソニック株式会社）に入社し、人事、インドネシアでの海外マーケティングを経て、現在はソフトウェア・ロボティクスのR&D部門で事業企画に携わる。

後岡亜由子（せどおか あゆこ）

1976年大阪生まれ。上智大学卒。パリ・デカルト大学（ソルボンヌ）にて、教育科学の学士号、修士号、博士号を取得。ソルボンヌ大学の教育学ラボでのポスドクを経て、現在はスイスのベルン在住。ジュネーブ大学・子供の権利センターでシニアリサーチャーとして在籍する傍ら、持続可能な開発のための教育に特化したスイス政府の教育機関であるéducation21で、教育分野の専門家として勤務。専門分野は、異文化理解教育、Inter- & Transdisciplinary Approach、子供の権利、サステナビリティ・SDG教育など。また、スイスを中心に活躍する女性起業家を応援する【Swiss Lab. Go for it↗】を主宰。環境問題に配慮したサステナブルな暮らしをモットーに、子供やお年寄り、動物に優しい、天然植物性精油の中和脱臭剤エアーケムの販売会社サニタの副社長も務める。

富取愛（とみとり まな）

東京生まれ、ドイツ育ち。上智大学文学部教育学科卒業。米国 Boston College 交換留学。日系研修会社・外資系企業（ファッション・化粧品業界）にて人材育成に携わり、2013年に独立。より良い自分と世界のために、国境と自分自身の境を超えて、多様なプロフェッショナル同士の共創を人材育成の立場でサポートする Beyond Borders 株式会社を設立（www.manatomitori.com）。経営層・リーダー層のエグゼクティブコーチングをはじめ、企業研修のファシリテーターとして国内外でリーダーシップ、効果的なチーム作り、イノベーション分野に従事。IDEO Tokyo 外部ファシリテーター。

フォルティエ明日香（フォルティエ あすか）

1979年東京生まれ。上智大学文学部教育学科卒。International School of Management 大学院卒（経営修士号 MBA 取得）。在パリ仏系人材コンサルティング会社にてコンサルタント業務を経て、在ロンドン日系投資銀行にて経営企画部及び人事部グローバルモビリティ業務に携わる。2016年秋より東京在住。香料商社の調達部門での経験を経て、2020年に東欧の食品原料メーカーの日本総代理店を立ち上げ運営。現在、取扱商材及び原料の多産地化に注力しながらビジネス成長を目指す。

野田亜里香（のだ ありか）

1989年ナイロビ生まれ。上智大学卒。卒業後、株式会社エムディーエス入社。文具問屋の営業として小売業界に携わる。2021年より株式会社 Libry に転職。中高生向けデジタル教材プラットフォーム「Libry（リブリー）」の新しい学習体験から、教育現場の課題解決のサポートをしている。

橋爪麻紀子（はしづめ まきこ）

上智大学文学部卒。マンチェスター大学大学院開発政策マネジメント研究所（MSc ICT for Development）修了。NTT データ、国際協力機構を経て、2012年に日本総合研究所に入社。企業の ESG 側面の調査を実施する傍ら、ESG 関連の金融商品の設計・運用に従事。近年では、社会的インパクト創出に資する地域ビジネスやサステナビリティ分野の人材育成に注力。書籍『「わたし」のための金融リテラシー』『行職員のための地域金融×SDGs 入門』『ビジネスパーソンのための SDGs の教科書』『投資家と企業のための ESG 読本』（いずれも共著）。

青木織雅（あおき オリガ）

ロシアから日本留学。上智大学大学院修了。外務省・内閣府・経済産業省・防衛省等各省庁・各都道府県警察本部・自衛隊・JAXA（宇宙航空研究開発機構）、各々に派遣されロシア語講師・異文化教育コンサルタントとして活躍中。青木オリガ『ロシア語発音の革命』、『ロシア語での連想』、『ロシア語能力試験や赴任に役立つテキスト』（各準備中）

白井圭以子（しらい けいこ）

上智大学文学部卒。元役員秘書の先輩から勧められ、バイリンガル秘書を目指して転職。世界有数の多国籍企業ユニリーバの日本法人にて、多国籍な部署の秘書として、アジアから中東地域まで総勢60名規模の会議や Global チームのトップ10名が来日する会議も担当し、グローバルリーダー達と接する機会に恵まれた。出産・育児を経て、2019年からグローバル展開する日本企業にて秘書として勤務している。

飯田竜一（いいだ りゅういち）

上智大学卒。シカゴ大学 Booth Business school 卒業（MBA）。株式会社リクルートにて、省庁・自治体とのキャリア支援事業プロジェクトリーダー、キャリアカウンセリングのスーパーバイザー等に従事。その後人事にて、5000人の新会社設立に伴う組織開発・人材開発の責任者やリクルート全社の採用責任者となる。その後外資系企業の HRBP シニアマネジャーとして従事。

大橋英雄（おおはし ひでお）

1972年東京生まれ。1997年東京大学経済学部を卒業後、同年三菱商事株式会社に入社、現在も勤務中。2008年ペンシルバニア大学ウォールトンスクール卒業（MBA）。同校在籍中に、INSEAD（在フランス）に交換留学。ゆうちょ銀行への出向など主なキャリアはオルタナティブ投資。現在、三菱商事株式会社　グループガバナンス支援室　統括マネージャー、東北大学特任教授（客員）、および面白法人カヤック社外アドバイザー。日米リーダーシッププログラム（USJLP）日本側前代表。

柿本浩（かきもと ひろし）

上智大学文学部卒、同大学院博士前期課程（教育学専攻）修了。1996年より渡辺文夫名誉教授に師事し、異文化教育学を専攻した。その実践を志し、2002年日系メーカーの海外営業部門に就職。アフリカ、中東、東南アジア、韓国、中国など約50か国以上の地域を担当した。その間、2010〜2011年に南アフリカ、2016〜2018年に中国に駐在。役員秘書を経て、2022年より国内営業部門に異動し、今に至る。

渡辺文夫（わたなべ ふみお）

上智大学文学部卒、同大学大学院修士課程修了、博士（心理学）。東北歯科大学歯学部（現奥羽大学歯学部）助教授、東西センター文化学習研究所専門研究員（米国）、フィリピン大学上級講師、東北大学文学部助教授、上智大学文学部（後に総合人間科学部）教授、上智大学名誉教授。Speed Money Transfer Japan, K.K., 相談役、Tokyo Blockchain Academy, Academic Advisor. 異文化接触に対する認知的方略の研究とその資質を育成する方法の研究開発及びその実践を国内外のグローバル企業において40年近く行ってきた。専門は異文化間心理学、異文化教育。

異文化間能力研究
異なる文化システムとの事例分析

初版第 1 刷発行　2023年 2 月20日

編　著　中尾　元
監　修　渡辺文夫
発行者　塩浦　暲
発行所　株式会社　新曜社
　　　　〒101-0051 東京都千代田区神田神保町3-9
　　　　電話（03）3264-4973（代）・FAX（03）3239-2958
　　　　e-mail：info@shin-yo-sha.co.jp
　　　　URL：https://www.shin-yo-sha.co.jp/
印刷所　星野精版印刷
製本所　積信堂